U0524856

西北民族大学中国语言文学一流学科建设经费资助成果

2017年国家社科基金重大项目"西北民族地区回族话与回族经堂语、小儿经语言研究"（17ZDA311）系列成果

西北民族大学中央高校基本科研业务费项目"青海西宁汉语方言与周边少数民族语言接触研究"（31920230084）阶段性成果

西北地区语言接触研究丛书
主编◎敏春芳

青海西宁城东话语法研究

安丽卿◎著

中国社会科学出版社

图书在版编目（CIP）数据

青海西宁城东话语法研究 / 安丽卿著. -- 北京：中国社会科学出版社，2025.5. -- （西北地区语言接触研究丛书）. -- ISBN 978-7-5227-4992-1

Ⅰ. H172.2

中国国家版本馆CIP数据核字第2025S7N949号

出 版 人	赵剑英
责任编辑	张　林
责任校对	李　莉
责任印制	戴　宽

出　　版	中国社会科学出版社
社　　址	北京鼓楼西大街甲158号
邮　　编	100720
网　　址	http://www.csspw.cn
发 行 部	010-84083685
门 市 部	010-84029450
经　　销	新华书店及其他书店

印　　刷	北京明恒达印务有限公司
装　　订	廊坊市广阳区广增装订厂
版　　次	2025年5月第1版
印　　次	2025年5月第1次印刷

开　　本	710×1000　1/16
印　　张	20.5
插　　页	2
字　　数	334千字
定　　价	109.00元

凡购买中国社会科学出版社图书，如有质量问题请与本社营销中心联系调换
电话：010-84083683
版权所有　侵权必究

总　序

"西北地区语言接触研究丛书"系国家社科基金重大项目"西北民族地区回族话与回族经堂语、小儿经语言研究"的结项成果。

结项成果为八部著作，可以概括为三大类：第一类为方言语法调查研究，包括《甘青河湟方言类型研究》《甘肃积石山方言语法专题研究》《青海托茂人语言研究》《青海西宁城东话语法研究》《甘肃天祝方言语法研究》《甘肃张家川方言语法研究》六本专著；第二类有《经堂语文献整理与语法专题研究》；第三类为《甘肃方言调查报告》。

研究成果主要内容概述：

成果一《甘青河湟方言类型学研究》，描写了甘青河湟地区不同语言的类型特征及跨语言共性，解释了甘青河湟方言由于语言接触导致的诸多"似是而非"的语言现象，探讨了汉语方言和阿尔泰语系之间语言接触的过程和模式、语言融合的机制和结果等。

成果二《甘肃积石山方言语法研究》，围绕积石山方言的名词后附成分、动词后附成分、特殊句式和语序类型，描写了积石山方言的特殊语法现象，结合汉语史以及周边少数民族语言的相关材料探寻其形成原因。

成果三《青海托茂人语言研究》，对青海祁连县野牛沟乡和默勒镇的托茂人的语言进行深入调查，其中重点探讨了托茂话中的阿拉伯语、波斯语词汇，蒙古语、藏语等借词的构成类型及其形成机制，揭示了语言接触下的语言互用、词语互借、语法互适现象。

成果四《青海西宁城东话语法研究》，在语言接触的视角下，运用地理类型学的方法，选取青海西宁城东地区进行田野调查。以西宁城东汉语方言语法为研究对象，重点讨论了名词性结构及相关标记、动词性结构及相关标记、特殊句式和语序类型，在深入、系统的静态描写基础上，将西宁城东话与普通话、其他汉语方言、少数民族语言进行了共时和历时对比，并对特殊语言现象形成的原因进行了追溯。

成果五《甘肃天祝方言语法研究》，以甘肃天祝藏族自治县华藏寺镇的方言为研究对象，描写了人称代词、指量结构、数量结构、领属结构等与名词性成分有关的结构；讨论了天祝方言中的时体范畴；考察了补足语从句、关系从句、状语从句以及并列复合句等。

成果六《甘肃张家川方言语法研究》，重点考察了张家川方言在形态、句法、语义等方面的一些特征，注重对张家川方言中的代词、副词、体貌系统、时制关系、特殊句式等系统的研究，并对部分语法现象作了历时考察。

成果七《经堂语文献整理及语法专题研究》，转写了马振武《经堂语、阿拉伯文、小儿锦对照本》中的"经堂语"[①] 材料，在此基础上考查了经堂语文献中的格标记、体标记和语序类型，并与西北汉语方言、少数民族语言进行了共时对比，讨论了经堂语特殊语法的形成与语言接触的关系。

成果八《甘肃方言调查报告》，描写甘肃方言（重点选取民族地区的40个调查点）的声、韵、调系统，归纳、整理这些方言的音韵特点与整体面貌。

以上成果提供了丰富的研究个案。不论是专门研究语序类型的《甘青河湟方言类型研究》，还是语法专题研究，如《甘肃积石山方言语法研究》《青海西宁城东话语法研究》《甘肃天祝方言语法研究》等，再是对特殊人群的语言研究，如《青海托茂人语言研究》，以及研究特殊文献的《经堂语文献整理及语法专题研究》等，都进行了深度调研和系统描写。描写了在语言接触影响下甘青河湟地区不同方言、不同文献中的格范畴、时体范畴、各类复杂结构、语序类型等。系列成果不仅提供了民族地区语言接触的研究个案，也深化了甘青一带的语言区域研究。

强调语言接触过程中"借用"和"干扰"机制的共同作用。语言接

---

① 经堂语指的是明清时期，经师们用当时的汉语翻译阿拉伯语或波斯语文献形成的一种特殊的汉语变体。其面貌特征、性质、形成过程与历史上的"汉儿言语"，今天的临夏话、西宁话等西北民族地区的接触语言十分相近。

触研究之前更多地集中在由汉语引发的语言接触上，即汉语对民族语言的影响，而忽略了民族语言对汉语造成的影响，这使得许多特殊现象得不到正确的解释。成果强调语言之间的互相影响与互动关系，强调语言接触过程中"借用"和"干扰"机制的共同作用。借用指的是民族语言从汉语引进大量的词汇，相反，汉语向民族语言借入词汇的情况相对较少。但是，民族语母语的干扰根深蒂固。甘青河湟地区主要是以东乡语、保安语、撒拉语、土族语等为主的阿尔泰语系语言与汉语的接触。民族语言使用者在学习汉语的过程中，会将自己母语的语法特征，如名词的格范畴、动词的时体范畴、式范畴（陈述式和祈使式）、副动词形式等，带入习得的汉语中，从而造成对汉语的干扰，致使不同语系的语言结构逐渐趋同。

揭示了汉语语法化和语言接触之间并行不悖、相辅相成的发展模式。成果采用汉语方言学、历史比较语言学和接触语言学等方法，解决了甘青河湟方言中由于接触导致的诸多独具特色的语言现象。例如语言接触过程中出现的重叠并置，是汉语与非汉语接触的时候，固有的与外来的、新的和旧的两种格式的叠床架屋；又如甘肃临夏话包括经堂语补语标志使用助词"着"，既有语言自身的发展规律，也与语言的密切接触相关，阿尔泰语系蒙古语族语言并列副动词"dʐɯ/dʐi/dʐə/dʒə"与汉语"着"的读音、功能有相通之处。对这种"叶徒相似，其实味不同"的复杂现象，我们要顺藤摸瓜，剥茧抽丝，既要考虑汉语史上的使用情况，也要考虑语言接触带来的影响，不能被它们的外在形式迷惑，更不敢望文生训。如此才能对其产生变化的复杂因素作出合理解释。

最后需要说明的是，重大项目系列成果得以在中国社会科学出版社出版，特别感谢责任编辑张林女士的大力支持！各书责任校对不厌其烦，一次次完成烦琐的编校任务，在此一并致谢。

团队在立项的前三年，花了较多的时间和精力进行方言调研、语料转写以及文献整理校对等工作，因此，每部成果肯定还会存在各种各样的问题，如掌握的资料不足，研究视野受限等，没有把更多具有代表性特征的语言现象发掘出来，有可能挂一漏万，还请专家学者和广大读者鉴谅。

敏春芳
2024 年 10 月 18 日

目 录

绪 论 ……………………………………………………………… (1)
 第一节 青海西宁城东话简介 ………………………………… (1)
 第二节 研究现状和选题缘起 ………………………………… (11)
 第三节 研究方法和语料来源 ………………………………… (26)

第一章 名词性结构及相关标记 …………………………………… (30)
 第一节 格标记系统 …………………………………………… (30)
  一 格标记的类型 ………………………………………… (31)
  二 格标记的特点 ………………………………………… (42)
  三 格标记的来源 ………………………………………… (45)
  小结 ………………………………………………………… (50)
 第二节 代词系统 ……………………………………………… (51)
  一 三身代词 ……………………………………………… (51)
  二 反身代词 ……………………………………………… (55)
  三 指示代词 ……………………………………………… (60)
  四 疑问代词 ……………………………………………… (67)
  小结 ………………………………………………………… (74)
 第三节 "们"的用法 ………………………………………… (75)
  一 名词后的"们" ……………………………………… (76)
  二 代词后的"们" ……………………………………… (81)
  三 "们"的语法功能 …………………………………… (85)
  小结 ………………………………………………………… (96)

第四节 "个"的用法 ·· (96)
　　一　名量词"个" ·· (97)
　　二　动量词"个" ·· (101)
　　三　定指标记"个" ·· (107)
　　小结 ·· (112)

第二章　动词性结构及相关标记 ································ (114)
第一节　动词的体貌 ·· (114)
　　一　体系统 ·· (115)
　　二　貌系统 ·· (131)
　　小结 ·· (136)
第二节　"着"和"者"的用法 ···································· (137)
　　一　"着"的用法及其来源 ··································· (138)
　　二　"者"的用法及其来源 ··································· (161)
　　小结 ·· (167)
第三节　"再"的用法 ·· (168)
　　一　"再"的用法 ··· (169)
　　二　"再"语义的演变 ··· (183)
　　小结 ·· (189)

第三章　特殊句式 ·· (190)
第一节　"把"字句 ·· (190)
　　一　处置式的历时研究和"把"字句的共时呈现 ······ (190)
　　二　城东话"把"字句的句式类型及其功能 ············ (193)
　　三　城东话"把"字句的句法特点 ························ (207)
　　小结 ·· (213)
第二节　"给"字句 ·· (214)
　　一　动词"给" ··· (215)
　　二　介词"给" ··· (220)
　　三　助词"给" ··· (225)
　　四　"V给"结构 ·· (226)

小结 …………………………………………………………… (242)
　第三节　选择问句 ……………………………………………… (242)
　　一　正反选择问 ………………………………………………… (243)
　　二　列项选择问 ………………………………………………… (251)
　　三　选择问句的来源 …………………………………………… (255)
　　小结 …………………………………………………………… (265)

第四章　语序类型 ……………………………………………… (267)
　第一节　小句基本成分的语序及系词与表语的语序 ………… (268)
　　一　小句基本成分的语序 ……………………………………… (268)
　　二　系词与表语的语序 ………………………………………… (274)
　第二节　与名词性成分有关的语序 …………………………… (277)
　　一　名词与冠词的语序 ………………………………………… (278)
　　二　名词与附置词的语序 ……………………………………… (280)
　第三节　与谓词性成分有关的语序 …………………………… (286)
　　一　与动词相关的语序 ………………………………………… (286)
　　二　与形容词相关的语序 ……………………………………… (292)

结　语 …………………………………………………………… (298)

参考文献 ……………………………………………………… (302)

后　记 …………………………………………………………… (316)

绪 论

第一节 青海西宁城东话简介

西宁，取"西陲安宁"之意，是青海省省会，是青海省的政治、经济、文化中心。西宁位于东经101°46′，北纬36°37′，市区海拔2261米，其地势西高东低，呈慢坡流水槽状。西宁市地处青海省东部，河湟谷地中心位置，乃青藏高原的东方门户，是古"丝绸之路"南路和"唐蕃古道"的必经之地，自古就是西北交通要道和军事重地。

一 西宁地区的历史沿革

西宁是河湟地区的政治、经济中心，同时还是个多民族地区，其历史是多种民族移动迁徙、递嬗演变、交流融合的过程。西宁最早为羌所属。胡三省在注《资治通鉴》时说："夹湟两岸之地，通谓之湟中。"[1]由此可知古湟中指的是整个湟水流域，属于河湟地区，而西宁则是古湟中的一部分。汉高祖时，河西走廊一带的月氏胡遭匈奴围击西迁葱岭，余部则至湟中与羌人杂处。公元前121年，西汉派骠骑将军霍去病率部攻打匈奴，打通河西走廊，阻断了匈奴与羌之间的联系。公元前112年，先零羌与匈奴联合攻汉，次年，汉武帝派李息等率兵10万讨伐。羌败，西迁至青海湖一带。汉始设护羌校尉，陆续移民至河湟，这是汉人最早大量迁居西宁。公元前61年，汉宣帝派赵充国率兵6万伐羌，

---

[1] （宋）司马光编著，（元）胡三省注：《资治通鉴》（第5册），中华书局2011年版，第2177页。

战罢，驻兵屯田。河湟地区得以平定，西汉在此设立允吾、破羌、临羌、安夷、河关五县，西宁属临羌县辖地。在此期间，西汉在西宁设立西平亭，修筑西平亭城，开始了对西宁以及青海东部地区的管辖。西汉时期，青海尤其是东部地区仍是羌族的活动中心，羌族部落繁多，其中以西羌势力最为强大。受政治方面影响，汉代青海、甘肃所居羌人不断内徙，但因汉朝的戍边屯田政策以及地方官吏豪强的奴役，引发了羌人的五次起义，斗争前后延续一百余年。东汉的"羌祸"加速了汉朝的瓦解，同时也促进了甘青羌汉的融合。随着生产力的发展，人口的不断增多，地理位置的日渐重要，西宁地区在政治、军事、经济及交通等方面的重要性日益凸显，建安时期东汉在金城郡西部地区设西平郡，以加强对该地的统治。自此，西宁已成为当时湟水流域政治、经济、文化的中心。

魏晋南北朝是西宁政权更迭、战争频繁、人口迁徙、民族融合的时期。三国之初，西宁属曹魏统治，蜀汉多次攻打西平，意图夺取曹魏在此的统治权。265年，西晋建立，西平郡仍辖西宁，归入西晋版图。趁着中原战乱，不少民族在青海建立政权，先后实现了对西宁的统治：公元311年辽东鲜卑慕容吐谷浑西迁至青，于329年联合当地羌人，建立吐谷浑国；386年氐人吕光建立后凉政权，势力延伸至青海东北地区，改西平郡为西河郡，西宁归后凉管辖；390年鲜卑秃发乌孤率兵南下，进入湟水流域，于397年在广武郡建立南凉政权，南凉曾一度建都西平（今西宁）；413年匈奴所建的北凉战败南凉，取得了对西宁的统治；鲜卑乞伏氏建立的西秦则自414年逐渐占领了湟水流域，于429年又被北凉所败，西宁再次归北凉所辖；439年，鲜卑族拓跋氏建立的北魏攻打北凉，实现了对湟水流域的统治，改西平郡为鄯善镇，辖西宁。上述政权从自身利益出发，或战或和，时战时和，使西宁的汉、羌、氐、匈奴、鲜卑等众多民族走向融合。经过上百年的战争、交融，羌、氐、匈奴等逐渐退出了历史舞台，而作为新兴民族融合体的吐谷浑族却逐渐强大，建立了与北魏相抗衡的吐谷浑政权。

隋唐时期，西宁的形势发生了新的变化。其一，吐谷浑同中原政权不断战争、求和，635年唐太宗命李靖率军兵分五路对其攻打，吐谷浑大败降唐，其王被封为"西平郡王"。次年，吐谷浑遣使入唐，并奉唐年号，成为唐之属国，与唐一直交好。唐为加强对河湟地区的统治，在青海东部地区置鄯州，辖湟水流域；在西宁设河源军，派兵戍守。并于678年在西宁筑鄯城，使其成为唐代的军事要地和交通要道。其二，隋唐之交，吐蕃在西藏高原兴起，势力渐强，并逐渐开始扩张。于660年北上，大举进攻吐谷浑，663年灭吐谷浑，征服羌族，统治青海，与当地原有民族融合，形成了青海的藏族。隋唐是吐蕃势力强盛之时，也是吐蕃融合、同化其他民族的时期，西宁在其统治及同化政策之下，大量汉人融入吐蕃。唐代诗人张籍在《陇头行》中写道："去年中国养子孙，今著毡裘学胡语。"[①] 吐蕃自755年攻占河湟，至848年张仪潮收复鄯、廓等地，西宁为吐蕃统治90多年。

宋代是吐蕃、党项、回鹘、汉等民族在西宁交往、融合不断深入之时。北宋时，吐蕃首领唃厮啰在青唐（今西宁）建立唃厮啰政权。当时，西宁是吐蕃唃厮啰政权之都，是吐蕃和西域人贸易的枢纽，经济日趋繁荣，成为了东西方贸易中心。宋代初年，内迁的党项人势力逐渐强大并建立了西夏，随后不断向西扩张，控制了河西走廊。原居于凉（今甘肃武威）、甘（今甘肃张掖）、瓜（今甘肃瓜州）、沙（今甘肃敦煌）、肃（今甘肃酒泉）五州的吐蕃和回鹘人则投奔青唐唃厮啰政权。1104年，北宋派兵攻打青唐，唃厮啰大败，宋军进入西宁。1131年，女真金政权进入河湟，占领西宁。1136年，西夏控制了西宁及青海东部地区，沿旧制设西宁州。

自元明清以来，西宁又出现了一些新的特点。1227年，蒙古军攻占了西夏所控制的西宁州，大量蒙古移民迁入西宁。在其后的一百余年时间中，他们吸收同化了不少其他民族人民，人口数量不断增加。1371年，元西宁州同知李南哥"以州归附"，投降明朝，西宁归入了明朝版图。明废西宁州，设西宁卫。而且随着明代边军驻戍、因罪发配、自发迁徙，青海出现了历史上第三次移民高潮，汉族人民大量迁入，成为当地人口最多的民族。明末，李自成领导的农民起义爆发，1644年，起义军——大顺军占领西宁。次年，清军进入青海，开始对西宁的统治。有清以来，和硕特蒙古自西域东迁至青藏高原，与当地游牧的藏族在青海湖一带争

---

① （清）彭定求等编：《全唐诗》（第十二册），中华书局1960年版，第4284页。

战达一个世纪,后一分为三,其中尤以罗卜藏丹津势力最强。罗卜藏丹津于1723年发动叛乱,次年被年羹尧率清军平定。1725年,改西宁卫为西宁府,隶属于甘肃省。

1911年辛亥革命爆发,民国建立,北洋政府于1913年废西宁府,设西宁道,隶属甘肃省。1927年,西宁道被裁撤,设西宁行政区长官。1929年,根据国民政府的决定,将青海东部农业区七县及玉树、都兰二理事所辖牧区从甘肃省划出,设立青海省,西宁为省会。1949年9月5日,中国人民解放军解放西宁,以马步芳为代表的马氏家族对青海的统治宣告结束。1950年1月1日,青海省人民政府成立,西宁市成为青海省的省会。

通过上述回顾,我们发现首先西宁是交通要道和军事重镇。正如《西宁府新志》所载:西宁地处东西孔道,南北要塞,"宁郡素号岩疆,西邻青海,南达三藏,环以诸番,且西北迳通准噶尔,尤为用武之地哉"[①]。其次西宁是西北经济中心,唐代出现茶马互市,西宁就成为了东西方贸易枢纽;明洪武年间设立西宁茶马司,至清代,西宁更是成为当时繁华的贸易集散地。再次西宁是民族融合的大舞台。历史上,有很多民族在这里迁徙流动,交往融会,生灭兴衰。虽然各民族形成时间和发展历程各有不同,但它们都是不同历史时期各民族交互融合的产物,且各民族来源中都具有"你中有我,我中有你"的鲜明特点。

二 西宁城东的行政区划和民族人口

作为一座高原古城,西宁处于青藏高原和黄土高原、农业区和牧业区、汉文化和藏文化的接合部。西宁下辖城东、城中、城西、城北四个区,湟中、湟源和大通回族土族自治县三县以及西宁经济技术开发区、海湖新区、城南新区、高新技术开发区四个产业园。总面积7660平方千米,市区面积476.5平方千米。截至2018年,西宁市常住人口约237.11万人,有汉、藏、蒙古、回、土、满、撒拉等民族,其中少数民族61.16万人,占总人口的25.8%。

---

① (清)杨应琚:《西宁府新志》,青海人民出版社1988年版,第443页。

(一) 城东的行政区划

城东区位于西宁市东部，地处湟水河西宁段下游，东与平安县接壤，西与城中区毗邻，南与湟中县相接，北与互助县相连，是西宁市的东大门。其南有塔尔山，其北有泮子山和北山，中间有湟水河自西向东流过，平均海拔约2273米，地势平坦，气候温和，生态环境良好。城区面积114平方千米，下辖韵家口1个镇、15个行政村以及35个社区居民委员会。截至2018年，城东区全区总人口为39.15万人。

(二) 城东的民族人口

西宁市城东区是一个多民族聚居地区，除了汉族外，还居住有回族、藏族、蒙古族、撒拉族、土族等27个少数民族。这些少数民族形成时间不同，来源各异，人数众多。在城东常住人口中，汉族有23.56万人，占总人口的61.75%，少数民族人口14.59万人，占总人口的38.25%。这里我们对城东人口较多的少数民族的形成和来源略作交代。

西宁市城东区有回族119048人，占总人口的31.21%。城东回族的来源较为复杂，主要有以下几个方面。首先是唐宋时期经丝绸之路"青海路"进入中国经商并定居下来的穆斯林商人。公元651年，大食帝国派使者来到中国，作为人类两大文明体系的中国和阿拉伯从此正式交往，这一年被视为伊斯兰教传入中国的开始。丝绸之路是西域商人和使节陆路东来的必经之道，但唐宋时期，尤其是宋代，河西走廊因契丹阻碍无法通行。《宋史·于阗传》记载："神宗尝问其使去国岁月……对曰：'去国四年，道途居其半，历黄头回鹘、青唐，惟惧契丹钞略耳'。"[①] 因此，大食、波斯的商人多起自洮州，经民和、乐都和西宁直至敦煌的"青海路"进入中国。宋代时，唃厮啰政权之都——青唐城（今西宁）更是作为吐蕃和西域的交通枢纽，成为了东西方贸易中心，这样就有部分西域穆斯林商人居留在了西宁。其次是随着蒙古军的三次西征，大批信仰伊斯兰教的波斯、阿拉伯的工匠、士兵因经商、屯军而定居。13世纪，蒙古军在征服了中亚各穆斯林国后，将当地大批穆斯林编成"探马赤军"，用来为蒙古军攻打西夏和南宋。在元军攻占了西宁等地后，"令探马赤随

---

① （元）脱脱等撰，顾颉刚等点校：《宋史》（第40册），中华书局1985年版，第14109页。

处入社，与编民等"①，这就导致"探马赤军"及随军的工匠和商人等大量信仰伊斯兰教的波斯、突厥和阿拉伯人留在了西宁。再次还有其他民族的人改信伊斯兰教。元代有大批驻守在西北的蒙古人受到穆斯林的影响而信仰了伊斯兰教，比如以安西王阿难答为代表的15万蒙古士兵就改信了伊斯兰教。最后就是明初，西域穆斯林陆续东移，并与当地的蒙古、维吾尔、汉族等通婚，进一步壮大了穆斯林人口。到明代中期，回回民族经过漫长的历史沉淀，最终形成了新的民族共同体——回族，出现在西宁的历史舞台上。而且自明代起实行的"移民实边"政策，将人口密集的江右、淮泗地区的大批居民移居西宁。移民中虽汉族居多，但当时，"回回皆以中原为家，江南尤多"②，因此移居而来的回民也不在少数。这里还要提到一点，清代咸同年间爆发了西北回民战乱，之后也有部分陕甘地区的回民逃亡到了西宁。

居住在城东的藏族有10765人，占总人口的2.82%。如前文所述，唐代初期，吐蕃在雅鲁藏布江一带兴起，势力强大后逐步统一了西藏高原，并开始北上扩张。于公元663年灭了吐谷浑后，占领了青海大部分地区。在吐蕃扩张的过程中，它对其统治下的各民族采取了统一融合和强制同化政策，原居于河湟地区的羌人、吐谷浑、党项及汉人大量融入吐蕃之中，形成了青海的藏族。

撒拉族在西宁城东有6256人，占总人口的1.64%。根据文献记载和民间传说，我们知道撒拉族的祖先"撒鲁尔"是一支中亚撒马尔罕人，他们信仰伊斯兰教，在13世纪随着蒙古军西征后的民族迁徙浪潮，从中亚迁徙到了青海的循化地区。他们在循化定居后，又吸收了当地的藏、回、汉族人口，相互融合，逐渐发展，于明代嘉靖年间形成了一个新的民族共同体——撒拉族。

土族是青海所独有的一个少数民族，其在城东的人口有3340人，占总人口的0.88%。关于土族的来源，尚无定论，我们倾向于以蒙古人为主说。《秦边纪略》记载："土人或云：其先世夷人（即蒙古人），居中

---

① （明）宋濂等撰：《元史》（第八册），中华书局1976年版，第2356页。
② （宋）周密撰，王根林校点：《癸辛杂识》，上海古籍出版社2012年版，第76页。

土已久，服食男女与中国无别……西宁、庄浪者亦然"①。当时蒙古军灭西夏后统治了整个西北，大量的蒙古士兵及其家眷定居于青海河湟，与当地的汉、藏、吐谷浑等民族融合，形成了土族。

蒙古族居住在城东的有1920人，占总人口的0.5%。1227年，随着蒙古军进入西宁，大量蒙古军民迁入西宁，他们吸收同化了很多其他民族人口，数量不断增多。元朝灭亡后，蒙古族在青海的人口有所减少。从明中叶起，许多东蒙古部落开始扩大领地，向西南迁移，大批蒙古人入居青海。明清之际，和硕特蒙古自新疆南迁青藏地区，于1641年基本上统治了整个青藏高原，和硕特蒙古大规模迁入青海。在清朝平定罗卜藏丹津叛乱后，和硕特蒙古由盛而衰，在与藏族对牧地的争夺中逐渐衰微，人口大量减少。

除了上述的回、藏、撒拉、土、蒙古族之外，居住在西宁城东的其他民族有4586人，占总人口的1.2%。

需要说明的是，西宁市城东区常住人口最多的是汉族，但这些汉族人的来源却较为复杂，有必要对此进行简单交代。历史上中原王朝较大规模的移民进入青海主要有以下几次：首先是汉宣帝时营平侯赵充国在平息羌乱后，提议"罢骑兵，留步兵万二百八十一人"②屯田，他在《屯田十二便疏》中提出"步兵九校，吏士万人，留屯以为武备，因田致谷，威德并行"③，将大批中原地区的汉族军民留在了青海。汉平帝时期，王莽秉政，增立新法50条，犯禁者日多，西海郡遂成安置犯禁者之地，又有一定数量的中原汉族进入青海。《汉书·王莽传》记载："又增法五十条，犯者徙之西海。徙者以千万数"④。且东汉继续推行西汉的屯田固边政策，其屯田规模和范围都超过了西汉，随之有大批汉人入青。因此，两汉时期形成了中原汉人向青海移民的第一次高潮。隋唐时期则是内地汉人进入青海的第二次高潮。隋代在青海设置西海、河源两郡，实行谪

---

① （清）梁份著，赵盛世、王子贞、陈希夷校注：《秦边纪略》卷1《河州卫》，青海人民出版社1987年版，第35页。

② （宋）司马光编著，（元）胡三省注：《资治通鉴》（第2册），中华书局2011年版，第864页。

③ （汉）班固撰，（唐）颜师古注：《汉书》（第9册），中华书局1962年版，第2987页。

④ （汉）班固撰，（唐）颜师古注：《汉书》（第12册），中华书局1962年版，第4078页。

屯。唐代也数次在青海屯田，比如在鄯州设河源军，屯田戍边；唐代名将哥舒翰筑应龙城，谪戍屯田等。经过秦汉和隋唐两次大规模的移民，青海已经有了相当数量的汉人，但他们在与周围少数民族杂居的过程中，或被同化，或被迫迁出，待元代蒙古军入侵时，人数更是锐减。明代使这一局面发生了根本性的转变。明政府的屯田分军屯和民屯两种，根据邓愈、耿炳文的建议，将安徽、江苏、河北、四川、山西、湖南、甘肃及陕西等省的大批居民迁徙至青海，或聚族而迁，或因罪谪垦，与当时驻军并力屯田，实行移民实边。经过这样规模空前的移民屯田，使青海民族人口的结构发生了根本性变化，尤其是西宁，自明代开始，汉族人口超过其他民族，汉族成为了西宁人数最多的民族。

三　城东话的方言系属及语言特点

在上文的民族人口中已经提到，西宁城东是个多民族聚居地区，主要居住有汉族、回族、藏族、蒙古族、撒拉族、土族六个民族。本书所说的西宁城东话指的是城东汉语方言①，根据《中国语言地图集》的划分，西宁城东话属于中原官话秦陇片。

城东其他民族语言的系属情况是：藏语属于汉藏语系藏语安多方言，蒙古语和土族语属于阿尔泰语系蒙古语族，撒拉语属于阿尔泰语系突厥语族。城东的回族没有自己的语言，全民转用汉语，但城东回民话与汉语方言相比有自己独具的特点。

长期以来各族人民在城东共同生活，在频繁的交际沟通中，语言自然也相互影响、交融渗透。因为语言是民族的重要特征，民族的发展变化往往直接影响并制约着语言的发展。研究我国的民族史会发现，在汉族同少数民族接触交往的过程中，往往是汉族影响同化少数民族，汉文化影响同化少数民族文化，汉语对少数民族语言影响较大。但西宁城东的情况比较特殊。西宁虽经历了秦汉、隋唐、明代三次移民高潮，汉族人口数量最多，但少数民族统治西宁的时间远长于汉族，而且汉族成为主体民族是明代以来才出现，这些导致了在西宁城东民族语言对汉语影响很大，使得城东话具有了一些鲜明的特征。这些特征在语音、词汇、

---

① 以下简称城东话。

语法三个方面都有体现。

（一）语音

语音方面的表现是城东话的复元音韵母有向单元音转化的趋势。如：

普通话	城东话	例字
uo	u	过、火、脱
ɑi	ɛ	开、来、盖
ɑo	ɔ	包、好、少
ei	i	北、飞、美

之所以会出现这种情况，是因为城东的藏语安多方言没有复元音，只有复辅音；蒙古语、土族语等阿尔泰语系蒙古语族语言中有少量复元音，也多用于汉语借词；撒拉语等阿尔泰语系突厥语族语言中没有复元音，只是因吸收了很多汉语借词，才增加了复元音。受周围这些民族语言的影响，城东话复元音有了单音化的倾向。

（二）词汇

城东话词汇受民族语言的影响相对有限，最主要的是吸收了民族语言中的一些词语。青海有不少地名就直接源自民族语，如"多巴"（岔路口）、"茶卡"（有盐的地方）、"果洛"（部落名）、"玛多"（黄河源头）、"结古"（集散地）等来自藏语；"都兰"（暖和）、"德令哈"（广阔的金色草原）、"乌兰"（红色）、"格尔木"（水流交错之地）等源自蒙古语；"孟达"（天池）出自撒拉语，"祁连"（天）来自匈奴语等。

除了地名外，还有部分日常生活用语也是来自民族语言，如来自藏语的借词有："乌拉子"（杂役）、"曲拉"（奶渣）、"阿卡"（喇嘛）、"阿拉巴拉"（一般般、凑合）、"卡码"（位置、规矩）、"拉尼"（本领、本事）、"阿来"（表应答）等；来自土族语的借词有："一挂"（全部、都）、"胡嘟"（非常、特别）、"干散"（麻利、精干）等；来自蒙古语的借词有"恶索"（垃圾）等。

（三）语法

城东话受民族语言影响最大的当属语法。在藏语、阿尔泰系语言长期、深入地渗透影响下，城东话的结构发生了内在的、本质的变化：SOV语序的大量使用，系统、完备的后置格标记，名词后泛化的"们"用法，使用广泛而意义多样的"V给"结构，形式独特的选择问句等。

这些迥异于普通话及其他汉语方言的特殊语法现象是本书所要考察的主要内容，此处不展开论述。

四　城东话音系

西宁城东话有 25 个声母，31 个韵母，4 个单字调。兹分述如下：

1. 声母：共 25 个，包括零声母在内。

p 不白包病　　pʰ 破铺爬碰　　m 妈木没女　　f 书说飞佛
t 大德到灯　　tʰ 踏脱土疼　　n 能男硬爱　　　　　　　　l 拉来冷路
ts 地挣走早　　tsʰ 差题凑草　　　　　　　　　　s 杀四生扫
tʂ 直正坠招　　tʂʰ 吃城出吹　　　　　　　　　　ʂ 十舌神收　　ʐ 肉热人日
tʃ 急几菊机　　tʃʰ 起粗醋气　　　　　　　　　　ʃ 洗喜婿西
tɕ 假叫姐九　　tɕʰ 掐桥秋亲　　　　　　　　　　ɕ 夏修写闲
k 哥尕骨滚　　kʰ 哭看渴靠　　　　　　　　　　 x 喝红会虎
Ø 牙娃腰万

音值说明：

（1）舌尖中鼻音声母［n］在与齐齿呼和撮口呼韵母相拼时，实际的音值是［ȵ］；

（2）［tʂ］组声母同开合口呼韵母相拼时，卷舌不如普通话深，略带舌叶色彩；

（3）［x］发音部位较普通话而言更为靠后。

2. 韵母：共 31 个，包括自成音节的［l̩］［l̩ʷ］［v̩］在内。

ɿ 资纸地刺迟体　　j 衣笔米去　　　　v̩ 五不虎出　　　ʮ 雨桔粗虚
ʅ 值尺石日　　　　i 借美北铁水色　　u 过火喝锁　　　yu 学脚瘸约
l̩ 李力理礼　　　　　　　　　　　　　　　　　　　　　　l̩ʷ 铝驴吕旅
a 八怕拉沙　　　　ia 加掐虾丫　　　　ua 瓜夸瓦话
ɛ 儿车开热　　　　　　　　　　　　　　uɛ 乖快坏拐
ɔ 好包破老　　　　iɔ 交桥笑苗
　　　　　　　　　　　　　　　　　　　ui 会贵亏国
ɯ 狗藕臭走　　　　iɯ 秋酒羞有
ã 安半汉满　　　　iã 眼田仙钱　　　　uã 万穿砖关　　　yã 远选圈恋
ɔ̃ 狼窗上双　　　　iɔ̃ 娘江想羊　　　　uɔ̃ 王庄光矿

ə̃ 根冷分疼　　　　iə̃ 心姓林灵　　　uə̃ 春充东顿　　yə̃ 军容兄轮

音值说明：

（1）[ʝ] 韵母摩擦较重，实际的音值更接近于 [ʑ]。

（2）[v̩] 可在零声母后面自成音节，如：午 [v̩⁵³]、物 [v̩²¹³]；也可在辅音声母后面与声母同时发音，如：木 [mv̩⁵⁵]、书 [fv̩⁵⁵]。

（3）[l̩] 和 [l̩ʷ] 是自成音节的边音，两者发音部位有别：[l̩] 是舌尖－齿背边音；[l̩ʷ] 则是舌尖－硬腭边音，带卷舌色彩。

（4）鼻化音中，[ə̃]、[iə̃] 和 [uə̃] 三个鼻化韵母鼻化成分相对微弱。

3. 声调：4 个单字调，不包括轻声。

阴平	44	天飞八木灭药
阳平	24	来乏白楼红成
上声	53	我好马水九有
去声	213	去路命害慢大

音值说明：

阳平发音时稍有拖音，实际音值是 224。

西宁话没有入声。古清音和次浊声母的入声字在今天西宁话中读为阴平，如"笔""一""六""七""出""黑""铁""麦"等；古全浊声母的入声字则读为阳平，如"白""舌""杂""俗""服""局""读""合"等。

西宁自古就是西北的交通要道和军事重镇，乃河湟地区的政治、经济中心，其多民族移动迁徙、交流融合的历史决定了现在的西宁仍然是多民族聚居地区，位于西宁东部的城东区尤其如此。汉族和回、藏、撒拉、土、蒙古等族人民在西宁城东长期共同生活，互相交流渗透，使城东话受到了周围少数民族语言的深刻影响，具有了不少有别于其他汉语方言的典型特征。

第二节　研究现状和选题缘起

一　研究现状

西宁话研究起步较晚，早期只有 20 世纪 30 年代罗常培先生在《唐五代西北方音》，1949年朱马在《甘宁青三省汉语声音研究之浅见》中略有论述。早期的西宁话研究是作为西北方言或者甘青宁方言的一部分被讨论，并没有取得独立的研究地位。从研究内容看，以语音研究为主，词汇和语法研究未有涉及。20世纪50—60年代关于西宁话虽然出现了一些著作和文章，但多是从推广普通话的角度出发，学术价值有限。

自20世纪70年代末80年代初开始，作为我国著名的语言走廊北段，语言资源极为丰富的西宁逐渐引起了学者的注意，研究西宁方言的论著大量出现。近年来，随着语言接触理论的引入，包括西宁方言在内的甘青语言区域（Gansu-Qinghai Linguistic Area）吸引了世界眼光，美国加州大学圣芭芭拉分校的语言学家Slater, Keith W.（Slater, Keith W., 2003），芬兰赫尔辛基大学语言学家Sandman, Erika（Sandman, Erika, 2016），法国社会科学院东亚语言研究所徐丹教授、贝罗贝教授、罗端教授等（徐丹，2014；徐丹、贝罗贝，2018等）都曾在甘青地区进行语言调查并发表了一系列研究文章。西宁话是甘青语言区域内的代表方言之一，在语言接触视域下对西宁话进行研究正成为新的学术增长点。关于西宁方言的研究概括起来，主要有以下方面：

（一）综合研究

张成材（1980）在《方言》发表文章对西宁方言的声韵调、声韵配合关系、儿尾、两字组的连读变调、文白异读、常用词、词组和语法例句等方面进行了具体细致的描述。随后他与朱世奎合著《西宁方言志》一书，书中全面展示了西宁方言的面貌，记录了西宁方言连读变调复杂，具有儿尾，语序以SOV为主，有着特殊的"给字句""把字句"等重要特点。该书因成书时间较早，且张成材先生不是西宁话母语者，所以对西宁话音系的描写存在一些问题，如普通话的"五"书中记作［u］，虽则在注释中加以了说明，但实际情况是西宁话所有的［u］全部读作［ʋ］；"锅"书中记作［kuo⁴⁴］也不合适，普通话的［uo］在西宁话中单元音化为了［u］等等。尽管对西宁方言的音系描写有不精确之处，但是瑕不掩瑜，《西宁方言志》一书仍为西宁方言研究奠定了坚实的基础。

关于青海方言的形成，张成材先生通过论述青海的历史归属，历代移民，地理阻隔，方言特点，指出"青海汉语可以说主要来源于江淮官话"①，陈良煜则认为"青海河湟的汉族明初来自南京……青海方言形成于明初"② 是种错误的观点，青海方言的形成不会晚于东汉末年。王双成（2009c）根据青海省内汉族聚居区普遍有"先祖来自南京"的说法，对西宁话和吴方言进行了对比。他发现青海的汉语方言在语音、词汇和语法方面的确有一些现象同吴方言有相似之处，这些相似之处应该是早期移民带来并保留下来的，并不能由此得出西宁方言属于吴方言或者吴方言是西宁方言祖语的结论。

在这个问题上，我们比较认同邢向东先生的观点"青海农区的秦陇片方言，又是在关中、陇东秦陇片方言的基础上，由于居民迁徙而形成的"③，也就是说青海地处西北，与甘、陕紧密相连，均为北方方言西北片，同时又受到历代移民方言以及周围少数民族语言的影响而具有自己的独特性。

（二）语音方面

西宁话语音方面的研究成果总体较少，主要可以分为语音的历时比较研究和语音现状的描写分析两个方面。比较研究语音历时发展演变的有张成材（1995、2013）的系列文章，探讨了以《广韵》为代表的中古声母同西宁声母之间的对应关系，并归纳了青海汉语方言声调由古至今演变的规律，解释了其简化的原因。此外，都兴宙（1991、1992）发现大多数中古入声字在西宁话中读44调，还对西宁话中的庄知章三组字从中古到现代的语音变化进行了分析。

现有研究成果对西宁语音现状的描写从两个方面展开，其一是调查描述西宁方言的整体语音系统。张成材对青海方音的声韵调进行了调查于1995年写成了《西宁话音档》一书。和《西宁方言志》的情况一样，上述研究中对西宁方言音系的描写仍有不少值得商榷之处。刘钦明（2006）描述了西宁话声韵调，比较了它与普通话的异同。其二是对西宁

---

① 张成材：《试论青海汉语方言的形成》，《青海社会科学》1992年第1期。
② 陈良煜：《河湟汉族来源与青海方言的形成》，《青海师范大学学报》（哲学社会科学版）2008年第6期。
③ 邢向东：《西北方言重点调查研究刍议——以甘宁青新四省区为主》，《清华大学学报》（哲学社会科学版）2014年第5期。

方言中某个语音现象的具体描写研究，主要有：王双成（2006）指出高元音［i］舌尖化是青海方言元音系统较为显著的音变特点，而复元音的单元音化是出现这种音变的主要原因。麦耘（2013）则进一步对西宁话这种舌尖元音范围大，高元音带强摩擦的元音高顶出位现象进行了讨论。对西宁方言二字组连读变调情况，都兴宙（2001）进行了分析，认为语法结构、古声母清浊等都对此产生影响。

这里还要提到芦兰花（2011）的博士论文《湟水流域汉语方言语音研究》。文章不仅对西宁方言语音系统进行了整体描述，而且还纵向地讨论了其声母、韵母、声调的历时演变，同时将西宁话和湟水流域其他18个方言点的语音做了横向比较。论文不仅在共时层面对音系的描写比较准确，历时层面对语音演变规律的探讨也较为深入，在西宁语音系统的研究方面有较高的参考价值。

就目前的情况来看，在西宁方言音系的描写上学界已基本达成共识，只是在具体记录时有宽式和严式之分。而在个别语音现象的描述方面研究成果则较为少见，还需要研究者不断地努力。

（三）词汇方面

西宁词汇方面的研究成果首先要提两部著作：一是张成材编纂的《西宁方言词典》，该书引论部分简单介绍了西宁方言的内部差别、声韵调系统、单字音表及方言特点，正文收录基本词汇和西宁地区特有词语近6000条，并酌情收录部分来自少数民族语言的词语，内容丰富，特点鲜明。书中收录的是西宁方言词语，但将"大肠丢着下来了""手啊松脱""闲了坐来"等作为词条收录似不合适。二是朱世奎的《西宁方言词语汇典》，此书记录了西宁汉语方言的语音、语汇，并描述了词语的产生和演变，在方言词语的整理和溯源方面具有重要价值。此外，西宁话的词汇研究还主要涉及了以下方面：

虚词是西宁话词汇研究的主体，先后讨论的有：汪忠强（1983）对时态助词"者""着"和"脱""掉"，语气助词"上""下""说""个"和"给个"，结构助词"头""个""包""巴"等进行了初步探讨，虽然在一些词的词性界定上有待商榷，但不可否认的是这为后来的研究者提供了一些思路。宋金兰（1990）对助动词"给"的性质、特点及来源加以探求，认为青海话的"给"无论语法功能还是语音形式都和阿尔泰语密切相关。都兴宙（1995）对西宁话的虚词"lia"进行了讨论，指出它在西宁话中有介词和语气词两种用法，这两个"lia"都是从土族语借用而来。都兴宙（2001）考察了西宁话"下"的读音和用法，指出"下"有方位词、动词以及动词后附成分三种用法，而不同的用法对应不同的读音。雷汉卿（2017）对青海乐都话中的语气助词"哈"进行了细致而深入的描写，认为"哈"有表假设语气、让步语气、引导表时间的状语从句、表征询和揣测语气等四种用法。

西宁话在多语言环境中借鉴吸收了当地少数民族语言的不少成分，融入了藏、回、土、撒拉、蒙古等众多世居少数民族的词汇。因此，民族语借词也是西宁话词汇研究的一个方面。

作为汉语方言的一种，西宁话保留了很多古汉语的语言特色，词汇方面尤为明显。邓靖声（1981）引证古典小说和一些古代语言著作，对西宁地区的99条方言词进行了注释说明。在此基础上，都兴宙（1989）纠正或补充了30条词语，同时还列举了14条《老乞大》中出现，并活跃于西宁人日常口语中的词。林有盛的《西宁方言寻古》一书从方言词语、俗语入手，通过辨析其词义的演变、差别，来探寻其中所蕴含的西宁传统文化。

西宁话的词汇研究已取得了一定的成果，但方言词语研究的广度和深度还需要进一步的扩展。尤其要提到的是，不少方言词语的书写形式目前还不统一，这说明西宁方言词考本字的工作还须加强。

（四）语法方面

在语言三要素中，西宁话语法是较现代汉语普通话而言区别最大的，因此，它也成为了学者们关注的重点所在。西宁话的语法研究主要涉及了以下方面：

1. 名词性结构及其标记

西宁话没有语法上的"性"范畴，但是有"数"范畴和"格"标记，其人称代词系统、量词"个"也独具特色。

"数"范畴的研究集中在"们"的特殊用法上。"们"的使用泛化是甘青地区方言的一个区域性特征（黄行，2005；徐丹，2011），其分布范围十分广泛，包括甘肃临夏，青海乐都、民和、循化、同仁等地（兰大中文系，1996；雷汉卿，2008；徐丹，2011；杨永龙，2014等）。西宁话的"们"也存在使用泛化现象。

目前没有专门的论著介绍西宁话"们"的特殊用法，一般认为"们"的这种特殊性在甘青地区具有趋同性。不过在"们"的相关论述中我们发现，"们"的性质为何，依然存在争议。莫超（2004）认为兰州及周边地区的"们"可以分为三个，其中表人名词后的"们₁"和部分表物名词后的"们₂"是表示复数，"们₃"受到"们₂"影响产生，出现了新的表义功能，如戏谑、幽默、轻蔑、嘲弄等附加义。雷汉卿（2008）则观察到，乐都话的"们"在指人的名词后面表单数，在动物、植物名词后面表复数，在可数而无生命的物质名词后面既可以指单数也可以指复数，"们"用在抽象名词后并不表示单复数，只显示出"们"作为词缀的特点。徐丹（2011）指出唐汪话中的"们"及其变体可以作为话题标记，并且将"单数指称用复数标记"称为"们"的"准复数标记用法"，且复数标记表示单数是一种跨语言的普遍现象。杨永龙（2014）通过对甘沟话"们"的考察，认为甘沟话的"们"可以加在人称代词，亲属称谓和指人名词之后，甚至一些不可数名词和比较抽象的名词后也能加"们"来表示复数，也就是说，甘沟话中的"们"具有离散并且复数化不可数名词和抽象名词的作用。这里的"们"依然是复数标记，但是文中也提到了"们"的很多非复数用法，如表示整体、类指等等。

"们"的用法在甘青语言区域内究竟是趋同，还是各有特色？能否寻找到合适的描写手段将其区分开？这是需要研究的问题。在目前关于"们"的研究中，只有雷汉卿先生为母语者。笔者作为西宁话母语者，很有必要对西宁话"们"的用法进行详细的考察和分析。

"格"标记系统同样是西宁话在内的甘青语言区域的典型特征。目前对该区域"格"的研究主要从两个方面展开：一是格标记的来源，二是格系统的详细描写。

马树钧（1985）通过对青海循化话名词后附语素的分析，将其定义为准格位语素。李克郁、李美玲（1996）也注意到了这一现象，并将青海方言中的"格"与东乡语、裕固语、保安语、土族语等进行比较，认为它们来自于蒙古语。张安生（2013）则对甘青河湟26市县方言的格标记进行了全面系统的研究，考察了上述地区格标记的地理分布、基本特征、类型属性等，认为该地区的格标记可以分为东乡型、临夏型、大通型、西宁型和乐都型等。西宁型的特点是前后置词并用，后置词在凭借格上具有优势，其他格优势不明显。敏春芳（2014）通过和周边少数民族语言的对比，认为甘青地区接触方言的格标记和与之相关的少数民族语言的"格"系统关系紧密，接触方言的"格"标记形式既反映了少数民族在转用汉语时母语的底层残留，也与阿尔泰系诸语言的长期影响密切相关。

汉语中表达语义格多使用介词，西宁话介词的独特性也引起了学者的关注。张成材（2006、2014）和王双成（2012）对西宁话中的介词类型及用法进行了论述，而且二人就名词后面的"哈/啊"等究竟是后置介词还是助词展开了讨论。

西宁话中的量词也独具特色，王双成（2015）发现，西宁方言的量词"个"和名词组合有"个+名""名+个"两种语序，"个"也可以独立充当主语。主语位置独立使用的"个"和"个+名"都表有定；主语位置的"名+个"和宾语位置的"个+名""名+个"都表无定。"个"的这种用法既有汉语自身演变的因素，也有语言接触的原因。西宁方言的"个"除了常规的名量词外，还可以做动量词。

目前对西宁话代词系统学界还没有详细讨论，仅在方言词典中略有论及。马敬芳（2000）对西宁地区的"那个"、循化及同仁地区的"什么"、门源地区的"啥子"三个代词从词义和语法进行了分析。蒲生华（2003）曾对青海方言中第一人称代词的读音进行溯源，认为其生成原因有三：一是古音的沉淀，二是特殊环境的影响，三是其他语音的渗透。以上分析或是基于语音，或是单点或单个代词的分析，没有深入代词系统内部分工以及更为细微的语义和句法区别，还有可以继续完善之处。

从现有情况来看，西宁话名词性结构的研究呈现出两个特点：一是语言接触理论的引入，看待西宁方言中的特殊现象有了新的视角；二是从普通语言学理论和语言类型学理论出发，对个案进行的深入研究增多，体现出理论对语言事实挖掘分析的重要作用。

2. 动词性结构及其标记

动词性结构研究主要聚焦在动词的形态范畴，如"时""体""貌"，以及动词的修饰成分，如副词、助词等方面。西宁话动词性结构的标记有的源自汉语，有的来自语言接触的影响，将二者描述清楚，剥离开来是一项具有难度的工作。

王双成（2008）对青海方言中的动词重叠形式进行了描写，认为动词重叠式在青海话中可以表示体貌意义，而这是受到了安多藏语的影响。王双成（2009）从动态和事态两方面论述了西宁方言的体貌系统，指出西宁话和普通话相似，也会使用"着""了""过"等助词来表示体态。同时也有自己的特色，如使用"开""脱"表示起始体，"V+个"表示尝试体等。但是，限于论文篇幅，王双成的描写未尽，还有可以补充之处。

引语标记是现代汉语中并不显赫的范畴，但是包括西宁话在内的甘青方言中有高度虚化的引语标记。张安生（2007、2016）曾对西宁回民话进行研究，指出其中的助词"说着""说"作为引语标记，是在阿尔泰系语言，主要是蒙古语族的影响下产生的，是早期引语动词"说"的连接式和陈述式语法化、凝固化的结果。张安生还发现回民话中表强调的助词"也"是受蒙古语接触影响，源于副词"也"的音义分化和重新分析。

西宁话的副词有不少独特之处。张成材（1980）考察了西宁方言的程度副词"胡嘟"，对其加以了简单描述。靳玉兰（1995）则将其记作"糊涂"，认为它在青海方言中有形容词和副词两种用法。任碧生（1993）对西宁方言中表重复的副词"再"进行了讨论，认为"再"可以分为表实在的重复和表未然的重复两种语义。马梦玲（2014）论述了青海方言"可"的语法特点，发现"可"作为副词可表示"又""再""却""已然"等意义，此外还可以在句尾作语气词。以上描写都挖掘出了西宁方言副词不同于普通话的特点，但是在对副词语义演变的分析上还有可以深入的地方。

西宁话的虚词"着"和"者"的用法也异常复杂，都兴宙（1993）对此曾有初步描写和分析，后来又有多名学者加入讨论。本书第二章会有详细介绍，此处不赘。但从语言接触的角度看，"着"和"者"的来源也有可以继续探讨的余地。

3. 特殊句式

"把"字句是汉语语言学界长盛不衰的研究对象，但西宁方言的"把"字句又有自身的独特之处。最早对西宁话"把"字句进行研究的是程祥徽，他在《青海口语语法散论》一文中对"把"字句的使用范围和分布进行了较为细致的描写。随后，靳玉兰（1995）、张成材（2001、2006）、任碧生（2005）和杨静（2015）也对西宁话中的"把"字句展开了讨论。任碧生从功能主义背景出发进行研究，杨静则运用了结构主义和语言类型学理论，他们对"把"字句的研究较以往更为深入，角度也更为新颖。

"给"字句在现代汉语中往往是引导双宾语句的典型句式，但是在汉语方言，尤其是西北方言中"给"字句的用法远远超出了上述类型。张安生（2006）对宁夏同心话，孙立新（2007）对陕西户县话中的"给"字句进行了描写，指出除了动词和介词外，"给"还可以构成"V 给"结构大量运用于日常生活。敏春芳（2018）则从类型学角度重点对西北方言中的"V 给"结构作了考察。各位学者对"V 给"结构的来源看法也不尽相同，张安生认为"V 给"这种特殊用法同近代汉语一脉相承，而敏春芳则认为它是阿尔泰语系语言影响下的异质要素。

选择问句也是我们关注的重点之一。谢晓安、张淑敏（1990）最早注意到了甘肃临夏话中的疑问句，宋金兰（1993）以甘青汉语方言中颇具特色的选择问句"A 吗 B"为研究对象，通过比较分析，指出这种句式是汉语和藏缅语混合的结果。后来，研究者对西北各地方言中的选择问句进行了具体论述，张安生（2003）对宁夏同心话，张邱林（2009）对陕西陕县话，张洋（2011）对新疆哈密话都作了详细考察，发现西北方言的选择问句在很大程度上具有一致性。

此外，王双成（2009b）讨论了西宁话的差比句，认为由于 SOV 语言的长期接触和影响，西宁话差比句表现出 SOV 语言的语序类型。张安生（2016）则对整个甘青河湟地区的差比句加以关注，对其中的某些差比式和差比标记进行了探源。王双成（2011）分析了西宁方言给予类双及物结构的句法特点，认为它较现代汉语普通话最为常见的"$S + V + O_R + O_T$"更为复杂，而这可能是因为西宁方言同多种少数民族语言接触影响的结果。

4. 特殊语序及相关问题

西宁话的语序是其较普通话而言最大的不同，这也成为了学者们研究的热点和重点所在。20 世纪 50 年代开始，罗太星、刘延竹、张成材、贺虎等人就从推广普通话的角度比较了西宁话跟普通话语序方面的差异，指出西宁话的语序是主—宾—动。然而真正引起学界关注的当属程祥徽《青海口语语法散论》一文，文章通过论述"哈"字句、"把"字句、"给"字句、"说"字句，明确青海汉语方言的语序是宾—动式，并将其与藏语语序进行了对比，提出始动态、终动态等术语。随后，王培基、吴新华（1981），罗太星（1981），汪忠强（1984），宋卫华（1995、2004）等先后加入了西宁话宾—动式的讨论，其中张成材（1981、2001）对这种句式进行了细致详尽的描写。但以上研究多为对西宁话宾—动式语法特征的描述，因理论背景的局限，在研究的深度和广度方面还需进一步挖掘。

随着格林伯格（Greenberg）开创的语序类型学理论传入，21世纪以来，学者们开始尝试从新的角度对西宁话的宾—动式进行研究。任碧生（2004）从宾语的语义类型入手进行考察，指出前置的受事和与事宾语有标记词"啊"，且动词必须是复杂的。马梦玲（2007、2009）从语序类型学的角度对西宁话的SOV句式和"哈""俩"等附置词进行了讨论，认为西宁话是后置词特征明显的语言，而这种特征的形成与境内阿尔泰诸语言的影响关系密切。杨静（2011）探讨了青海汉语方言SOV句式中宾格标记的隐现规律，通过比较发现青海话受事宾格标记和藏语述宾结构的语法标记有明显区别，而跟撒拉语基本一致。刘丹青（2015）将西宁话和吴语从句类限制、词类限制、受事成分的语义属性等方面进行比较，说明吴语的SOV语序是话题优先的结果，而西宁话的SOV语序则是周围少数民族语言影响而成。

（五）语言接触与语言自身演变

西宁话独特语言现象形成的原因是什么呢？随着语言接触理论和视野的引入，不少学者从西宁话同周围少数民族语言接触影响的角度入手加以考察。同时，也有学者从语言自身演变的方面论述语言的变化。

李克郁（1987）认为青海话中表示复数的"们"，介词"哈""啦""撒"是受阿尔泰系语言影响所致。席元麟（1989）比较分析了青海方言和土族语中的几个词语和几个语法现象后，发现青海方言的不少语言成分和土族语十分相近，甚至完全一样。敏生智（1989）通过词汇、词序、虚词的位置等对比，指出汉语青海方言和藏语安多方言之间既有同源成分的存在，也有相互影响的结果，可以肯定青海汉语方言接受了安多藏语结构。贾晞儒（1991、1994、2013、2015）发表系列文章，分析了青海话的"把""哈"比较句，"着"字句，"俩"字句，认为青海汉语方言的发展变化同阿尔泰诸语言长期的影响和渗透有着密切关系，青海汉语方言中不仅保留了阿尔泰语言的一些句法模式，还吸收了一些结构模式，其中青海汉话句末的"有"就是蒙古语在青海汉语中的存在。钟进文（1997）通过描述分析甘青地区6个独有民族的语言，得出当地汉语受民族语影响，出现了复元音单化、声调淡化、量词贫乏、语法结构粘着化等质变。王双成（2004、2014）从"风搅雪花儿"唱词的成因出发，讨论了少数民族语言对青海汉语的影响，并就青海汉语方言提出了语法＞词汇＞音系这样一个接触层级。随后，王双成（2009c）从语音、词汇、语法三个方面将西宁话和吴语进行了比较，发现二者有不少相似之处，认为这些语言成分应该是早期移民方言的沉淀。

　　语言接触对包括西宁话在内的甘青方言的影响无疑是广泛而深刻的，这一点已经成为学界的共识。但是语言的演变异常复杂，往往是内因（语言自身演化）和外因（语言接触）共同作用的结果，如何抽丝剥茧，将语言演变的内外因的作用科学地剥离出来，既需要细致的描写，也需要理论的介入。

　　通过以上论述可看出，西宁话研究已取得了相当的成就，尤其是语音和词汇方面，不少观点已成定论。但同时尚有一些工作需要我们进一步完善，如连读变调迄今为止只有一人进行过初步的调查描述；词汇方面很多使用频率高、语法功能复杂的虚词都未探讨；语法虽成果不少，但目前还没有一部系统研究西宁方言语法的著作，不少独特语法现象的描写也是浅尝辄止。本书以西宁话语法为研究对象，限于笔者学力，以下将集中以语法专题的形式展开，尝试用一些新的理论手段对西宁话中的语言现象加以分析，为西宁话的语法研究提供新的材料。这里要提到的是，本书在每个专题下面会综述西宁话及甘青语言区域内的研究现状，将西宁话置于更大的背景下进行考察。

二　选题缘起

将西宁城东汉语方言语法作为本书的研究对象，主要是出于以下方面的考虑：

(一) 西宁城东话语法具有很高的语言学价值

西宁城东是一个多民族聚居地区，除了汉族外，还居住有回族、藏族、蒙古族、撒拉族、土族等27个少数民族。这些少数民族形成时间不同，来源各异，人数众多。长期以来他们和汉族同存共处，交流融合。在频繁的交际沟通中，语言自然也相互影响、交融渗透。在汉语影响少数民族语言的同时，少数民族语言对青海汉语方言也产生了全面而深入的影响，语言接触不仅发生在汉语和藏语之间，也存在于汉语和阿尔泰语之间，使得当地汉语方言呈现出异常复杂的状态。比如语音方面复元音韵母有单元音化的趋势，声调也有简化的倾向；词汇方面吸收了大量的民族语词汇；语法方面出现了使用频率很高的SOV语序，具有完备的格标记系统，"们"在名词后有众多泛化的用法，以及使用语气词为标记的选择问句等。

同时，青海在历史上经历了两汉、隋唐和明清三次移民高潮，特别是明清时期，有大批安徽、江苏、河北、山西、甘肃及陕西的居民迁至西宁。这就使得西宁方言不单单是古代西北方言的继承和沿用，而是混合、杂糅了不少其他方言的成分。比如在语音、词汇和语法方面与江淮官话有不少共同之处，音系上有更多的一致性[1]；和吴语的称谓词及"阿"系疑问词等很多都是相同的，且后置词、话题句等特殊的语法现象也是两种方言共同所有等[2]。

西宁，是阿尔泰语系、藏缅语族和汉语接触的前沿地区，是观察语言接触和语言变异的窗口所在，是历代移民南北方言的混合之处，这里拥有极为丰富的方言和语言资源。近些年西宁方言越来越受到学界的关注，其丰富的语言学价值也逐渐被发现并研究，但迄今为止还没有一部专门系统、深入地研究西宁方言语法的著作。因此，本书选择西宁最具民族特色和移民特征的城东区作为调查区域，希望通过对其中特殊语法现象深入、细致、全面地考察，进一步发掘西宁方言的语言学价值。

---

[1] 张成材：《试论青海汉语方言的形成》，《青海社会科学》1992年第1期。
[2] 王双成：《西宁方言与吴方言的一些语言现象之比较》，《语言科学》2009年第5期。

(二) 城东话快速同化于普通话，需尽快整理研究

在国家大力推广普通话的情况下，外加社会环境的变化，传播媒介的影响，汉语方言正以前所未有的速度被普通话所同化。这种同化在语音、词汇、语法方面都有体现，词汇方面表现最为突出，不少方言常用词对于20世纪90年代以后出生的西宁人来说已比较陌生，有些甚至根本没有听说过，不再使用了。语法方面表现为一些具有方言特征的语法形式使用频率明显降低，在年轻人的口语中正逐渐向普通话语法靠拢。越来越多的年轻人倾向于不用、少用格标记，或用前置介词取代城东话的后置格标记，如宾格"啊"，位格"里""上"，比格"啊"不用的情况越来越多，宾—与格标记"啊"正慢慢被"把"和"给"取代等。西宁方言的活力正在下降，不少方言特征正在衰减、消失。

我们知道汉语方言是汉语各个历史发展阶段的活化石，不管是语音、词汇、语法的研究，还是汉语及其他语言的关系研究，都可以从中发现线索，寻找证据。因此必须抓紧对西宁城东话在内的汉语方言进行调查、整理、研究，记录并保留这些宝贵的语言学材料。

(三) 本人具有母语优势

近些年来，包括西宁话在内的西北接触方言被越来越多的学者关注。他们以敏锐的学术眼光，深厚的学术积淀，探讨并解释了不少西北接触方言独特的语言现象。虽然取得了不小的成就，但不得不提的是，这些研究者中母语是西北方言的学者很少。陆俭明曾说："一种方言语法之错综复杂和精细奥妙之处，难以为操非母方言者所了解，难以为操非母方言者所体察"[1]，非母语研究者很难具备方言语法研究所需的足够的语感。本人母语就是西宁汉语方言，自小生活在城东区，对城东话非常熟悉，清楚知道任何一种语法现象及其语用功能，应该说具备了先天的母语优势。

三 研究意义

本课题的研究意义主要有以下方面：

---

[1] 戴昭铭主编：《汉语方言语法研究和探索——首届国际汉语方言语法学术研讨会论文集》，黑龙江人民出版社2003年版，序言第3页。

（一）考察西宁方言源流，为认识西宁方言本质提供线索

青海西宁方言历史悠久，来源多样。从时间角度考察其中有不少上古、中古汉语的遗留，从民族角度发现少数民族语言的语音、词汇、语法在其中都有所渗入，从方言分区来看西宁城东话中也存在吴语、江淮官话的部分特点。这些都使得西宁城东话具有有别于其他西北方言的复杂特征，学界对西宁方言的形成也众说纷纭，尚未达成共识。

本书从描述西宁城东话语言面貌出发，重点讨论城东话中的语法现象，比较它们同古汉语、少数民族语言、吴语江淮官话的异同。古汉语的遗留通过城东话中"着"的用法可窥见一二，"着"在城东话中常出现于动词后作方位介词引出动作行为涉及的处所。当"着"位于动态动词后时，它相当于"到"，如"那个老鼠跑着阿扎去了"，当"着"位于静态动词后时，它则相当于"在"，如"你把笤帚立着门背后"等。"着"的这种用法魏晋南北朝时就已产生，《世说新语》中就有大量用例，如"文若亦小，坐著（着）膝前"[①]，"左右移时不至，然后令送著（着）门外"[②]。受周围少数民族语言的影响，城东话的语序类型也呈现出显著特征。如宾语和动词的语序、表语和系词的语序、名词和附置词的语序、动词和助动词的语序以及比较标准和比较标记的语序五种语序关联，普通话表现为 VO 型语言，而城东话则部分是 VO 语序，部分是 OV 语序，具有了 VO 与 OV 相融合的特征。城东话中"个"不仅可用为名量词、动量词、语气词，还可作为定指标记，如"个娃娃咬巴着不成哪"（这个孩子脾气大得很），具有了南方量词所有的显赫特征。这应当是江淮方言、吴方言的语法现象在城东话中的留存。通过对上述西宁城东话语法现象的细致描写，深入分析，有助于我们进一步认识城东话的本质，对考察西宁方言的源流具有一定的参考价值。

（二）挖掘西北方言宝库，为近代汉语研究提供活的方言证据

复杂的现代汉语方言是汉语历史发展在不同空间的保留与分布，无

---

① （南朝宋）刘义庆著，张㧑之译注：《世说新语译注》，上海古籍出版社 1996 年版，第 4 页。
② （南朝宋）刘义庆著，张㧑之译注：《世说新语译注》，上海古籍出版社 1996 年版，第 479 页。

论是语音、词汇,还是语法、语用,都隐含着很多历史线索。西北地区由于其特殊的地理位置、民族成分和历史沿革,使得当地汉语方言呈现出异常复杂的状态。但西北方言的整理与研究在全国范围内却相对滞后。随着国内语言学研究的深入,学术界迫切需要挖掘整理西北汉语方言的宝藏,对西北地区一些特殊的语言现象进行深入的描写,全面的研究。

本书以青海西宁丰富的语言资源为依托,通过翔实、可靠的语料,剖析当地方言同汉语普通话之间的异同,细致、深入地描述西宁方言语法的特征。如"再"的用法,现代汉语普通话中,副词"再"可表示动作、状态的重复或继续,可表程度的增加,可表某种情况下动作的出现,或用来表示"另外"和"又"的意思等。而在西宁城东话,"再"除了有上述用法外,还可出现在句尾表示先行,或对未然事件进行假设,或对前后行为加以连接。这些异于普通话的特殊用法在历代文献中都有迹可循,是历时的语义变化在方言中的共时呈现。再比如城东话中丰富的"把"字句就有"把+O+VP"句式、无动词"把"字句、"你(们)把你(们)V"句式和"把"字比较句四种特殊句式。其中"把+O+VP"句式隐含了说话者批评、不屑或不以为然的主观评价,而无动词"把"字句的"S+把+O"句式作为特殊称谓语,则是言者主语对对方的责骂和詈称。这两类特殊句式就是近代汉语"把"字句用法的遗留。对此类语法现象加以细致分析,深入挖掘,可以为近代汉语的词汇、语法研究提供活的方言证据。

(三)拓展语言接触领域,为语言接触研究提供第一手资料

国内语言类型学研究自20世纪80年代起步以来,这种通过跨语言比较来发掘各种表面语言现象背后所隐藏的蕴含共性的研究范式,得到越来越多语言学家的认同。青海西宁的汉民族长期以来和藏族、阿尔泰语系民族等共同生活,他们之间有着大量的语言接触,时至今日仍在不断发生,产生的语言变化可以折射出汉语发展史上接触引起变化的各个阶段。

本书在语言类型学理论的指导下,通过大量细致的第一手方言调查,对西北较有代表性的西宁城东话语法进行系统的描写和较以往更深入的阐述,对该地区因长期接触形成的语言区域特征加以论述。如城东话同其他西北接触方言一样,拥有严整的格标记系统,共有主格、宾格、与

格、领格、位格、离格、比格和工具—伴随格八个次类，有"啊""跟前""的""里""上""价""哨"和"俩"八个格助词。这些格助词，有的功能和形式都源自周围的少数民族语言，如"哨"和"俩"，有的形式源自汉语，功能源于民族语，如"啊""跟前""里"和"上"等。不管是哪一种，都是受到周围少数民族语言的影响所致，都是语言接触的产物。再如城东话"们"出现的范围涵盖了第一人称、第二人称、第三人称的人称等级，从代词到名词的名词性等级，从人、动物再到无生命事物的生命度等级的所有序列。就功能而言，"们"有复数标记、连类标记和类指标记三种功能。"们"的这些特殊用法不仅为城东话所有，还是西北接触方言共有的区域性特征。对这些接触所导致的特殊语法现象加以深入描写，系统论述，可以为语言接触研究提供第一手的原始资料。

第三节 研究方法和语料来源

一 研究方法

（一）田野调查与访谈调查相结合

本书的语言材料基本以田野调查的方法获得，主要以《汉语方言语法调查手册》《语法调查研究手册》为依据进行语法调查，并收集整理了大量长篇语料。本人母语为西宁城东话，部分例句由自省方式获得，为避免个人主观性，这类例句全部实地向他人进行求证。同时在西宁城东区东关大街社区、下十里铺村、曹家寨村等地进行实地调查访谈，进一步修正并充实田野调查的结果。

（二）共时描写与历时比较相结合

细致描写与比较是语言研究，特别是方言研究最行之有效的方法。本书首先对城东话特殊的语法现象在共时层面进行了大量、细致的静态描写。正如王力先生所说："静态的研究对汉语史来说是必经的阶段，但是单靠静态的研究并不能达到建立汉语史的目的。"[1] 因此，在静态描写的基础上，与其他历史文献作历时层面的动态比较，也就是由横向的共时描写，到纵向的历时比较，从而探寻语言发展演变的规律。

---

[1] 王力：《汉语史稿》，中华书局1980年版，第14页。

(三）个体研究与对比研究相结合

本书旨在对城东话的语法进行深入、系统的描写，并尝试对其特殊语法现象进行解释。因此，本书并不仅仅是对语言现象的细致描写，还希望在大的历史背景下讨论该现象形成的原因。本书运用历史比较语言学、语言类型学的理论和方法，通过与现代汉语普通话、周围汉语方言、少数民族语言的对比，由此推知它在时间上的发展轨迹，并找出其发展演变的规律。

二　语料来源

1. 田野调查

本书的语料主要以田野调查的方式获得，调查对象全部为西宁市城东区各镇、村和街道的人。选择调查对象时，要求长期生活在城东区，会说地道城东话，年龄主要为40—60岁，同时适当选择各年龄段人员加以补充。

2. 自拟语料

本人是土生土长的青海省西宁市城东区人，长期生活在西宁，城东话是自己的母语。本书个别语料由本人自省获得，为保证语料的准确性和真实性，自拟语料全部实地向他人求证。

三　调查合作人

1. 李生伟，男，72岁，汉族，城东区新民社人，小学文化程度，除短期旅游外从未离开过西宁，不会说普通话。

2. 安有年，男，70岁，汉族，城东区下十里铺村人，小学文化程度，除短期旅游外从未离开过西宁，不会说普通话。

3. 沙海帮，男，42岁，汉族，城东区下十里铺村人，小学文化程度，长期生活在西宁，会说普通话。

4. 陈志强，男，50岁，汉族，城东区大众街人，高中文化程度，原西宁制帽厂职工，长期生活在西宁，会说普通话。

5. 代虎章，男，56岁，汉族，城东区韵家口镇人，小学文化程度，农民，长期生活在西宁，不会说普通话。

6. 李培莲，女，68岁，汉族，城东区新民社人，小学文化程度，农民，长期生活在西宁，会说一点普通话。

7. 刘文梅，女，41岁，汉族，城东区曹家寨村人，中学文化程度，自由职业者，长期生活在西宁，会说普通话。

8. 沙成学，男，63岁，汉族，城东区下十里铺村人，小学文化程度，农民，长期生活在西宁，会说一点普通话。

9. 李海萍，女，44岁，汉族，城东区大众街人，大学文化程度，政府职员，长期生活在西宁，会说普通话。

10. 王友宽，男，35岁，汉族，城东区曹家寨村人，大学文化程度，事业单位员工，长期生活在西宁，会说普通话。

11. 周凤兰，女，58岁，回族，城东区周家泉人，小学文化程度，个体经营者，长期生活在西宁，会说一点普通话。

12. 汪生红，女，51岁，汉族，城东区林家崖村人，小学文化程度，农民，长期生活在西宁，会说一点普通话。

13. 马云飞，男，33岁，回族，城东区东关大街人，大学文化程度，事业单位员工，长期生活在西宁，会说普通话。

14. 沙永智，男，40岁，汉族，城东区八一路街道人，大学文化程度，小学老师，长期生活在西宁，会说普通话。

15. 马燕，女，22岁，回族，城东区东关大街人，西北民族大学学生，会说普通话。

16. 魏贵珠，男，63岁，回族，城东区大众街人，初中文化程度，个体经营者，长期生活在西宁，会说一点普通话。

17. 安生民，男，51岁，汉族，城东区下十里铺村人，小学文化程度，农民，长期生活在西宁，会说一点普通话。

18. 曹玉秀，69岁，汉族，城东区八一路街道人，中学文化程度，事业单位员工，长期生活在西宁，会说一点普通话。

19. 李海青，42岁，汉族，城东区周家泉人，高中文化程度，事业单位员工，长期生活在西宁，会说普通话。

20. 张秋红，21岁，汉族，城东区韵家口镇人，青海大学学生，长期生活在西宁，会说普通话。

四 本书所用相关符号

V：动词或动词性语素； VP：谓词性短语；

N：名词或名词性语素； NP：名词性短语；

A：形容词； ADV：副词；

NEG：否定词； PRT：语气词；

S：主语； O：宾语；

T：句子。

第一章

名词性结构及相关标记

第一节 格标记系统

所谓"格"(case),指的是语言中和体词有关的语法范畴,它的作用是通过某种特定形式表示中心动词和从属性体词间不同种类的语义关系,或表示动作行为的施事、受事、与事,或表示动作发生的处所、时间,或表示动作实施的工具、凭借等。除了上述小句层面的关系外,格还可表示在短语层面的体词和附置词或其他名词间的语义句法关系,如领属关系等。任何一种有格范畴的语言,其格范畴往往是一个严密的系统,内部包含若干次类或次范畴,而且它所有的次范畴数量多少不等,少则五六个,多则能达到二十几个。

格关系的表达手段比较多样,显性手段有词缀、附着形式、附置词和语序等,有时也可通过零形式的隐性手段来表现。狭义上来讲,上述表达手段中,黏着程度最高的词缀才能被称作"格标记",其余如附置词、语序和附着形式都不能称为"格标记"。因此,作为一种语法范畴,格往往同形态发达的语言密切相关,通常认为汉语是没有格范畴的。但是,从广义上来说,有些附置词,尤其是后置词,因其附着程度较高,也可视作格标记。

城东话通用于西宁城东,作为当地汉、回、藏、土、撒拉、蒙古各族人民共同使用的交际工具,它既有汉语的语音和词汇系统,同时又受到少数民族语言的深刻影响,特别是语法方面,具有了一系列明显有别于汉语的区域特征,比如本节要讨论的格标记系统。城东话在表达格关系的时候,往往不用汉语所常见的前置介词,如"用"

"对""为""比""从"等,而是使用一系列表示不同关系的后置词作为语法标记。

一 格标记的类型

通过调查,城东话的格范畴包括:主格、宾格、与格、领格、位格、离格、比格、工具—伴随格等八类。具体分述如下:

(一) 主格

格标记在标注格关系时,其等级序列为"间接题元关系＞旁格宾语＞间接宾语＞直接宾语＞主语",因此基本上一般语言的主格(nominative)都是零形式无标记的,城东话中也是如此。如:

(1) 尕孃孃的先后殁掉了。(小姑的妯娌去世了。)
(2) 蝎虎儿苍蝇啊一挂着吃上了。(壁虎一下子吃了苍蝇。)
(3) 阿大我啊借给了十万钱儿啊。(爸爸给我借了十万块钱。)

这里不管是不及物动词的唯一论元"尕孃孃的先后",及物动词的施事论元"蝎虎儿",还是二价及物动词的施事论元"阿大",它们都是零标记。

有种情况需要注意一下:当谓语是表示某种心理活动、主观感受时,往往要在主语,也就是心理活动的发出者、某种感受的承受者后面加个"啊"。如:

(4) 这两天我啊乏着吃不住啊。(这两天我累得受不了。)
(5) 阿妈住院着你啊扯心了没?(妈妈住院时你担心了吗?)
(6) 你寻上工作呵,我啊也高兴呗。(你找上工作的话,我也很高兴。)
(7) 娃娃发烧着我啊熬煎着啊。(孩子发烧我发愁得很。)

这种情况比较特殊,我们认为杨永龙先生的解释较为合理:"人的感觉一般是非自主的,往往是由于外界原因所引起,是外界刺激的结果。在语言编码的过程中,如果侧重于表现感知者自身的反应,那么就可以把感知者处理为主格,与施事同类,如普通话;如果更倾向于凸显外在的刺激,就可以把感受者处理为外界刺激的接受者,或者役事、被动者,与受事同类。"[①] 城东话这类主语在当地人的语感中习惯处理为外界刺激

---

① 杨永龙:《青海民和甘沟话的多功能格标记"哈"》,《方言》2014年第3期。

的接受者，因此，后面加上了宾格标记"啊"。

（二）宾格

宾格（accusative）表示的是句中名词或者代词充当谓语动作所关涉的客体，是该行为的受事或对象。城东话的宾格标记是"啊"①。这个"啊"是甘青接触方言中的宾格标记"哈"的语音弱化形式。如：

（8）学生们老师啊看去了。（学生们去看老师了。）

（9）警察那个贼娃啊打给了一顿哪。（警察打了那个小偷一顿。）

（10）傢一大碗牛肉面啊吃上了。（他吃了一大碗牛肉面。）

（11）你灯啊拉着［tʂu²⁴］个。（你打开灯。）

通过上面的例句可以看出，只有宾语位于动词之前时，才会出现宾格标记"啊"，也就是说宾格标记只会用于 SOV 语序的句子中。如果一个句子的语序是 SVO，那么宾语后面不会带宾格标记"啊"。如"明早儿我们看老师去俩"是 SVO 语序，宾语"老师"后面没有任何标记；如果该句用 SOV 语序表述为"明早儿我们老师啊看儿个去俩"，这时"老师"后面则需要有宾格"啊"。当然，也并非所有前置的宾语都需要带宾格标记，生命度往往对格标记的使用具有制约作用。一般的情况是，生命度高的宾语要求带宾格标记，而生命度低的则不需要带。因为低生命度的成分往往同及物句的受事宾语构成无标记匹配，而高生命度的成分则通常和施事主语构成无标记匹配。如果高生命度成分充当宾语出现在动词之前，就容易和施事主语造成混淆，所以城东话通常会在前置的指人名词或人称代词宾语后面带上宾格标记"啊"。因此，例（10）"牛肉面"和例（11）"灯"后面的"啊"往往省略不现，而例（8）和（9）中的"啊"需要保留。有时城东话还会用介词"把"将宾语提到动词之前，如例（11）可以改为：

（11）a. 你灯拉着个。

b. 你把灯拉着个。

例（11）这两个句子的意思完全一致，而且在城东口语中出现的频率都比较高，值得注意的是"把"字句在近些年有越来越多的趋势。

---

① 西宁有部分地区，如城北区、湟中县、湟源县等在日常交际中也会使用宾格标记"哈"，但"哈"在城东话很少使用，城东话的宾格、与格、比格标记基本都是"啊"。

（三）与格

所谓与格（dative），表示的是与事，其题元角色较为广泛，最有代表性的是给予类双及物动词句中的间接宾语，即接受者，除此之外还包括关涉对象、替代对象、受话者等。城东话中，"啊"是一个较为典型的与格标记，此外，还有个"跟前"也是与格标记。

1. 与格标记"啊"

前文已述，"啊"在城东话中亦可标记宾格，因此在给予类双及物动词句中，"啊"既可以标记直接宾语，也可以标记间接标语，且直接宾语和间接宾语的位置可以交换。如：

(12) a. 你个话啊傢啊说给。（你告诉他这句话。）
　　 b. 你傢啊个话啊说给。

(13) a. 尕香三本书啊我啊借给了。（小香借给我三本书。）
　　 b. 尕香我啊三本书啊借给了。

出于语言交流的经济原则，城东话中以标记间接宾语为常，直接宾语后的"啊"常不出现。那为什么要标记间接宾语，而不标记直接宾语呢？因为在SOV语序中，主语和宾语都在谓语之前，双宾句中的主语和间接宾语往往都是指人名词或代词，如果没有适当的标记对其语法性质加以区别，就会造成表达上的歧义。如：

(14) 阿哥兄弟啊买给了个手机。（哥哥给弟弟买了个手机。）
(15) 傢党家啊让给了一点地势。（他让给本家一块地。）

除了标记双宾语中的间接宾语，与格标记"啊"还可引出关涉对象、替代对象、受话者等，此时的"啊"语法功能与普通话的前置介词"把""向""对""给"等大致相当。如：

(16) 你我啊开给个介绍信。（你给我开个介绍信。）
(17) 后阿妈那个娃娃啊挫磨着啊。（后妈把那个孩子折磨得厉害。）
(18) 傢傢丈人啊当人着很哪。（他对他岳父非常好。）
(19) 你那个阿爷啊问个路去。（你去向那个大爷问下路。）

城东话中有时这个与格标记"啊"会和前置词"给""把"等共同出现，搭配使用。如：

(20) 你把娃娃啊好话说。（你要对孩子说好话。）
(21) 奶奶把药碗碗啊没放好，一挂着打掉了。（奶奶没把药碗放好，一下子打碎了。）

(22) 傢给我啊诉给了半天的冤枉。（她给我诉说了半天的委屈。）

上述句子中的与格标记"啊"都可以省略，且意义不变。

2. 与格标记"跟前"

城东话的"跟前"也是一个与格标记，主要标记动作行为所关涉的对象，其语法功能相当于普通话的"对""向"。作为与格标记，"跟前"所标记的语义范围比"啊"要小得多。具体例子如：

(23) 这些话你傢跟前耍学。（这些话你不要对他说。）

(24) 大夫病人跟前啥啊不说。（医生对病人什么话也不说。）

(25) 薇薇傢姨娘跟前借下着一尻子的账俩。（薇薇向她姨借了一屁股债。）

这里要提到的是与格标记"跟前"是由方位词语法化而来的，"跟前"作为方位词和与格标记这两种用法城东话都在使用，要注意二者的区分：

(26) 爷儿奶奶跟前打不成娃娃。（在爷爷奶奶面前不能打孩子。）

(27) 我阿妈跟前问了个啥。（我向妈妈问了件事。）

"跟前"在例(26)中的意思是"在……面前"，表意具体，有实在含义，是个方位词；而在例(27)中则意义虚化，只是标识出了"问"这个动作行为所关涉的对象是"妈妈"，所以是个与格标记。

（四）领格

领格（genitive）不同于宾格、与格等表示的是小句层面体词和谓语中心的关系，它表示的是短语层面从属性体词同中心名词间的关系。在汉语普通话中是用"的"来表示领格，这个"的"被称为结构助词，且不同于大多数格关系用前置词表示，普通话中的"的"位于名词之后，是个后置词，如"老师的办公室"。城东话的领格标记与普通话一样，是后置词"的"，读作 [tsʅ]。具体用例如：

(28) 谁的缸缸扎啊丢下了？（谁的杯子落到这儿了？）

(29) 我的阿舅赤脚医生不是。（我舅舅不是赤脚医生。）

(30) 架架车的胎没气下者。（架子车的车胎没气了。）

(31) 尕明傢的同学俩明早啊北京浪去俩。（小明和他的同学明天要去北京玩。）

(32) 学校带莫家街的上头俩,还远着很哪。(学校在莫家街的上面,还很远。)

城东话"的"可用来表达较为多样的领属关系,在例(28)中表示拥有,例(29)表示亲属,例(30)表示整体和部分,例(31)中是相关性,例(32)是方位和处所。同普通话中表领属的"的"经常省略一样,城东话的领格标记"的"也常不出现,如"我阿舅""傢同学""莫家街上头"这类短语口语中出现频率很高。

(五) 位格

位格(locative),表示事件行为发生、存在的处所、方位或时间。城东话的位格标记是由方位词"里"和"上"虚化而来的。

1. 位格标记"里"

作为城东话中一个典型的位格标记,"里"源于方位词。有时在使用时"里"和现代汉语普通话一样,还具有一定的实在含义,表示"里面"的意思,但较普通话而言,其意义更为虚化,已经成为了一种语法标记。试比较下面两组句子:

(33) a. 普通话:你往碗里倒点醋。
　　　b. 城东话:你碗碗里倒给点醋。

(34) a. 普通话:我在家里呢。
　　　b. 城东话:我家里俩。

这两组句子中,普通话和城东话的"里"相同之处在于都有实在含义,表示"……的里面";不同则是普通话的"里"还不是独立的位格标记,因此必须要和前置词搭配,成为"往……里"或者"在……里",而城东话则不需要前置词,"里"直接出现在名词后面就可以表示方位和处所。类似的例子还有:

(35) 傢炒上的洋芋着碟碟里挖上了。(她炒好土豆用盘子盛上了。)

(36) 你买啥了商场里要去,贵着吃不住啊。(你买东西的话不要去商场,太贵了受不了。)

(37) 姨娘们医院里看个病人去了。(姨姨们去医院看病人了。)

(38) 放下假呵,霞霞宿舍里蹲下呵阿里啊不去。(一放假,霞霞就待在宿舍哪儿都不去。)

上述例句的"里"虽然仍有"里面"的意思,但普通话在表示方所

义时直接用方位、处所名词,其后一般不加"里",而在城东话则通常要用。有时城东话"里"前面名词的处所义已进一步虚化。如:

(39) 傢亲戚伙伙里划捣闲话俩。(她老是在亲戚中搬弄是非。)
(40) 个房房是我爷儿名下里的。(这房子是我爷爷名下的。)

位格标记"里"除了表示处所方位外,有时还可以加在时间名词后面表示时间。如:

(41) 黑来晚夕里狗娃扯着你听见了没?(昨天晚上狗叫你听见了吗?)
(42) 淹下的酸菜多了着吃着端午里了。(淹的酸菜太多一直吃到端午了。)
(43) 傢们通达到呵半夜里俩。(等他们到达估计要到半夜了。)
(44) 将头里你带谁俩出去了?(刚才你跟谁出去了?)

上述三种情形:处所名词、处所义虚化的名词、时间名词后面的"里",其语法化程度越来越高,出现的强制性越来越低,尤其是最后在时间名词后面,"里"不出现并不影响句意的表达。

2. 位格标记"上"

"上"在城东话中也可以充当位格标记,用来表示动作行为发生的处所、范围、时间等。如:

(45) 我这两天单位上忙着很哪。(我这两天在单位很忙。)
(46) 你窗窗上看儿个,外头卖啥者?(你从窗户看看,外面卖啥呢?)
(47) 傢们年时春节上着江苏去了。(他们去年过年去江苏了。)
(48) 沙果三十上才娶上了个媳妇。(沙果三十岁才娶了个媳妇。)

作为位格标记,"上"的使用范围没有"里"那么广泛,但与"里"一致的是既可用在处所名词之后,也可用在时间名词后面。在城东人的日常口语中,位格"上"很多时候都会语音弱化为"昂[ɔ̃]"。

(六)离格

离格(ablative),又叫从格,表示动作行为开始的时间、地点或是经由的途径等。其语法意义与汉语普通话的"从"基本相当,不过,普通话的"从"位于时间、方所名词之前,是前置词,而城东话的离格标记则在时间、方所名词之后。城东话典型的离格标记是"价[tɕia]",有时

也会用"吵［sa］",两者的功能完全一致,但"吵"使用频率较低。如:

(49) 姑奶奶新疆价来了。(姑奶奶从新疆来了。)

(50) 那个丫头家里价跟上人着跑掉了。(那个姑娘从家里跟着人跑了。)

(51) 傢阿扎价来的说?(听说他从哪里来的?)

(52) 那会儿爷儿西宁价马马骑上着郑州去了。(那时候爷爷从西宁骑着马去了郑州。)

(53) 孃孃们黑来平安吵上来的。(姑姑她们昨晚从平安来的。)

(54) 你学校里吵来下的吗,家里吵来下的?(你是从学校来的,还是从家来的?)

上述例句中的"价"和"吵"都是跟在方所名词的后面表示动作行为处所上的起点,二者在任何情况下都可以互换,属于离格标记的自由变体。这里有两个问题需要注意:首先是作为离格标记,"价"和"吵"可直接在方所名词的后面,以"N+价/吵"的形式出现,也可以在名词前面加个前置词"带",构成"带N+价/吵"格式。如:

(55) 我们明早儿带扎价走脱。(我们明天从这儿开始走。)

(56) 一个小时呵带大什字里价走不着团结桥。(一个小时从大什字走不到团结桥。)

(57) 傢说的傢们带青海湖吵浪上过来的说。(他说他们是从青海湖一路玩过来的。)

"N+价/吵"同"带N+价/吵"两种形式表意完全相同,且就出现频率而言也基本相当。其次是"价/吵"不仅可直接出现在方所名词之后,有时"价/吵"前面的方所名词还可以加个位格标记"里"表明地点,如例(54)和(56),但是并非所有"价/吵"前面的方所名词都可以加"里"。

"价/吵"不仅可以表示动作行为在处所上的起点,有时还可以表示在时间方面的起点。如:

(58) 今年三月里价到这会儿没下过雨。(从今年三月到现在没下过雨。)

(59) 我上上班着价再家里没去过。(我从上了班再没回过家。)

(60) 花花五岁上价就念开书了。(花花从五岁开始就上学了。)

(61) 傢们结上婚着吵家里没做过饭哪。（他们结了婚以后就没在家做过饭。）

(62) 阿大年时吵开下了个麻将馆。（爸爸去年开始开了个麻将馆。）

和表示处所起点时一样，"价/吵"在表示时间起点时可以直接出现在时间名词之后，表示"从……时候开始"，如例（62），但更为常见的是要在时间名词后面加上位格标记"里"或者"上"，如例（58）和（60）。而且当动作行为的起点并不是时间名词表示的某个具体时间，而是由动宾短语表示的某个事件时，往往要在这个动宾短语后面加上"着"表示"……的时候"，然后再加"价/吵"表起点，如例（61）。表时间起点时，同样可以在"N＋价/吵"或"VP＋价/吵"前面加上前置词"带"，构成"带 N＋价/吵"或"带 VP＋价/吵"。如：

(63) 我把傢带前年价再没见过。（我从前年起再没见过他。）

(64) 花儿带移上过来着价就死掉了。（花儿从移植过来就死了。）

(65) 大大们带武汉去着价就甚没联系过。（伯伯他们从去武汉起就不大联系了。）

除了表示动作行为在处所或时间上的起点，"价/吵"还可用以表示动作经由的途径方式等。如：

(66) 窗窗外头价关给个。（把窗户从外面关一下。）

(67) 你这个巷道里价出去呵就到俩。（你从这个巷子出去就到了。）

(68) 戒指那个眼眼里价丢着下去了。（戒指从那个洞掉下去了。）

(69) 铺面带里头价看呵黑着很哪。（店面从里面看很黑。）

这里的"价/吵"表示的是动作行为所经过的路径，或是采取的某种方式，和前面表起点时一样，此时在"N＋价/吵"前面可出现前置词"带"。

（七）比格

比格（comparative），是用来引入比较标准的语法标记，它位于比较标准的后面。汉语普通话的差比句句式是：比较对象＋比较标记"比"＋比较标准＋形容词，如"弟弟比我个子高"，而城东话的差比句则表现出了接触语言的特点，将比较标记置于标准之后，构成了"比较对象＋比较标准＋比较标记＋形容词"的句型。城东话差比句的比格标记是"啊"。例如：

(70) 傢傢的兄弟啊大着五岁。(他比他弟弟大五岁。)
(71) 老师的工资公务员啊低的多啊。(老师的工资比公务员低得多。)
(72) 我今年年时啊胖给了十斤哪。(我今年比去年胖了十斤。)
(73) 红红麻利上傢阿妈的一半啊没有。(红红在麻利方面连她妈妈的一半都没有。)
(74) 这一次娶上的媳妇前头的上啊不到。(这一次娶的媳妇不如上一次娶的。)
(75) 买上的机器面各家擀下的啊香的个没有。(买的面条没有自己擀的香。)

如果比较的两者是领属结构时,比较标准的中心名词往往省略。如:
(76) 我的手机傢的啊便宜啊。(我的手机比他的便宜。)
(77) 傢们的庄庄我们的啊远着信儿没有。(他们的村子比我们的远得多。)
(78) 你娃娃傢的啊心疼哪。(你的孩子比他的漂亮。)

前面在领格部分曾提到,城东话领格标记"的"常不出现,如例(78)中"你的娃娃"一般说成"你娃娃",但比较标准的中心名词因为省略,所以此处的"的"必须出现,不能省略。

比较的对象除了是名词性结构外,动词性结构表示的动作行为也可以加以比较,不过,此时必须在比较标准后面加上"的"将其名词化。如:
(79) 打电话发短信的啊快儿点。(打电话比发短信快一点。)
(80) 念书不念书的啊好。(上学比不上学好。)
(81) 不结婚结婚的啊自由的多啊。(不结婚比结婚自由得多。)
(82) 做拉面做面片的啊麻烦哪。(做拉面比做面片麻烦。)

城东话的差比句除了使用比格标记"啊"外,近些年前置词"比"出现频率也比较高,而且还有逐渐增多的趋势。如:
(83) 傢们说呵姨娘比孃孃亲哪。(他们说姨姨比姑姑亲。)
(84) 阿妈的力气比阿大的大。(妈妈的力气比爸爸的大。)
(85) 尕明比尕伟呵稳当。(小明比小伟稳重。)
(86) 这两年赔给的钱儿比挣上的多哪。(这两年赔的钱比挣得多。)
(87) 做下的鞋鞋比买上的呵舒坦哪。(做的鞋比买的舒服。)

城东话使用前置词"比"的差比句和普通话句型是一致的,如例(83)和(84),较为特殊的一点是城东话还可在比较标准后面加个"啊",表示语气的停顿,如例(85)和(87)等。

(八) 工具—伴随格

工具格(instrumental),表示动作、行为所使用的工具、材料以及所凭借的方式等。伴随格(comitative),表示动作、行为的偕同和伴随对象。在土族语(照那斯图,1981)、保安语(布和、刘照雄,1981)等阿尔泰系语言中,工具格和伴随格使用同样的语法标记,有时二者又被合称为"造联格"。这种工具格和伴随格同形的现象在世界其他语言中也较为普遍。城东话中工具格和伴随格的格标记都是"俩"。要注意的是,城东话中有个表双数的"俩",它和格标记"俩"读音很接近,都是[lia],区别在于:工具—伴随格标记"俩"是轻声,读[lia];而表双数的"俩"有声调,是[lia^{53}]。

1. 工具格

城东话的工具格"俩"出现在名词之后,用来引出动作行为的工具和材料等,其语法功能相当于普通话的"用"。如:

(88) 你罐罐俩水啊舀着拿来。(你用水罐舀了水拿过来。)

(89) 胡墼是土俩打下的。(胡墼是用土做成的。)

(90) 阿妈杂面俩散上的搅团香死俩。(妈妈用杂面做的搅团特别香。)

(91) 煮羊肉了冰水俩煮,开水俩嫑煮。(煮羊肉的时候用凉水煮,不要用开水煮。)

(92) 傢家里水泥俩打给的地坪哪。(他的家里用水泥做的地面。)

(93) 奶子俩泡上的馍馍开水俩泡上的啊吃着饱。(用牛奶泡的馍馍比用开水泡的吃了要饱。)

"俩"所引出的工具、材料不仅可以是具体可感的物体,有时还可以是抽象的依据,此时,"俩"相当于普通话的"按照""根据""通过"等。如:

(94) 海英的工作后门俩寻下的。(海英的工作通过走后门找到的。)

(95) 傢的说法俩说啊这个房房没买头。(按照他的说法这个房子不值得买。)

(96) 那会儿的时候关系俩吃饭者，这会呵本事俩吃饭者。（那个时候凭关系吃饭，现在凭本事吃饭。）

(97) 傢们的情况俩呵个买卖做成俩。（按照他们的情况能做成这个生意。）

2. 伴随格

伴随格"俩"较典型的用法是表示动作行为的跟随对象，其语法功能等同于普通话的"跟"。如：

(98) 我阿大俩互助北山去了一趟。（我跟着爸爸去了一趟互助北山。）

(99) 傢带伟蛋儿傢俩打搅洗去说。（他说让伟蛋儿跟他去游泳。）

(100) 你谁们俩摘豆瓣儿去了？（你跟着谁去摘豆角了？）

(101) 那会儿青章傢大大俩山上挡羊者。（那时候青章跟着他伯伯在山上放羊呢。）

有时，"俩"可引出动作行为的偕同对象。如：

(102) 个脖蛋见天娃娃们俩打仗俩。（这小子整天跟孩子们打架呢。）

(103) 我他俩个日子再过不下去。（我跟他再过不了这种日子了。）

(104) 你人俩好好说话吵，再要咬牙！（你跟人好好说话，不要再抬杠。）

(105) 我你俩再说的话没有！（我跟你再没有什么话可说。）

以上不管伴随格"俩"所引出的是跟随对象，还是偕同对象，参与行为的双方都有主从之分，如表跟随对象的例（98）中，"阿大"为主，"我"为从属；表偕同对象的例（105）中，"我"为主，"你"为从属。其实除此之外，"俩"还可引出动作行为的共同参与者，这时行为双方处于并列关系，地位上是平等的。"俩"的语法功能相当于普通话的"和"。如：

(106) 娟娟我俩党家啊不是，亲戚啊。（娟娟和我不是本家，是亲戚。）

(107) 海萍梅儿俩一挂十里铺念下的小学。（海萍和梅儿都在十里铺上的小学。）

(108) 北京天津俩我阿扎啊没去过。（北京和天津我哪都没去过。）

(109) 傢尕凤俩一处儿新疆去俩。（她和小凤要一起去新疆。）

伴随格"俩"还有一种引申用法是出现在平比句中，引出比较标准。如：

(110) 你看，亮亮俫阿哥俩像啵？（你看，亮亮跟他哥哥像不像？）
(111) 西宁话乐都话俩甚不像。（西宁话和乐都话不太像。）
(112) 人说下的带做下的俩没一样着。（人说的和做的不一样。）
(113) 这个带那个俩像着包给。（这个和那个特别像。）

有时，"俩"还会出现在差比句中。如：

(114) 今年带年时俩比呵，今年好的多里呗。（今年和去年比，今年好很多。）
(115) 各家做下的带买下的俩比呵，还是各家做下的好。（自己做的和买的比，还是自己做的好。）

这里有个问题需要注意，就是无论"俩"引入的是跟随对象、偕同对象、并列参与者还是比较标准，城东话都可在其前面加上个前置词"带"，尤其是在引入比较标准时，以加"带"为常，如例（112）—（115）。特别提到的是"带"一般不单独出现，常常要和"俩"连用，构成"带……俩"的形式。如：

(116) 那会儿青章带俫大大俩山上挡羊者。（表跟随对象）
(117) 我带你俩再说的话没有！（表偕同对象）
(118) 俫带尕凤俩一处儿新疆去俩。（表并列参与对象）
(119) 西宁话带乐都话俩甚不像。（表比较标准）

二　格标记的特点

作为汉语方言之一，城东话属于中原官话。通常认为汉语这种孤立语缺乏形态变化，因此没有格标记。但通过上文分析，我们发现城东话有一套整齐的格标记系统。具体列表如表 1-1：

表 1-1　　　　　　　城东话的格标记系统

格名称	标记
主格	Ø
宾格	啊
与格	啊、跟前

续表

格名称	标记
领格	的 [tsʅ]
位格	里、上
离格	价 [tɕia]、唦 [sa]
比格	啊
工具—伴随格	俩 [lia]

经过上面的论述，我们认为城东话的格标记系统具有如下特点：

（一）受阿尔泰语系语言影响较大

Joseph H. Greenberg、陆丙甫、陆致极（1984）曾指出："如果一种语言里动词后置于名词性主语和宾语是优势语序，那么这种语言几乎都具有格的系统。"① 西宁城东话是 SOV 和 SVO 两种语序共存的语言，拥有严整的格系统。作为汉语方言的城东话为什么会具有格标记呢？前文已述，城东自古以来就是一个多民族聚居的地区，汉族和藏、撒拉、土、蒙古等民族长期交往、互相融合，汉语和周围的民族语言不断接触、相互影响也在所难免。我们知道，藏语、土族语、蒙古语和撒拉语都是SOV 型语言，都具有格标记系统，下面将它们的格标记系统和城东话格标记进行比较，看它们之间有没有对应关系。土族语、蒙古语和撒拉语的格标记我们根据《土族语简志》《蒙古语简志》和《撒拉语简志》加以归纳，藏语的格标记则依据周毛草（2003）对同属安多藏语的甘南玛曲藏语研究进行概括。这里，我们把普通话和格标记相关的虚词也列出来一同比较，具体情况列表如表1-2：

表1-2　城东话、安多藏语、土族语、蒙古语、撒拉语格标记系统比较

	城东话	普通话	安多藏语（口语）	土族语	蒙古语	撒拉语
主格	Ø	Ø	gis、vis	Ø	Ø	Ø

---

① Joseph H. Greenberg、陆丙甫、陆致极：《某些主要跟语序有关的语法普遍现象》，《国外语言学》1984 年第 2 期。

续表

	城东话	普通话	安多藏语（口语）	土族语	蒙古语	撒拉语
宾格	啊	Ø	Ø	nə	g、ɪɪg/iig	nə
领格	的 [tʂʅ]	的	gi、vi		ɜɜ/ee、ĭ/ĭi	niɣi
与格	啊、跟前	给、为、把	na、la	də	/	ʁə/ɣe、ɢə/ge、e/ə、nə
位格	里、上	在		d	də/de、ndə/nde	
离格	价 [tɕia]、唦 [sa]	从	ni、ɣəni	sa	aas/ees/ɔɔs/ɔɔ	dən/den、ndən/nden
比格	啊	比	wti na			/
工具格	俩 [lia]	用	gis、vis	la	aar/ɪɛɛ/ɔɔr	/
伴随格		和	/ hda		tɜɛ/tee	/

通过比较我们发现，汉语普通话在表达格关系时，除了领格使用后置词"的"外，其余全部使用前置词表示。与普通话不同的是，藏语、土族语、蒙古语、撒拉语以及城东话则全部用后置词表达相应格关系。不过，城东话同周围民族语无论是格范畴的类型还是具体的格标记形式，都不能一一对应，而是互有交叉。具体表现在：

就格范畴类型而言，其特点有二：一是城东话和土族语、蒙古语、撒拉语一致，都是宾格型语言，即主格无标记，而受事，即宾格有标记；安多藏语则是作格型语言，主格有标记，而宾格无标记。二是城东话的工具格和伴随格同形，土族语中也是如此。

就格标记形式而言，城东话离格标记"唦 [sa]"和土族语离格"sa"语音和语法功能完全相同。工具—伴随格在城东话中是"俩 [lia]"，在土族语中是"la"，二者的语法功能相同，语音接近。我们认为城东话的离格和工具—伴随格应该是受到了土族语的影响。

同时我们也注意到，城东话的领格标记"的"和普通话表领属的结构助词"的"语法功能一致，读音符合青海方言语音演变的规律，领格"的"是汉语语法在城东话中的表现。

经过以上分析可以看出，城东话的格标记系统与周围的民族语言都存在着或多或少的联系,相较而言,可能受阿尔泰语系语言影响更大一些。这是城东汉语方言和周围少数民族语言密切接触的结果。

(二)存在格标记和前置词共现情况

城东话拥有严整的格标记系统,普通话的前置介词在城东话中往往对应为相应的后置格标记。但调查过程中我们发现,在城东人的口语交际中,存在不少格标记和前置词共现的情况。如:

(120)你把娃娃啊一经儿耍打。(你不要经常打孩子。)

(121)爷儿明早儿开刀俩,我给大夫啊塞给了点钱儿。(爷爷明天要动手术,我给医生了点钱。)

(122)像们将带坟上价下来,一个一个一挂成下土老鼠者。(他们刚从坟上回来,一个个都成了土老鼠。)

(123)拉货比跑出租啊松泛的多俩。(开车运货比开出租车轻松得多。)

(124)那一年的,我带粉萍俩一处儿三轮车骑上着莫家街里卖菜者。(那一年,我跟粉萍一起骑着三轮车在莫家街卖菜。)

以上句子中,有"把"和宾格"啊","给"和与格"啊","比"和比格"啊"同现的例子,也有"带"和离格"价","带"和伴随格"俩"共现的情况。这种现象应该是语言接触过程中借用成分和原有成分间的一种中和。

三 格标记的来源

城东话的这套格标记系统共有主格、宾格、与格、领格、位格、离格、比格和工具—伴随格八个次类,八个格助词(同一个标记形式,表示不同格范畴的仍然计作一个格助词)。这些格助词按照形式和功能来源的不同分为以下三类:

1. 形式和功能均源自民族语

通常认为,格标记、格范畴和屈折语、黏着语密切相关,这就决定了格标记应该不是汉语所固有的,而是受民族语影响产生,像城东话表离格的"唦"和表工具—伴随格的"俩"。

从表1-2可以看到,城东话的离格标记是"唦[sa]",土族语的离格标记也是[sa],它们都是表示动作行为起始的时间或是地点。从语音形式到功能用法二者都完全一致。工具格和伴随格在城东话和土族语中都是采用同一个格标记,城东话用"俩[lia]",土族语用[la],二者用法相同,语音相近。由此可以推断,城东话的离格标记"咑"和工具—伴随格标记"俩"无论是语音形式还是语法功能,都是由土族语借用而来。

2. 形式源于汉语,功能来自民族语

城东话一些格标记的来源较为复杂,它们的外在形式源于汉语,而其功能用法则来自民族语,如城东话的宾—与格"啊",与格"跟前"以及位格"里""上"等。

首先来看"啊"。这里我们先将城东话与周围接触方言的格标记系统进行一下比较,见表1-3。

表1-3　　城东话、甘沟话、临夏话、唐汪话格标记系统比较

	城东话	甘沟话①	临夏话（汉）②	唐汪话③
主格	Ø	Ø	Ø	Ø
宾格	啊	哈	哈	哈
与格	啊、跟前			
领格	的[tʂɿ]	的[tʂɿ][ɿ]	?	?
位格	里、上	里、上	/	/
离格	价[tɕia]、咑[sa]	咑、撒、是、些	垯	些
比格	啊		啦	
向格	/	看着	/	/
工具格	俩[lia]	俩	啦	拉

我们发现在甘沟话、临夏话和唐汪话中,宾格和与格是同形的,都

---

① 甘沟话格标记出自杨永龙、张竞婷《青海民和甘沟话的格标记系统》,《民族语文》2016年第5期。
② 临夏话格标记出自张安生《甘青河湟方言名词的格范畴》,《中国语文》2013年第4期。
③ 唐汪话格标记出自徐丹《唐汪话的格标记》,《中国语文》2011年第2期。

用的是格标记"哈［xa］"，城东话宾格、与格共用的格标记是"啊［a］"。这里城东话的"啊［a］"认为与中古的"行"有同源关系①，余志鸿先生指出"行"是蒙古语宾格、位格、与格、离格等后置词的对译，是语言接触中的"借用"②。江蓝生先生经过详细考证，认为元代汉语后置词"行"是"上"的变音，只是个语法标记，其语法功能就是提前宾语或补语③。江蓝生先生谈道：从六朝开始，方位词"上"就有出现在名词之后意义虚化，泛指处所、范围或方面之意，如："某郡张甲者，与司徒蔡谟上有亲，侨住谟家。"到了元明时期的《老乞大谚解》《朴通事谚解》等书中，则出现了"名词上＋动词"的用法，如"我汉儿人上学文书"。这里的"上"就起一个提前宾语的作用，只是当时的文献中，"上"更多的是用它的变音"行"来记录④。城东话的"啊［a］"，甘沟话、临夏话和唐汪话的"哈［xa］"，应该都是"上"的变音"行"在现在不同方言中的保留。因此，我们说城东话的格标记"啊"其语音形式是源于汉语的"上"。

其次，城东话的与格"跟前"和位格"里""上"其外在形式很明显是从汉语而来。"上""跟前""里"这几个词的共同点是均为方位名词，但用它们来充当格标记显然不是汉语固有的，那它们格标记的用法是从何而来的呢？

与城东话密切接触的民族语都有后置格标记，如土族语和撒拉语的宾格是 nə，蒙古语的是 g、ııg/iig；土族语的与格和位格是 də，安多藏语的与格和位格是 na、la，撒拉语与格是 ʁə/ʁɤ、Gə/ge、e/ə、nə，蒙古语位格是 d 等。受这些语言的长期影响，城东话也在体词的后面添加某些成分来表示体词与中心动词间不同类型的语义关系。究竟选择怎样的词来表示这些语义关系，对译民族语的格标记呢？最终城东话选择了方位词"上""里"和"跟前"。其原因祖生利先生在论述元代白话碑文中方位词的格标记时解释较精辟⑤，主要在于两方面：第一，这些方位词和民

---

① ［日］桥本万太郎：《北方汉语的结构发展》，《语言研究》1983 年第 1 期。
② 余志鸿：《元代汉语的后置词系统》，《民族语文》1992 年第 3 期。
③ 江蓝生：《后置词"行"考辨》，《语文研究》1998 年第 1 期。
④ 江蓝生：《后置词"行"考辨》，《语文研究》1998 年第 1 期。
⑤ 祖生利：《元代白话碑文中方位词的格标记作用》，《语言研究》2001 年第 4 期。

族语格标记的位置一致,都处于名词之后。我们知道,汉语中语法功能跟格标记相当的成分是介词,但介词位于名词之前,如果用它来对译民族语的格标记,是不符合汉族人的表达习惯的。汉语的方位词则位于名词的后面,且在宋元时期"介+NP+VP"已成为汉语的主流,尤其到了元代,其中的介词省略较为常见,所以汉语"N+方位词+VP"跟民族语的"N+格标记+VP"就更趋一致了。第二,在意义和用法方面,汉语方位词和民族语格标记也有相通的地方。自唐以来,汉语方位词方位义普遍虚化,其标记处所的特征逐渐凸显,而意义的虚化又导致了功能的扩大。因此,"上""里""跟前"这些方位词常用在名词后面泛指处所或涉及的对象。而民族语的宾—与格、与—位格这些格标记在表示动作涉及的对象,行为发生的处所时,也常与汉语方位词"里""跟前"等的意义和作用有相似之处。出于上述两方面的原因,城东话中出现了不少汉语方位词来充当的格标记。

其实,用汉语方位词来充当格标记并不是现在城东话才有的现象,元代白话碑文中就已大量出现了。祖生利先生考察了118篇白话碑文,发现其中存在不少汉语方位词"里""内""跟前""上""处"对应蒙古语宾格、领格、与—位格等的情况[①]。这里将元代白话碑文和城东话中的方位词充当格标记的情况进行了对比,具体见表1-4。

表1-4　　　　元代白话碑文和城东话方位词格标记对照表

方位词 用法及频率	元代白话碑文					城东话			
	宾格	领格	与—位格	离格	工具格	宾格	与格	比格	位格
上、行(啊)			4			啊	啊	啊	上
里	1	37	457		70				里
跟底(根底)	18	4	437	7					
跟前(跟前)			1			跟前			

通过比较我们发现,在元代白话碑文中,方位词主要充当的格标记

---

① 祖生利:《元代白话碑文中方位词的格标记作用》,《语言研究》2001年第4期。

是与一位格、工具格、宾格及领格，这些格标记在城东话中继续以"啊""上""里""跟前"的形式用作与格、宾格和位格。

3. 形式和功能均源自汉语

城东话的领格标记"的"和汉语普通话的结构助词一样，都是后置于名词表示领属关系，"的"应该是汉语自身的。此外，这里重点要讨论的是离格标记"价"。通过表 1－3 城东话和周围接触方言甘沟话、临夏话、唐汪话格标记系统的比较，我们发现在西北接触方言中虽普遍存在离格标记，但标记形式差别较大，"唦""些""达"是上述四地接触方言共有的离格标记，而"价"则是城东话所独有的。这个出现在时间、方所名词之后表示动作行为开始的时间、地点或是经由途径的"价"在汉语中较为罕见，我们推测可能跟宁波话中的方所类后置词"埒"有同源关系，因为二者在功能上具有惊人的一致性。刘丹青先生曾指出，"埒"是个完全虚化的后置词，其用在地名后表示途径或方向的功能是北京话方位词所不具备的，它常和前置词"搭"组合起来共同使用①。如：

(125) 宁波话：a. 尔到上海好搭南京埒走，也好搭杭州埒走。（你到上海可以从南京走，也可以从杭州走。）

b. 火车搭北京方向埒开去噢。（火车朝北京方向开过去。）②

(126) 城东话：a. 个老师带西安价来的，青海话甚听不懂哪。（这个老师从西安来的，不太听得懂青海话。）

b. 你带那个巷道价出去呵就是西门哪。（你从那个巷道出去就到了西门了。）

宁波话的"搭"是个多义前置词，可表示"对""跟""替""给"等义，常和"埒"构成"搭……埒"的框式介词。而城东话的"带"同样如此，作为前置词其表义丰富，往往跟"价"组合出现，不过由"价"单独使用表示时间、地点起始的也较多见。"埒"和"价"在宁波话和城东话中不论读音还是功能都高度一致，我们猜测二者可能是同源的。因为西宁汉族普遍流传着其祖上是明朝由南京移民而来的传说，且后面我

---

① 刘丹青：《吴语的句法类型特点》，《方言》2001 年第 4 期。
② 上述两个例句出自刘丹青《吴语的句法类型特点》，《方言》2001 年第 4 期。

们会谈到城东话的定指标记"个"表现出南方量词显赫型语言的特征，这些应该都是移民方言在城东话中的保留。因此，我们认为离格标记"价"是汉语方言自身发展演变的结果。

联系前文格标记的特点，我们曾说城东话的格标记系统同周围的民族语言都存在着或多或少的联系，这里通过对格标记来源的追溯，我们可以明确：在格标记方面，西宁城东话受阿尔泰语系蒙古语族的影响更大。因为在格标记的三类来源中，外在语音形式和内在功能用法都从民族语借来的有离格标记"吵"和工具—伴随格标记"俩"，它们两个都是由土族语借用而来的；形式源自汉语，用法来自民族语的宾—与格"啊"，与格"跟前"和位格"里""上"，它们在元代白话碑文中就有此类格标记的用法，而这是元代汉语受到蒙古语影响导致的。土族语和蒙古语都是阿尔泰语系蒙古语族，因此，西宁城东话格标记受阿尔泰语系蒙古语族影响较大。当然，城东话中也存在由汉语自身发展而来的格标记，如"的"和"价"等。

小结

本节我们对城东话的格标记进行了系统说明。首先指出了文章所谓的"格标记"采用其广义的概念，就是将附着程度较高的后置词也视作格标记。其次对城东话的主格、宾格、与格、领格、位格、离格、比格和工具—伴随格八个次范畴加以了细致论述，指出其具体标记形式。再次将城东话、安多藏语、土族语、撒拉语、蒙古语等的格标记加以列表比较，发现无论是格范畴的类型还是具体的格标记形式，城东话同周围民族语都不能一一对应，而是互有交叉。城东话的格标记系统与汉语普通话和周围的民族语言都存在或多或少的联系，相较而言，可能受阿尔泰语系影响更大一些。最后对格标记的来源进行了探析，根据来源不同分为三种：一是形式和功能均源自民族语，如借自土族语的离格标记"吵"和工具—伴随格标记"俩"等；二是形式源于汉语，功能来自民族语，如宾—与格标记"啊"，与格标记"跟前"以及位格标记"里""上"等；三是形式和功能均源自汉语，如领格标记"的"、离格"价"等。

第二节 代词系统

本节我们的考察对象是城东话的代词系统,其内容主要包括三身代词、反身代词、疑问代词和指示代词。

一 三身代词

城东话的三身代词具体如表1-5所示:

表1-5　　　　　　　　城东话的三身代词系统

数＼人称	第一人称	第二人称	第三人称
单数	我 [nɔ^{53}]	你 [ni^{53}]	傢 [tɕia^{213}]、他 [tʰa^{44}]
双数	我俩 [nɔ^{53} lia^{53}]	你俩 [ni^{53} lia^{53}]	傢俩 [tɕia^{213} lia^{53}]、他俩 [tʰa^{44} lia^{53}]
复数	我们 [nɔ^{53} mẽ]	你们 [ni^{53} mẽ]	傢们 [tɕia^{213} mẽ]

(一) 第三人称代词的说明

城东话第一人称和第二人称代词同普通话基本相似,只是在读音上略有差异。第三人称代词较为特殊,现说明如下:

第一,城东话的第三人称代词单数有"傢"和"他"两个,在日常口语中,"傢"出现的频率更高,尤其是年龄较大者更习惯使用。两者的功能和用法在很多时候都是相同的,没有差别。但在有些语境中,具体用"傢"还是"他",还是存在细微不同,试比较以下句子:

(1) a. 我带傢俩没说头。(我跟他没什么话说。)

　　b. 我带他俩没说头。(我跟他不想说一句话。)

这两句话字面上看起来差别不大,但实则表现出来的语气、情境却很不同:a句是指"我"和"傢"没有什么共同语言,所以在一起时往往有种无话可说的尴尬,语气是平和的,是在客观、平静地陈述一件事情,没有个人的喜好、褒贬在其中,此时"傢"所指称的对象一般不在谈话现场;b句表达的则是因为某种原因导致"我"很生气,所以主观上不想跟"他"说话,这句话常是说话人在生气时说出的,此时"他"所指称的对象可以在说话现场,也可以不在。因此,城东话中如果谈论涉及的第三方在谈话现场,往往用"他"。比如两口子吵架,有人过去劝架时,女方会说:"我他俩一天哪过不下去。"(我跟他一天日子都不想过。)这时通常不会用"傢"。类似的例子还有:

(2) 我给他给的好脸儿没有。(我对他没什么好脸色。)

(3) 你等着,我把他美美儿不打一顿着。(你等着看,我要狠狠地打他一顿。)

(4) 他这个瞎怂,一点儿不胎害。(他这个坏蛋,一点都没出息。)

上述例句中的"他"都可以在说话现场,也可以不在,它们的共同之处在于:此时气氛不太友好,要么是在吵架现场,要么是在单方面的斥责,"我"对"他"持一种否定和贬斥的态度。这里的"他"无一例外都不能换成"傢"。

第二,普通话第三人称代词 [tʰa⁵⁵] 有"他""她"和"它"三种不同的书写形式,分别表示"男性的人""女性的人"和"人以外的事物",而城东话的"傢"和"他"既可指男性,也可指女性,但不包括非人的事物。要表示普通话中"它"的意思,城东话没有专门的形式,一般是用指示代词或指示代词加所修饰的名词来表示。如:

(5) 姐姐养下了个猫儿,那个抓老鼠呵歹死俩。(姐姐养了只猫,它抓老鼠非常厉害。)

(6) 你看我做下的鞋鞋,这个的点儿章法。(你看我做的鞋,它的这点儿样子。)

(7) 阿舅买了个车儿,那个车胡嘟便宜啊。(舅舅买了辆车,它很便宜。)

(8) 你骗人的事儿再蚕想,个事情想不得。(你不要再想骗人的事了,它不能想。)

第三,城东话第三人称单数有"傢"和"他"两种形式,双数也有相应的"傢俩"和"他俩",但是复数只有"傢们"一种,一般不说"他们"。

(二) 三身代词的数范畴

名词、代词的语法范畴一般有性、数、格三类,城东话的名词没有性范畴，相应的三身代词也没有。

城东话三身代词的数范畴分为单数、双数和复数三种，其标记形式分别为：单数无标记，双数加标记"俩〔lia^{53}〕"，复数加标记"们〔mə̃〕"。举例如下：

（9）你明早儿早市上菜啊买点去。（你明天早上去早市买点菜。）

（10）我俩互助柴胡啊挖儿点去俩。（我俩要去互助挖柴胡。）

（11）傢们将北京价浪上来。（他们刚从北京玩回来。）

上述例句中不管是单数的"你"，双数的"我俩"，还是复数的"傢们"，其后面的动词都是原形，没有数的变化。这说明城东话中数的标记只体现在三身代词后面，谓语没有屈折变化或标记来表现数。

双数标记"俩"一般只出现在三身代词或个别指人名词的后面来表示"两个人"。如：

（12）今儿的那些活把我俩做着乏死了。（今天的那些活累死我俩了。）

（13）你俩出去了门啊外前价关上。（你俩出去了把门从外面关上。）

（14）爷儿俩谁啊饭不做，划外前吃者。（父子两个谁都不做饭，净在外面吃。）

（15）弟兄俩儿学习一个比一个歹。（兄弟俩的学习一个比一个好。）

（16）娘儿俩儿的日子过着孽障着很哪。（母子俩的日子过得很可怜。）

（17）姊妹俩儿秀着，话一点儿不听哪。（姐妹两个顽皮得很，一点都不听话。）

"俩"在例（12）和（13）中是出现在三身代词之后，而在例（14）—（17）中则是使用在了"爷儿""弟兄""娘儿"和"姊妹"这些指人名词的后面。城东话中"俩"作为双数标记其使用范围非常有限，很多时候即使是指人的名词短语，后面也不能加"俩〔lia^{53}〕"，如"阿妈""孃孃""老师"等名词后面都不会出现双数标记"俩"。不过这里必须要把双数标记"俩〔lia^{53}〕"和伴随格标记"俩〔lia〕"区分开来：

（18）阿大阿妈俩骂下仗着谁把谁没理着。（爸爸跟妈妈吵了架，互相不理睬。）

（19）姨娘孃孃俩谁啊鹏鹏啊好着很哪。（姨姨和姑姑谁都对鹏鹏

（20）医生带病人俩甚不说话。（医生跟病人不太说话。）
　　（21）我带萍儿俩一处儿长大的。（我和萍儿一起长大的。）
　这四个句子虽然在名词后面都出现了"俩"，但此"俩"非彼"俩"，这里的"俩"是伴随格标记，如何区分双数标记和伴随格标记呢？首先在语音形式上，二者的声韵都是[lia]，但双数标记"俩"的声调是上声53，而伴随格标记[lia]则是轻声，且双数标记"俩"通常可以在后面加个"儿"，如例（15）（16）和（17）；其次用法上二者都出现在名词后面，如果可以在"俩"前的名词前加上"带"，说明是伴随格标记，反之则是双数标记，如例（20）和（21）。

　作为双数标记，"俩"出现范围很有限，只能在三身代词和个别指人名词之后，不能出现在一般名词后面。但其实当"俩"独立成词，是"两个"的合音时，它的使用范围要大得多。如：
　　（22）剩下的俩儿不好，你耍拿。（剩下的两个不好，你不要拿。）
　　（23）那俩儿狗娃扯给了一晚夕。（那两只狗叫了一晚上。）
　　（24）你走的时候拿上俩儿馒头。（你走的时候拿两个馒头。）
　　（25）傢们抓上的鸡娃儿着给我丢下了俩儿。（他们抓的小鸡给我留了两只。）

　从句法成分来说，这时的"俩"可以做主语，如例（22）；做定语修饰主语，如例（23）；做定语修饰宾语，如例（24）；还可以充当宾语，如例（25）。从搭配范围来说，"俩"不仅可修饰"狗娃""鸡娃"等动物，还可修饰"馒头"等无生名词。

　城东话第一人称复数没有包括式与排除式的区分，只有一个"我们"。复数标记"们"的用法比较复杂，我们在本章第三节专门展开论述，此处不赘。

　（三）三身代词的语法功能和格范畴

　城东话的三身代词在句子中可以充当主语、宾语、定语等句法成分，在充当这些句法成分时，相应地要作主格、宾格、与格、领格、伴随格。具体例子如下：
　　（26）傢把《西游记》看给了个没数儿。（他把《西游记》看了无数遍。）

(27) 学校里去着老师你啊骂了没？（到了学校老师骂你了吗？）
(28) 医生你啊单单给了没？（医生给你检查单了吗？）
(29) 外奶奶我们啊胡嘟来当人哪。（姥姥对我们非常好。）
(30) 伟蛋儿傢阿大的钱儿啊偷上着跑掉了。（伟蛋偷了他爸的钱跑了。）
(31) 我带他俩俩没说话着。（我跟他们两人不说话。）

"傢"在例（26）中充当主语，是主格，格标记为零。例（27）中的"你"充当宾语，是宾格，须添加宾格标记"啊"。"你"在例（28）中充当双宾语的间接宾语，是与格，要有与格标记"啊"，同为与格的还有例（29）的"我们"，也须有格标记"啊"。例（30）的"傢"作定语修饰"阿大"，是领格，其后领格标记"的"省略没有出现。"他俩"在例（31）中是伴随格，所以加了伴随格标记"俩"。例（31）句将"俩"的两种用法表现得非常清楚，第一个"俩"是双数标记，表示是"他们两个人"；第二个"俩"是伴随格标记，表示"我没说话"的偕同对象是"他俩"。通过上面的分析可以看出，当三身代词作主格、宾格、与格、领格及伴随格时，代词本身没有屈折变化，但在后面要加上相应的格标记。

二 反身代词

反身代词（reflexive pronoun），又称复指代词，它是用来反指或复指主体自身的一种特殊的人称代词。城东话的反身代词是"各家[ku^{21}tɕia^{44}]"。以下我们从组合能力、语法功能、语义特征三个方面对"各家"进行论述。

（一）"各家"的组合能力

首先，城东话的"各家"可以和人称代词进行直接组合，不管是单数、双数还是复数，由此表示反身意义。三身代词的反身组合分别为：我各家、我俩各家、我们各家；你各家、你俩各家、你们各家；傢各家、傢俩各家、傢们各家等。第三人称代词"他""他俩"和"各家"组合的形式较为少见。如：

(32) 亮亮将两岁，傢各家饭啊吃上下[xa^{213}]俩。（亮亮刚刚两岁，他自己能吃饭。）

(33) 美国那么远的，我俩各家票买上着去了呗。（美国那么远，我俩自己买了票过去了。）

(34) 你们各家衣裳啊洗掉，再㗫一挂脱下了摺着。（你们自己洗衣服，不要全部脱下来放着。）

(35) 早前个儿，我把我各家的手机丢掉了。（刚才，我把自己的手机丢了。）

其次，"各家"除了和人称代词组合外，还可以出现在名词的后面。如：

(36) 尕民儿各家房上价栽上下来着，腿跘折了。（小民自己从房顶上摔下来，腿摔折了。）

(37) 孃孃各家绌上了个香包儿。（姑姑自己做了个香包。）

(38) 傢们养下的牛牛各家吃上老鼠药着闹死了。（他们养的牛自己吃了老鼠药被毒死了。）

(39) 那扎的羊羊们各家满山跑着吃草者。（那儿的羊自己山上跑着吃草呢。）

(40) 这两天花儿各家缓过来了。（这两天花自己活过来了。）

(41) 放哩放哩的甘蓝们各家绽开了。（放着放着莲花菜自己裂开了。）

(42) 墙上的砖各家丢上下来了。（墙上的砖自己掉下来了。）

(43) 黑来台灯各家灭下了。（昨晚台灯自己灭了。）

"各家"在例（36）和（37）中出现在了指人的名词后面，例（38）和（39）中是在动物名词后面，例（40）和（41）用在了植物名词之后，例（42）和（43）则是在无生名词之后。这说明"各家"的组合能力很强，从指人名词、动物、植物，一直到无生名词都可以与之搭配。而且"各家"不仅能用于单数名词之后，也可用于名词复数的后面，如例（39）和（41）的"羊羊们"和"甘蓝们"。比较特殊的是，城东话反身代词"各家"后面也能加"们"。如：

(44) 作业要各家们写俩，抄不得。（作业要自己写，不能抄。）

(45) 把各家们的事情做去！（去做自己的事情！）

(46) 姨娘们各家们不去，还说我们把傢们不领哪。（姨姨她们自己不去，还说我们不带她们。）

(47) 你们各家们耍去，扎再耍骚。（你们自己去玩，不要在这打扰。）

(48) 强强各家们没本事，还说呵单位不成哪。（强强自己没本事，还说单位不好。）

(49) 你各家们的媳妇各家娶，我再不管。（你自己的媳妇自己娶，我不管。）

反身代词加"们"是城东话较为特殊的用法，此时的"各家们"既可以在句子中单独使用，如例（44）和（45）；也可以出现在"N+们"的后面表示反身语义，如例（46）和（47）；有时甚至能出现在单数名词的后面，如例（48）的"强强"和例（49）的"你"，这时的"各家们"和"各家"表义相同。

（二）"各家"的语法功能

"各家"在句子中可以充当主语、宾语、定语、状语、同位语等句法成分。具体例子如下：

(50) 各家不听话，扎那扎的惹事俩。（自己不听话，到处惹事。）

(51) 各家心里清儿分儿的，划装俩。（自己心里很清楚，净装呢。）

(52) 舅爷儿不是赞娃娃，就是赞各家。（舅爷爷不是夸孩子，就是夸自己。）

(53) 傢把各家啊收拾着干散着很哪。（他把自己收拾得很利索。）

(54) 你再耍别人俩比，各家俩比儿个。（你不要再跟别人比了，跟自己比比吧。）

(55) 傢们的房房各家盖下的，动没动呵漏者。（他们的房子自己盖的，经常漏雨呢。）

(56) 个事儿各家做去，再我跟前耍问。（这件事自己去做，再不要问我。）

(57) 爷儿各家跸给了一跤。（爷爷自己摔了一跤。）

(58) 这么大了着，傢各家连个媳妇啊没娶上。（都这么大了，他自己连媳妇没娶上。）

"各家"在例（50）和（51）句中单独充当了主语；在例（52）选择关系复句中作了宾语，例（53）句中充当了介词"把"的宾语，例（54）后面加了伴随格标记"俩"组成了比较对象；例（55）和（56）

中出现在动词前作了状语；在例（57）和（58）中分别同名词"爷儿"和代词"傢"组成同位短语充当了句子主语。陈中源曾对普通话反身代词"自己"进行了考察，发现其最重要的两种用法分别是做主语和领属语，这是"自己"发展最早且唐五代时就已具备的功能；用来作宾语要晚于充当主语和领属语，且出现频率不高；附加于名词或代词后面的用法直到元代才开始在中土文献大量出现；充当状语的功能发展最晚，明清才逐渐开始①。对比普通话"自己"的用法发展，我们发现城东话反身代词"各家"的情况基本与之吻合。城东话的"各家"在口语中充当主语和定语的频率最高，在名词或代词后作同位语的用法也很常见，作宾语相对较少，在动词前充当状语尤为少见。

通过上述分析，我们发现城东话的反身代词同汉语普通话一样，有两种形式：独立式和复合式。所谓独立式是指反身代词单独充当句法成分，如"兵兵把各家啊踩下了"中的"各家"。所谓复合式指的是反身代词跟人称代词或名词组合在一起充当句法成分，如"你各家小心着"中的"你各家"。我们知道英语的反身代词总是以复合式的形式出现，也就是 self 必须要跟人称代词组合来表达反身意义，可以在人称代词领格后面，如 myself, ourselves，也可在宾格后，如 himself 等。不仅是英语，不少汉语方言和藏缅语中的少数民族语言，其反身代词也都是只有复合式，而没有独立式。城东话则较为特殊，反身代词具有复合式和独立式两种形式，且使用频率相当，没有强弱势之分。

（三）"各家"的语义特征

关于汉语反身代词的语义指向，较为一致的看法是有三种功能：照应、泛指和强调。城东话的"各家"也有上述三种语义指向。具体如下：

（59）秀秀我啊说者明早儿各家走哩说。（秀秀对我说明天早上自己走呢。）

（60）傢把各家温室上的帘帘放给了。（他把自己温室的帘子放下来了。）

（61）你们事情罢了啊各家家里去啊，我再管不下。（你们事情完了

---

① 陈中源：《"自己"在中古以后的发展》，《汉语史研究集刊》（第十四辑）2011年第00期。

以后自己回家去吧，我再管不了了。)

（62）各家的娃娃各家教育，旁人没说头。（自己的孩子自己教育，别人没什么好说的。）

（63）说是说里哎，各家要有本事俩，再把谁啊靠不住。（说是说，自己要有本事，谁都靠不住。）

（64）头等瓜子赞娃娃，二等瓜子赞各家。（头等傻子夸孩子，二等傻子夸自己。）

（65）阿么哩呵你各家想好，到时候我头上要怪。（要怎么办你自己想好，到时不要怪我。）

（66）电脑我各家有俩，你跟前借的不要。（电脑我自己有呢，不需要向你借。）

（67）石头各家滚上下来着人啊砸下了。（石头自己滚下来砸着人了。）

以上例句中"各家"的语义涉及了照应、泛指和强调三种功能。"各家"在例（59）中表示名词"秀秀"，（60）中表示代词"傢"，（61）中表示代词"你们"。这三句中的"各家"其语义指向是照应复指，分别回指了前文已出现的词语，表现出"各家"代词性的一面。例（62）中"各家"对举出现，分别充当了定语和状语，其语义指的是"自己"，泛指任何人。"各家"在例（63）中充当主语，在例（64）中作宾语，这两句中都是泛指，指"（任何人）自己"。需要注意的是，当"各家"表泛指时它往往单独充当句法成分。刘丹青先生曾指出："在很多语言中，反身代词具有强调代词的作用，如汉语的'自己'、日语的'自分'（zi-bun）、英语的 himself 等，这些语言是反身代词和强调代词同形的类型。"[①] 城东话的"各家"也有强调代词或名词的功能，只是与表泛指时单独使用的情况不同，"各家"在表强调时往往要和名词或代词组成同位短语，然后一同充当句法成分，如例（65）—（67）。"各家"在（65）和（66）中强调前面的代词"你"和"我"，在（67）中强调之前的名词"石头"，其语义都是指向之前的代词或名词。

[①] 刘丹青编著：《语法调查研究手册》，上海教育出版社2008年版，第187页。

关于汉语的反身代词，王力先生认为秦汉时有"自"和"相"[①]，冯春田进一步指出在古代汉语主要是"自"[②]，曹炜则认为在唐以前只有"自"和"己"，有唐以来，陆续出现了"自家""自己""自个"等复合式反身代词[③]。在现有的历代文献资料中，我们基本上没有发现"各家"作为反身代词的用法，而城东话周围的部分汉语方言中则出现了反身代词"各家"。其实 Paul Schachter 和 Timothy Shopen（2007）曾说过，很多语言中的反身形式可被分析为一个核心名词性成分前加一个所有格代词，且此名词性核心成分最为常见的意义是"head（头）"和"body（身体）"[④]。汉语在历史上就选择了"身"作为核心名词，前面加了代词"自"组成了"自身"这个反身代词盛行于宋明之际。城东话选择的核心名词则是"家"，在"家"的前面加了表示逐指的指示代词"各"，其中的"家"正如董秀芳（2002）分析古汉语"己"时所说，是偏于指代功能，而"各"则偏于照应功能，二者合成一个反身代词既有指代性，又有照应性[⑤]。

在西宁话研究中，有人将"各家"记作"个家"。汉语普通话中这两个词读音相同，但在城东话却有明显的区别："各家"读音是 $[ku^{21} tɕia^{13}]$，而"个家"读音是 $[kɔ^{21} tɕia^{13}]$。城东话的反身代词读作 $[ku^{21} tɕia^{13}]$，所以记作"各家"当为正解。

三 指示代词

所谓指示代词（demonstrative pronouns），指的是能够替代名词来充当论元的指示词。城东话的指示代词分为"近"—"远"二分系统，分别用"这"和"那"表示。需要说明的是：城东话的"这"和"那"不同于普通话的指示代词可以替代名词充当论元，或直接出现在名词前面，

[①] 王力：《汉语语法史》，中华书局 2014 年版，第 68 页。
[②] 冯春田：《近代汉语语法研究》，山东教育出版社 2000 年版，第 57 页。
[③] 曹炜、蒋晨彧：《北京话反身代词的历时嬗变（1750—1950）》，《苏州大学学报》（哲学社会科学版）2013 年第 5 期。
[④] 转引自李计伟《论反身代词"身"及复合形式反身代词》，《语文研究》2012 年第 4 期。
[⑤] 董秀芳：《古汉语中的"自"和"己"——现代汉语"自己"的特殊性的来源》，《古汉语研究》2002 年第 1 期。

它们必须同数量结构组合才能出现。城东话的指代系统如下表1-6所示：

表1-6　　　　　　　　　　城东话的指代系统

	近指：这 [tʂʅ²¹³] —	远指：那 [nɛ²¹³] —
人、事	这个 [tʂʅ²¹kɔ²¹³]、这些 [tʂʅ²¹ɕi⁴⁴]、这给 [tʂʅ²¹ki⁵³]	那个 [nɛ²¹kɔ²¹³]、那些 [nɛ²¹ɕi⁴⁴]、那给 [nɛ²¹ki⁵³]
时间	这会儿 [tʂʅ²¹xuiɛ]、这早会儿 [tʂʅ²¹tsɔ⁵³xuiɛ]	那会儿 [nɛ²¹xuiɛ]、那早会儿 [nɛ²¹tsɔ⁵³xuiɛ]
处所	这里 [tʂʅ²¹l⁵³]、这扎 [tʂʅ²¹tʂa⁵³]、这下 [tʂʅ²¹xa²¹³]	那里 [nɛ²¹l⁵³]、那扎 [nɛ²¹tʂa⁵³]、那下 [nɛ²¹xa²¹³]
程度	这么 [tʂʅ²¹mã]	那么 [nə̃²¹mã]
数量	这么些 [tʂʅ²¹mãɕi⁴⁴]	那么些 [nə̃²¹mãɕi⁴⁴]
方式、性状	这么 [tʂʅ²¹mã]、这么价 [tʂʅ²¹mãtɕia]	那么 [nə̃²¹mã]、那么价 [nə̃²¹mãtɕia]
旁指	再的 [tsɛ²¹tʂʅ]	
遍指	一挂 [j¹³kua²¹³]	

根据表1-6可以看出，城东话的指代系统分为"这"系表近指和"那"系表远指两大类。现就具体情况说明如下：

1. 在指代人或事物时，根据所修饰人、事数量的不同，城东话分两种形式：如果是单数，城东话用指示代词"这"或"那"加上量词"个"组成"这个"和"那个"来表示；如果是复数，则用"这些""那些"表示。如：

(68) 这个嫑逗！（这个不要动！）

(69) 你那个啊走了拿上，我不要。（你走的时候拿上那个，我不要。）

(70) 萍儿写下的这个作业你看儿个，对者没？（你看看萍儿写的这个作业，对不对？）

(71) 那个花儿我没见过。（那个花我没见过。）

(72) 那些是啥？（那些是啥？）

(73) 你把这些恶索撂掉。（你把这些垃圾扔了。）

"这个""那个""这些""那些"在句中既可单独充当句法成分，如例（68）（69）（72），也可同后面所修饰的名词结合起来作主语或宾语。相较于普通话，城东话指示代词"这""那"的独立性差，它们不仅不能单独充当句法成分，而且不能直接修饰名词，因此，在城东话里，"这娃娃""那电脑"都是不能成立的组合。但要注意的是，当指代的是近指单数的人或事物时，城东话不能用"这+N"，却可以用量词"个+N"来表示：

(74) 个衣裳不好看哪。（这件衣服不好看。）
(75) 我们把个桌桌抬上了走啊。（我们把这个桌子抬起来走吧。）
(76) 个不成，那个拿上。（这个不行，拿那个。）

"个+N"和"这个+N"不仅语义相同，而且句法功能也完全一致：例（74）中作主语，例（75）中则充当宾语由"把"提到动词前，有时"个+N"中的N可不出现，由"个"单独充当句法成分，如例（76）。"个"在城东话中是个万能量词，所以在指代人或事物时，"这个""那个"是最常见的形式，其实除此之外，"这"和"那"还能跟别的量词组合来修饰名词。如：

(77) 你把这一张纸烧掉。（你把这张纸烧了。）
(78) 傢那一缸缸水啊喝上了。（他喝完了那杯水。）
(79) 爷儿给下的那两大银元来？（爷爷给的那两块银元呢？）

通过上面的例句我们发现，"这""那"在跟其他量词结合的时候，即使数词是"一"也不能省略，如例（77）和（78），这显然也是与"这个""那个"的不同之处。

"这/那个""这/那些"不仅可如上述例句一般用于定指，表示具体的人或事物，有时也可表虚指，指代一些说不出或是无需说出的人或事物。如：

(80) 这个这么说，那个那么说，到底听阿个的？（这个这么说，那个那么说，到底听哪个的？）
(81) 一会儿把这个骂给几句，一会儿把那个说给一顿，你今儿咬牙啥者？（你一会儿骂几句这个，一会儿说一顿那个，今天你怎么这么爱挑别？）

（82）你喝醉了这些那些的再要说。（你喝酒了乱七八糟的话不要说。）

在表虚指时，"这个"和"那个"，"这些"和"那些"常对举使用。尤其要提到的是，"那个"在城东话中还有些较为灵活的用法。如：

（83）你夜来那个去了没？（你昨天去干那事了吗？）

（84）尕胖儿带傢们的丫头俩那个者说。（听说尕胖儿跟他们的女儿谈恋爱呢。）

（85）把我要管，你把你的那个。（不要管我，你干你的事。）

这里的"那个"显然不再指代人和事物，而是表示一种行为动作。这种行为可以是不愿让别人知道的事，如例（83）；可以是不便说出，在说话者看来是丑行的事，如例（84）；或者是无法用恰当的语言表达的事，如例（85），同时表达了说话者一种着急、不耐烦的情绪。

城东话中有时还会用"这给""那给"来指代人和事物。如：

（86）阿大脸上出来的这给啥啊？（爸爸脸上长出来的这是什么？）

（87）你那给垃圾啊家里要买。（你别买那些垃圾。）

（88）过年着家里啊不去，你这给啥丫头？（过年了连家都不回，你这是什么姑娘？）

（89）傢阿么说的那给话？（他怎么说那种话？）

不同于"这/那个"表单数，"这/那些"表复数，这里的"这/那给"指代的可以是单数，也可以是复数，它们同样可以单独出现，也可同名词组合一起充当句法成分。有人认为"这/那给"是"这/那个"的音变，但我们分析了"这/那给"出现的语境后发现，说话者对"这/那给"所指代的人或事物往往持一种否定、批评、不赞同的态度，它们常表示一种不好的人、事或行为，因此带有一种贬义色彩，而"这/那个"则没有这种主观态度在其中，是个中性词。

2. 城东话表时间时，近指有"这会儿""这早会儿"，远指有"那会儿""那早会儿"。"这/那早会儿"在老年人中使用频率较高，年轻人多使用"这/那会儿"。具体用例如下：

（90）这早会儿生活好了，谁家啊白面吃上俩。（这会儿生活好了，家家都能吃白面。）

（91）我们那早会儿一年洗着一次澡，头上虱子有俩。（我们那会儿一年洗一次澡，头上有虱子呢。）

(92) 这会儿是几点哪？（这会儿是几点？）

(93) 傢们把那会儿的事儿好说哎。（他们喜欢说那时候的事儿。）

(94) 大人这会儿的娃娃啊当成先人着伺候者。（家长把现在的孩子像祖宗一样伺候呢。）

(95) 那会儿的时候女子们一挂裏上的尕脚儿啊。（那时候女的全部都裏的小脚。）

(96) 那早会儿的时候困难下的个扎啊。（那时候困难得很啊。）

"这/那会儿"和"这/那早会儿"在指代时间时，往往出现在句首或谓语前作状语，如例（90）和（91）；也可以作主语，如例（92）；有时也会充当定语，如例（93）和（94）。有意思的是，"那会儿"和"那早会儿"本来就是表示时间的指示代词，但在城东话里还会在它们后面加上"的时候"，如例（95）和（96），不过只在表远指时才可以加，近指"这会儿"和"这早会儿"是不能加"的时候"的。

3. 表示处所时，城东话近指有"这扎""这下""这里"三种，远指有"那扎""那下""那里"三种。我们认为三者在表示处所时，其范围大小有别，从小到大依次是：这/那扎＜这/那下＜这/那里。如：

(97) 凳凳你放着这扎。（凳子你放到这儿。）

(98) 你站着傢那下。（你站到他那边。）

(99) 这里前头呵是温室大棚哪。（这里以前是温室大棚。）

(100) 花花家带那里俩。（花花家在那里呢。）

(101) 这下的菜瓜长着好。（这边的番瓜长得好。）

"这扎"同"这个"一样，在城东话中常省略为"扎"，省略后语义完全相同，但"这下"和"这里"没有此种用法。"那里"是表远指的，刘丹青先生曾说："用象似性的语音手段表示指示词所表达的距离远近是常见的现象，例如用更长或更重的音来表示更远。"[①] 城东话通过改变"那里"的语音结构使所指的距离变得更远，如例（100）"那里"可以读作 $[nɛ^{21}l^{53}]$，也可以增加"那"的音长同时改变二者的声调，读作 $[nɛ^{13}—l^{13}]$ 来表示更远的距离。

---

① 刘丹青编著：《语法调查研究手册》，上海教育出版社2008年版，第411页。

4. "这么""那么"在城东话用来表示程度、方式和性状。"那么"读作[nã²¹mã]，其中的"那"读音上不同于"那个""那些"和"那里"的[nɛ²¹]，因此有人将其记作"恁么"。我们认为二者虽然读音不同，但应该是同一个字，只是当"那"出现在鼻音声母"么"前发生了语流音变而已。其具体用例如下：

（102）两年没见着你阿么这么大下者。（两年没见你怎么这么大了。）

（103）那么煮下的牛肉没香着。（那么煮的牛肉不香。）

（104）像他这么价耍哒遛式的呵书也念不下。（像他这样吊儿郎当的学也上不好。）

（105）你看，那扎那么些打灯蛾儿。（你看，那里那么多蝴蝶。）

（106）那么价呵不成呢。（那样不行。）

（107）这么些阿去给俩？（这么多怎么办呢？）

"这么"在（102）句中作状语表示程度，（103）句的"那么"依然是状语，不过表示的是方式、方法，（104）句的"这么价"同样是方式状语，只是在"这/那么"的后面加了个"价"；（105）句是在"那么"的后面加了"些"用来表示数量，在句中充当定语；"那么价"在（106）句中表示方式、方法，充当主语，（107）句的"这么些"表数量在句中作主语。

5. 城东话用"再的"表示旁指，用"一挂"表示遍指。这里需要注意的问题有两个：其一是普通话用来表旁指的"别的""其他的"这两个词都可以删去后面的"的"字来直接修饰名词，如"别"可组成"别人""别家""别处"等，至于"其他"可修饰的名词范围就更大了，如"其他地方""其他时间""其他人"等，而城东话表旁指的"再的"结构非常凝固，不管在什么语境，只要表旁指必须是"再的"，不能有任何删改。这里略举数例如下：

（108）你这个啊吃，再的啊要逗。（你吃这个，别动其他的。）

（109）我就那个衣裳将好，再的尕下者。（我只有那件衣服刚刚好，其他衣服小了。）

（110）傢再的啥话啊没说着走了。（他没说别的话就走了。）

"再的"在句中可单独充当宾语，如例（108），或是像例（109）一样充当主语，也可以在前面修饰名词构成定中短语在句中作宾语。"再的"往往跟"这个""那个"对举出现，表现旁指，但有时相对应的内容因前文已现或隐含在句中也会单独使用，如例（110）。

其二是城东话有两个"一挂 [j¹³kua²¹³]"，一个用于表示遍指，指"全部""所有的""每一个"，而另一个则在动词后面表示时间短、数量小，相当于普通话的"一下"，二者要注意辨析：

（111）你那些西瓜啊一挂拿上，再给我耍剩。（你把那些西瓜全部带上，不要给我留。）

（112）一挂娃娃们哪，大人一个啊没有。（全部都是孩子，没有一个大人。）

（113）你把我一挂一挂地再耍蹦吵。（你不要再一下一下地踢我。）

（114）黑来阿舅带狗娃咬给了一挂。（昨晚舅舅被狗咬了一下。）

表遍指的"一挂"常在句中作状语，如例（111），也可充当主语，如例（112）。表时短、量小的"一挂"则往往在动词后作补语，如例（114），也可如例（113）在句中作状语。

最后要提到的一个问题是，在当地人的语感中，城东话的"那"有两个用法，一个是与"这"相对，表远指的指示代词，如"那个""那些""那里"等；还有一个是出现在句首，表示对自己或对方所说内容的承接或转折。二者用法不同，读音也有差异，前者读 [nɛ²¹³]，后者则读 [na²¹³]。表内容顺承或转折的"那"的具体用法如：

（115）你们出去吃，那我来？（你们出去吃，那我呢？）

（116）亮儿走不动了，那你傢啊背上呗。（亮儿走不动了，那你背上他吧。）

（117）那早阿么办俩？（那现在怎么办呢？）

（118）那姨娘们后天啊外奶奶家去哩啵？（那姨姨他们后天去不去姥姥家？）

"那"可出现在复句中第二个分句的开头，如例（115）和（116）；也可以紧接上文，出现在单句的开头，如例（117）和（118）。这种引进表后果的小句，起连接作用的"那"在普通话也存在，且二者用法和读音完全一致，我们猜测可能是受普通话影响所致。

四 疑问代词

疑问代词（interrogative pronouns），指的是在特指疑问句中代替疑问点的词语。城东话的疑问代词形式丰富，用法复杂。现列表如下：

表 1-7　　　　　　　　　　城东话的疑问词①

疑问范畴	疑问词
人	阿个 [a⁴⁴kɔ²¹³]、阿个们 [a⁴⁴kɔ²¹³mə̃]、谁 [fi²⁴]、谁们 [fi²⁴mə̃]
事物	阿个 [a⁴⁴kɔ²¹³]、阿些 [a⁴⁴ɕi⁴⁴]、啥 [sa²⁴]
时间	阿会儿 [a⁴⁴xuɛ]、阿早儿 [a⁴⁴tsɔ⁵³xuɛ]、阿时候 [a⁴⁴sʐ²⁴xɯ]、多早会儿 [tu⁴⁴tsɔ⁵³xuɛ]、啥时候 [sa²⁴sʐ²⁴xɯ]
处所	阿扎 [a⁴⁴tʂa²¹³]、阿里 [a⁴⁴l²¹³]
数量	多少 [tu⁴⁴ʂɔ⁵³]、几 [tɕj⁵³]
方式、程度、性状、原因	阿么 [a⁴⁴mə̃]

从表 1-7 可以看出，城东话的疑问词可以分为两类：一类是"阿"系疑问词，基本上涵盖了所有疑问范畴；一类是其他疑问词，包括"谁""谁们""啥""多早会儿""啥时候""多少""几"等。下面分别对它们进行说明：

（一）"阿"系疑问词

城东话的"阿"系疑问词涵盖范围很广，可以对人、事物、时间、处所、程度、方式及原因等各个方面进行提问。但要注意，这里的"阿"独立运用能力很差，除极个别情况外基本不能单独使用，必须跟其他词组合在一起才能使用。具体使用情况如：

（119）傢对象阿个是俩？（她对象是哪个？）

（120）个是阿个的手机？（这是谁的手机？）

（121）明早儿阿个们山上去俩？（明天早上谁去山上？）

（122）教室里阿个桌桌是你的？（教室的哪个桌子是你的？）

---

① 为了系统的完整性，此表不仅包括疑问代词，还有部分疑问副词。

（123）哥哥挑上的阿个，红的哇绿的？（哥哥选的是哪个，红色的还是绿色的？）

（124）阿些做好的？我拿上出去。（哪些是做好的？我拿出去。）

上述例句中的"阿个""阿个们""阿些"是对人或事物进行提问，三者区别在于：不管提问对象是人还是事物，只要是单数，都可以用"阿个"；如果不知道是一个人还是多个人，就用"阿个们"；如果提问对象是事物，且不确定多少，就用"阿些"。这三个词在句中可以充当宾语，如例（119）和（123），可以作定语，如例（120）和（122），也可以作主语，如例（121）和（124）。虽然"阿个"表示的就是单数，但城东话有时还会说"阿一个"表示特指和强调。如：

（125）这些里阿一个你没心要？（这些里面哪一个你不想要？）

（126）阿一个酒啊阿大最爱喝？（哪个酒爸爸最爱喝？）

提问时间城东话常用的疑问代词是"阿会儿""阿时候"和"阿早会儿"。如：

（127）老师阿会儿进来的？（老师什么时候进来的？）

（128）你阿时候走了我啊说一挂。（你什么时候走给我说一声。）

（129）这会儿阿早会儿了？（现在几点了？）

"阿会儿""阿时候""阿早会儿"最常见的用法是出现在动词前面作状语，有时也会作谓语用来询问几点，"阿早会儿"老年人使用频率更高。

西宁话的"阿里"和"阿扎"是用来提问地点处所的。如：

（130）傢们说阿里的里脊好吃说？（他们说哪里的里脊好吃啊？）

（131）爷儿阿里去了？（爷爷去哪了？）

（132）阿扎有齐艾俩？我们割儿点走。（哪里有艾草？我们去割一点。）

在询问处所时，"阿扎"和"阿里"表义没有区别，任何情况下都可以通用，二者在上述三个句子中分别充当了定语、宾语和主语。前面提到"阿"系疑问词中的"阿"基本不能独立运用，例外的情况就是当"阿"用来表示处所，相当于"哪里"的时候可单独使用。如：

（133）你阿去俩？（你去哪？）

（134）这些苞谷你阿拿来的？（这些玉米你从哪里拿来的？）

（135）那会儿阿的手机俩，连电话啊没有。（那时候哪里有手机，连电话都没有。）

当"阿"表示"哪里"单独使用的时候，不仅可出现在疑问句中表特指，有时还可在陈述句中表任指，如例（135）。

"阿么"在城东话表义复杂，分别可以表示方式、程度、性状、原因等。如：

（136）上新庄阿么走者？（上新庄怎么走？）

（137）辣子阿么种出来的？（辣椒怎么种出来的？）

（138）这两天西安阿么热的个有俩？（这两天西安有多热？）

（139）你说你包包阿么大的个要俩？（你说你要个多大的包？）

（140）扎阿么个情况？（这情况怎么样？）

（141）阿么个人着谁俩啊拉不扎？（怎么一个人怎么跟谁都合不来？）

（142）傢阿么学校里来了？（他怎么来学校了？）

（143）水阿么不热？（水怎么不热？）

（144）脚底下阿么一挂着跘倒了。（脚下不知怎么摔倒了。）

（145）傢把阿么来阿么去地我啊一挂说了。（他把怎么来怎么去全都告诉我了。）

有时"阿么"并不表示具体的方式、程度、原因等，只是用于虚指，如例（144）和（145）所示。

以上我们对"阿"系疑问词进行了具体描述，除了上述用法外，跟普通话的疑问词一样，城东话的所有"阿"系疑问词也都有表任指的功能。如：

（146）书记病下着阿个啊没把傢看儿个去。（书记病了无论谁都没去看看他。）

（147）阿一个你看不上，你到底寻儿个阿么的俩？（无论谁你都看不上，你到底找个怎么样的呢？）

（148）上学的时候贵儿阿会儿迟到者。（上学的时候贵儿无论啥时候都迟到。）

（149）阿里啊没有各家家里好啊。（无论哪里都没有自己家好。）

（150）你阿么做啊落不下傢的一个好。（不管你怎么做都落不了他的好。）

（151）阿么了阿么去，我不管哪。（无论想怎样都可以，我不管。）

其实"阿"系疑问词并非西宁城东话所独有，它在甘青汉语方言中有着广泛分布，如甘肃临夏话（兰州大学临夏方言调查研究组，1996）、唐汪话（徐丹，2014）、天水话（辛阳等，2016），青海周屯话（周晨磊，2016）、甘沟话（张竞婷，2017）等。那这个"阿"究竟是古汉语词头的遗留还是受周围民族语言影响而来呢？

汉语中"阿"作为人称类词头"起源很早，一部分从汉代就有，魏晋以后特别发达"[①]，如"阿婆""阿妹""阿舅""阿姨"等，这种用法在城东话中也有遗留，如"阿大""阿妈""阿舅""阿哥"等。显然，这并不是"阿"系疑问词的来源。

再来看看周围民族语言的情况：藏语（金鹏，1983）中最基本的疑问代词有"su"（谁）、"khare"（什么）、"khaki"（哪个）等。土族语（照那斯图，1981）的疑问代词有"ken"（谁）、"jaan"（什么）、"amatəgii"（什么样）、"alə"（哪个）、"kədə"（几个）、"kədəxaŋge"（多少）、"andʐii"（哪里）、"kədʐee"（什么时候）和"amagə"（怎么做）等。撒拉语（林莲云，1985）疑问代词有："kem"（谁）、"naŋ"（什么）、"ɢɑjsi"（哪个）、"nehdʒe"（多少、几个）、"ɢɑdʒaŋ/ɢɑhɑl"（何时）等。蒙古语（道布，1983）有"xə̃"（谁）、"jũ"（什么）、"xaa"（哪里）、"xaagɯr"（沿着哪边）、"xaaʃ"（向哪里）、"xədʒəə"（什么时候）、"ɛlĭn"（哪个）、"jamǎr"（什么样的）、"xədə̃"（几个）、"xədii"（多少）和"jaa"（怎么做）等。通过比较，我们发现它们和"阿"系疑问词读音上差别较大，应该没有什么对应关系。

关于城东话"阿"系疑问词中"阿"的来源，我们比较认同徐丹的观点，认为"阿一个"源自汉语，对应其他汉语方言中的"哪一个"，而"阿"系特指疑问词和北方话中的"哪"有着规律的对应关系[②]。甘青方言中的"阿"应该就是"哪"在发展过程中声母脱落而成的。

（二）其他疑问词

除了"阿"系疑问词，城东话还有"谁""谁们""啥""多早会儿""啥时候""多少""几"等其他疑问词。

[①] ［日］太田辰夫：《中国语历史文法》，蒋绍愚、徐昌华译，北京大学出版社 1987 年版，第 83 页。

[②] 徐丹：《唐汪话研究》，民族出版社 2014 年版，第 224 页。

"谁"是对人进行提问时所用的疑问代词，与普通话相比，最大的不同是城东话的"谁"可以在后面加"们"，而普通话则不可以。如：

（152）后天北山上谁们去俩？（后天谁去北山？）

（153）这个坦克谁们做下的？（这个坦克谁做的？）

（154）谁们的鞋鞋脱下着一地。（谁的鞋脱了一地？）

这里既然是疑问句，显然提问者并不知道"谁们"指代的究竟是单数还是复数，所以回答可能是一个人，也可能是多个人。因此，"谁+们"并不一定表示复数，这个问题在本章第三节中会详细论述。

在提问事物时，城东话还有个疑问代词"啥"。"啥"和"阿个"的区别在于：后者是选择性疑问代词，也就是根据上下文或者共享信息已提供了一个范围，提问的是该范围中的具体对象，而前者则是完全开放的问题，答案并不在有限范围内。试比较下面两句话：

（155）a. 你今儿吃儿个啥俩？（你今天想吃什么？）

b. 你今儿吃阿个俩？（你今天想吃哪个？）

a 句的问题是完全开放的，任何事物都有可能，而 b 句则要求对方在语境提供的一定范围内选择一种或者几种。与此相同的是，在提问人时，"谁"和"阿个"也是一样，"阿个"是选择性疑问代词，而"谁"则不是。

"多早会儿""啥时候"在语义上跟"阿会儿"没有任何差别，只是"多早会儿"多为老年人所用，而"啥时候"在年轻人中使用频率较高。"多少"和"几"都是提问数量时所用，二者多数情况下可以通用，差别在于：其一，提问数量时，"多少"后面往往不加量词，而"几"后则必须要加量词。如：

（156）a. 个庄庄上有多少人家俩？（这个村子有多少人家？）

b. 个庄庄上有几个人家俩？（这个村子有几户人家？）

（157）a. 你麦子啊买上了多少？（你买了多少麦子？）

b. 你麦子啊买上了几斤哪？（你买了几斤麦子？）

其二是"几"还可以跟"阿"组合共同使用，而"多少"则没有此种用法。如：

（158）那些人里阿几个你同学啊？（那些人中哪几个是你同学？）

（159）阿几个饺子你包下的？（你包的是哪几个饺子？）

"阿儿"在一起时用于对人或事物的提问,其后须加量词,且同"阿个"一样表示的是选择性疑问。

跟"阿"系疑问词一样,其他的这几个疑问词同样可以表示任指。如:

(160)谁去呵傢不理啊。(无论谁去他都不理。)

(161)你想做啥了做啥。(无论你想干什么就干什么。)

(162)病人多早会儿来呵大夫有俩。(病人无论什么时候来都有医生。)

(163)个不胎害有多少钱儿踢踏掉俩。(这个没出息的无论有多少钱都挥霍了。)

(164)你馍馍啊想拿几个拿几个。(你想拿几个馍馍就拿几个。)

城东话的任指表达形式除了上述提到的用疑问词自身表示外,还有一种方式就是在疑问词前面加上"是",如"是阿个"(无论哪个)、"是啥"(无论什么)、"是谁"(无论谁)、"是阿会儿"(无论什么时候)、"是阿扎"(无论哪里)、"是阿么"(无论怎样)等。用例如:

(165)你出去了是阿个药店里买上个甘草片。(你出去随便哪个药店买个甘草片。)

(166)今晚夕是啥做上点就成者。(今晚随便做点啥就行了。)

(167)你们是谁个书啊老师给掉。(你们随便谁把这本书给老师。)

(168)是阿会儿买着来个胰子。(随便什么时候买来个肥皂。)

(169)簸簸是阿扎放下!(簸箕随便放到哪!)

(170)傢是阿么捻弄给了个着就舒坦了。(他随便怎么收拾了一下就舒服了。)

"是+疑问词"的形式表任指并非城东话特有,据王森等调查,在西北回民话的境外分支东干语中,表任指的形式同样为"是"同疑问代词组成的"是"字短语,如"是谁"(任谁)、"是啥"(任啥)、"是咋"(无论怎样)、"是哪塔儿"(无论哪里)等[①]。为什么这些语言会采用"是+疑问词"的形式来表示任指,这值得以后进行更深入的探讨。

以上我们对西宁话的代词系统从三身代词、反身代词、指示代词和疑问代词四个方面进行了细致描述,下面将城东话与周围接触方言的代词进行一下比较:

---

① 王森、王毅、王晓煜:《中亚东干话调查研究》,商务印书馆2015年版,第201页。

表1-8　　　城东话、甘沟话、临夏话、积石山话代词系统比较

		城东话	甘沟话①	临夏话（汉）②	积石山话③
三身代词	第一人称	我、我们	我、我们	我、我们	我、我们
	第二人称	你、你们	你、你们	你、你们	你、你们
	第三人称	傢、傢们、他	噯嗜、噯嗜们	傢、兀傢、他、傢们、兀傢们、他们	傢、兀傢、他、傢们、兀傢们、他们
反身代词		各家	各嗜、各人	各家④	各家、各人
指示代词	近指	这个、这些、这给、这会儿、这里、这扎、这下、这么	之个、之塌、之些儿里、之里、之会儿、之些、之么、之么之	这、这塔些、这会、这么些、这么、这些里	这、这里、这些、这会、这么些、这么、这些里
	远指	那个、那些、那给、那会儿、那里、那扎、那下、那么	那/尼个、尼/那塌、那些儿里、那里、那会儿、那些儿、那么、尼么之	兀、兀塔些、兀会、兀么些、兀么、兀些里	兀、兀里、兀塔些、兀会、兀么些、兀么、兀些里
疑问代词	阿系疑问词	阿个、阿个们、阿些、阿会儿、阿早会儿、阿时候、阿扎、阿里、阿么	阿个、阿个们、阿些儿、阿塌、阿些儿里、阿里、阿会儿、阿么、阿么之	阿个、阿一个、阿塔些、阿些里、阿会、阿一会、阿么⑤	阿个、阿一个、阿里、阿塔里、阿些里、阿时候、阿会、阿么
	其他疑问词	谁、谁们、啥、啥时候、多早会儿、多少、几	啥、多少、几	什么个、几、多少、咋	啥、几、多少、咋

①　甘沟话的代词出自张竞婷《语言接触视野下的青海甘沟话语法专题研究》，博士学位论文，中国社会科学院大学，2017年。

②　临夏话的代词出自兰州大学中文系临夏方言调查研究组、甘肃省临夏州文联《临夏方言》，兰州大学出版社1996年版。

③　积石山话的代词由学友杜冰心同学调查提供，谨致谢忱。

④　在兰州大学中文系临夏方言调查研究组编写的《临夏方言》中将临夏话的反身代词记作"个家"，但结合当地的读音以及周围方言的情况，我们认为应当是"各家"。

⑤　兰州大学中文系临夏方言调查研究组编写的《临夏方言》一书将临夏话中提问性质、状态和程度的疑问代词记作"阿门"，结合当地的读音及周围方言的情况，我们认为应当是"阿么"。

通过上表我们可以看出，城东话同甘沟话、临夏话、积石山话等甘青接触方言在代词方面基本保持一致，都有着西北接触方言的区域性共性。具体表现为：疑问代词都由"阿"系疑问词和其他疑问词两部分构成，其中"阿"系疑问词数量更多，使用频率更高，覆盖了所有的疑问范畴。反身代词的主要形式都为"各家"，是由表逐指的指示代词"各"和名词"家"组成，甘沟话和积石山话中有时也会采用名词"人"跟"各"共同构成。指示代词都是近指和远指二分，近指由"这"① 系词表示，远指由"那"系词表示，临夏话和积石山话的远指代词是"兀"系词。三身代词都是由"我""你""傢""他"及其复数形式表达。虽然城东话同其他甘青接触方言的代词系统具有趋同性，但通过比较我们也发现城东话的代词还是有着自己的特点。比如指示代词方面，临夏话、积石山话中的"这"和"兀"可以替代名词充当论元，或直接修饰名词，而城东话的"这"和"那"必须同量词或数量短语等组合才能使用。还有城东话的其他疑问词数量较甘沟话、临夏话和积石山话要多，涉及了人、事物、时间、数量等疑问范畴，这表明城东话受汉语普通话的影响要大于其他接触方言。

小结

本节对城东话的代词系统进行了介绍，从三身代词、反身代词、指示代词和疑问代词四方面展开论述。第一，三身代词方面，介绍了"我""你""傢""他"等第一、第二、第三人称代词以及它们的双数和复数形式，并对其数范畴、格范畴、特殊语义及语法功能加以说明。第二，反身代词部分重点讨论了"各家"，从其组合能力、语法功能和语义特征三个方面进行了论述。第三，城东话的指示代词分近指的"这"系和远指的"那"系两大类，其独特之处在于不能替代名词充当论元，或直接出现在名词前面，而必须同数量结构组合才能使用。文章从人事、时间、处所、程度、数量、方式性状、旁指、遍指的角度对指代系统进行了分析。第四，描述了城东话的疑问代词，将其分为"阿"系疑问词和其他疑问词两类。在逐类介绍的基础上指出"阿"系疑问词广泛出现于甘青

---

① 甘沟话近指代词"之个"中的"之"当为"这"在方言中的音变形式。

汉语方言，应是汉语疑问词"哪"声母脱落而来。接着对城东话的任指表达方式进行了介绍，指出除了直接用疑问词表任指外，还同东干语一样，可用"是+疑问词"的形式来表达。最后将城东话同周围接触方言的代词系统进行了比较，发现它们都有西北接触方言的区域性共性，同时城东话也有自身的特点。

第三节 "们"的用法

现代汉语普通话中"们"是作为后缀用在代词和指人名词的后边，表示多数[1]。在西北地区，"们"不仅可用于代词和指人名词之后，还可用于无生名词、指示代词、疑问代词等后面。这些明显有别于普通话的特殊用法引起了广大学者的关注：李克郁指出青海汉语中的"们"几乎可用于所有名词及相应代词之后，这种用法是受阿尔泰语系的土族语和撒拉语的影响所致[2]。莫超通过调查，认为兰州及周边方言中的"们"除了可在指人名词和普通名词后表复数外，还可用于评述事物的"这一类"并带有戏谑、幽默的语气，而这种用法极有可能源自蒙语[3]。徐丹对河州话及周边地区非指人名词后的"们"进行了讨论，将其用法概括为真复数标记、准复数标记、话题标记和语气词四种，认为"们"的用法是内外因共同作用的结果[4]。杨永龙详细考察了青海民和县甘沟话中的"们"，发现其不仅可用于人称代词、指人名词、无生名词等名词性成分之后，还可在反身代词、指示代词、疑问代词后表示连类复数或列举等，该现象当是汉语自身发展及其与SOV语言接触影响的产物[5]。以上研究对西北部分方言中"们"的语义、功能及来源进行了论述，本节打算在此基

---

[1] 吕叔湘主编：《现代汉语八百词》，商务印书馆1980年版，第384页。
[2] 李克郁：《青海汉语中的某些阿尔泰语言成分》，《民族语文》1987年第3期。
[3] 莫超：《也谈兰州及周边方言的"们₃"》，《语言科学》2004年第6期。
[4] 徐丹：《汉语河州话及周边地区非指人名词的复数标记"们"》，《民族语文》2011年第6期。
[5] 杨永龙：《青海甘沟话复数标记"们[mu]"的类型特征及历史比较》，载中国社会科学院语言研究所《历史语言学研究》编辑部编《历史语言学研究》（第八辑），商务印书馆2014年版，第239—254页。

础上对城东话"们"的用法加以深入细致的讨论。

一 名词后的"们"

就语法性质而言,现代汉语的"们"是个附着程度较高的语法成分,它常用于名词和代词之后,城东话的"们"也是如此。根据城东话"们"前名词类型的不同,我们从以下几个方面展开论述:

(一)指人名词后的"们"

现代汉语中,"们"的主要作用是出现在指人名词的后面表示复数,如"同学们""叔叔们""农民们"等,城东话也有这种用法。如:

(1)那给导游们的说头大啊,一挂啊没停哪。(那些导游很能说,一下都没停。)

(2)今儿区上的领导们来哩说。(听说今天区上的领导要来。)

(3)过年呵走着的亲戚们多着很哪。(过年时走动的亲戚很多。)

上述例句中的"们"表示复数,指"几个导游""几个领导""很多亲戚"等。

吕叔湘先生指出,"们"表示的复数可以是"真性复数",也可以是"连类复数"[①],二者在名词中区别较为明显。"阿哥们"表真性复数其意思是"几个哥哥",表连类复数其意思则是"哥哥和其他相关的人,如嫂子、侄子等"。城东话"名词+们"既可以表示真性复数,如上面例(1)(2)(3)所示,也可用于表示连类复数。如:

(4)我阿大们夜来新疆浪去了。(我爸爸他们昨天去新疆玩了。)

(5)外爷们来了没?(姥爷他们来了吗?)

(6)尕强们打仗着带公安抓着了说。(听说小强他们打架让警察给抓了。)

这里的"们"表示的就是连类复数。因为"阿大""外爷"等亲属称谓,"尕强"等专有名词具有唯一性,指称的都是特定的、唯一的对象,所以"阿大们""外爷们""尕强们"不可能表真性复数,只能表示包括"阿大""外爷"这些亲属在内的几个人,以"尕强"为代表的一类人。

---

① 吕叔湘著,江蓝生补:《近代汉语指代词》,学林出版社1985年版,第75页。

"名词+们"在城东话中还可用以表类指。类指就是指称的不是某个个体，而是一类人或事物。现代汉语普通话通常是光杆名词表类指，如"世上只有妈妈好"，这里的"妈妈"并非指某个具体的妈妈，而是指妈妈这类群体。城东话的类指可由光杆名词表示，如"狗娃跑着人啊快者"（狗跑得比人快），"狗娃"指的就是狗这一类动物；亦可由"名词+们"来表示。如：

（7）丫头们调皮开呵比尕娃们还害。（女孩调皮起来比男孩还厉害。）

（8）过儿个六一呵把大人们忙着没吃住着。（过六一家长忙得受不了。）

（9）尕脬蛋儿们瞌睡多，一天划睡觉者。（小孩子瞌睡多，一天净睡觉呢。）

（10）这会儿好大夫们不好寻哪。（现在好的医生不好找。）

这里需要注意的是：表类指的"们"前面可是光杆名词，如例（7）的"丫头"和例（8）的"大人"，也可以是有修饰成分的名词性短语，如例（9）的"尕脬蛋儿"和例（10）的"好大夫"。因为城东话中光杆名词本身即可表类指，其前加上修饰成分后则表示，这是其中一个特定的类。如"尕脬蛋儿们"表示孩子中特别小的一类，不包括其他孩子。"好大夫们"指的是医生中好的这一类，不包括不好的医生那类。

（11）扎离嬢嬢们的单位还远者。（这儿离姑姑的单位还挺远的。）

（12）一个阿奶们哪，傢划胡打扮俩。（都是一个老太太了，她经常胡乱打扮。）

（13）我外奶奶们八十多了，还历练着很哪。（我姥姥八十多岁了，还硬朗得很。）

与前面"名词+们"表示复数不同的是，上述三个例句中"名词+们"表示的都不太可能是多个个体，如例（11）说的是"这儿离姑姑单位距离远"，"单位"只可能是一个，前面修饰语的"嬢嬢们"应该也只有一个；例（12）的"阿奶们"前面有数量短语"一个"，可知"阿奶"只有一个；例（13）"八十多了，还历练着很哪"描述的当是一个人，所以前面的主语"外奶奶们"应不是连类复数，而是单数。

通过上面的论述可知，城东话指人名词后面加上"们"可以表示真性复数、连类复数、类指，有时甚至可以表单数。

（二）动物、植物名词后的"们"

城东话同普通话很大的一个不同是，"们"不仅可用于指人名词后，还大量使用于动物、植物名词后面。如：

(14) 傢家里脏着，苍蝇们乱飞者。（他家脏得很，苍蝇乱飞呢。）

(15) 黑来狗娃们扯给了一晚夕。（昨晚狗叫了一晚上。）

(16) 阿妈山上拾上的地丸们多啊。（妈妈在山上捡的地达菜很多。）

(17) 今年下着好，庄稼们成下者。（今年雨下得多，庄稼丰收了。）

"们"在城东话中可用于任何动物、植物名词的后面，表示真性复数。有时还可表示连类复数。如：

(18) 人民公园里动物少，狮子们了一挂没有。（人民公园的动物少，狮子等很多动物全都没有。）

(19) 花儿家里不能胡养，臭绣球们了养下呵中毒俩。（家里不能乱养花，养了天竺葵等花会中毒的。）

(20) 下了雨呵，路上的癞呱呱、泥曲蟮们多着很哪。（如果下了雨，路上的癞蛤蟆、蚯蚓很多。）

(21) 地里种菜呵比种麦子的好，你笋子、菜瓜、刀豆们种上些。（地里种菜比种麦子好，你种些青笋、番瓜、豆角之类的菜吧。）

同指人名词加"们"一样，动物、植物名词后加"们"也可以表示连类复数：例(18)有范围副词"一挂"，表明这里的狮子们不是真性复数"很多狮子"，而是包括狮子在内的很多动物；(19)句养到家里让人中毒的也不只是臭绣球一种花，应是包括臭绣球在内的不少花。为了跟真性复数区别开来，城东话的"们"有时会出现在几个列举的名词之后表示相关的事物，如例(20)"们"用在"癞呱呱""泥曲蟮"的后面，表示包括癞蛤蟆、蚯蚓在内的很多小爬虫；例(21)"笋子""菜瓜""刀豆"后加"们"，表示包括青笋、番瓜、豆角在内的很多蔬菜。

(22) 西宁夏天不热，蚊子们也没有，舒坦着很哪。（西宁的夏天不热，也没有蚊子，很舒服。）

(23) 冬天到呵，头口们没吃头啊。（到了冬天，牲口没有东西吃。）

(24) 沙枣花们开下呵胡嘟香。（沙枣花开了非常香。）

(25) 空肚里洋芋们吃上呵胃里扎俩。（空腹吃土豆胃里不舒服。）

城东话中表动物、植物的光杆名词可直接用于类指，亦可在其后加

"们"表类指:"蚊子们"指蚊子这类小昆虫,"头口们"指马骡牛驴这类大的牲畜,"沙枣花们"表沙枣花这类植物,"洋芋们"指土豆这类食物。

(26) 明早儿爷儿生日,那个羊们宰上。(明天是爷爷的生日,把那只羊宰了吧。)

(27) 我把你央及儿个,你给我把那个鱼儿们收拾干净。(我麻烦你一下,你帮我把那条鱼收拾干净。)

(28) 院里有个柳树们俩,五月里到呵满到乎的毛毛儿。(院子里有棵柳树,到了五月到处都是柳絮。)

(29) 今儿冻死俩,你把主腰们给我拿上一件个。(今天很冷,你帮我拿一件棉袄。)

上述例句中的名词虽然加了"们",但实际上它们表示的是单数:例(26)"羊们"和例(27)"鱼儿们"前面有指量短语"那个"修饰,应是一只羊,一条鱼;例(28)"柳树们"前面有量词"个",只有当数词为一时,量词前的数词才能省略,所以也应该是一棵柳树;例(29)动词"拿"后面有数量短语"一件",可知是一件棉袄。城东话的"们"不仅可在动物、植物名词后面表真性复数,同样还可表连类复数、类指以及单数等。

(三) 无生名词后的"们"

"们"在城东话中不仅可出现于指人、动物、植物等有生名词之后,还可用于无生名词的后面。以下将无生名词分为可数、不可数以及抽象名词三类展开讨论。

1. 可数名词

(30) 家里不穿的衣裳们多着很哪。(家里不穿了的衣服特别多。)

(31) 尕舅母做下的馍馍们阿会儿碱蛋蛋。(小舅母做的馍馍什么候碱都很大。)

(32) 法院里的把傢家家抄掉了,桌桌、板凳们胡撂者说。(听说法院的人把他家抄了,桌子、凳子这些东西乱扔着呢。)

(33) 你给娃娃说给,刀刀们要逗。(你告诉孩子,不要动刀。)

(34) 个沙发们重着抬不动哪。(这个沙发重得搬不动。)

(35) 我这两天右面的胛缝们疼着不成。(我这两天右边的肩胛骨很疼。)

(36) 你脸脑们黑下着阿么了？(你黑着脸怎么了？)

可数名词后面的"们"，其表义也是多样的。可以表真性复数，如例(30)和(31)。可以表连类复数，例(32)的"桌桌、板凳们"表示桌子、凳子这些东西。可以表类指，例(33)的"刀刀们"指刀子这类用具。还可以表单数，例(34)"沙发"后虽然有"们"，但前面有量词"个"，可知是一个沙发；例(35)"胛缝们"前面有"右面的"修饰，应该是一个肩胛骨；一个人只有一张脸，所以例(36)中的"脸脑们"表示的是一张脸。

2. 不可数名词

(37) 过年俩，面们多磨下些。(要过年了，多磨些面。)

(38) 姨娘家去阿路们太远哪，没有个车阿不成。(去姨姨家路程太远，没有车不行。)

(39) 水们多喝上些，不是阿渴俩。(多喝些水，否则会口渴。)

(40) 今儿的风们大啊，把人吹上阿跑掉俩。(今天的风很大，把人吹跑呢。)

(41) 城里价下来阿我们乡里的空气们好啊。(从城里回来我们乡里的空气特别好。)

不可数名词因其"所指的对象本身缺少清晰的个体边界或个体边界在认知上不重要，因此难以计数或根本无法计数或不必计数"[1]，所以没有单复数之别，普通话中是不能在其后加"们"的。城东话像"面""路""水""风""空气"等不可数名词后可出现"们"，这里的"们"我们认为应该只是表示量多而非复数。

(42) 傢大十字们浪去着带贼娃把手机偷掉了说。(听说他去大十字玩的时候让小偷把手机偷了。)

(43) 这会儿湖南们去阿太热。(这会儿去湖南的话太热了。)

(44) 我后天们闲者，你过来。(我后天有时间，你过来。)

表示地点和时间的专有名词，因其指称的唯一性，我们在这里也将其归为不可数名词。这类不可数名词后面同样可以加"们"，但显然此处

---

[1] 刘丹青编著：《语法调查研究手册》，上海教育出版社2008年版，第331页。

的"们"也并非表复数。

3. 抽象名词

抽象名词用于对抽象概念的指称，它们往往都是不可数名词。城东话中抽象名词后面也可以加"们"。如：

(45) 你的娃娃本事大，你以后呵福们享俩。（你的孩子本事大，你以后了能享福呢。）

(46) 我阿舅家条件们好着很哪。（我舅舅家条件很好。）

(47) 雅君的阿哥门路们多，给傢把工作就寻给俩。（雅君的哥哥门路多，给她能找上工作。）

(48) 个包包质量们差着很哪，将一天着就烂下了。（这包的质量很差，刚用了一天就破了。）

(49) 那个脑子们没清楚着，你带他俩话再甭说。（那个人头脑不清醒，你跟他不要再说话。）

上述例句中的"福""条件""门路""质量"和"脑子"都是抽象名词，"们"也可以用于这些名词之后。

综上所述，城东话的"们"不仅可出现于指人名词之后，还可用于动物、植物名词以及无生名词的后面。"们"的语法意义也是复杂多样的：既可用来表示真性复数，也可表连类复数、类指，有时名词加"们"表达的依然是单数。

二　代词后的"们"

城东话的"们"跟普通话一样，不仅可出现于名词之后，还可用于代词之后；而两者不同的是，城东话"们"前代词的范围要远远大于普通话。以下我们从人称代词、指示代词和疑问代词三个方面来论述城东话代词后的"们"。

（一）人称代词后的"们"

"们"可用于城东话第一人称代词"我"、第二人称代词"你"和第三人称代词"傢"的后面表示复数。如：

(50) 我们明早儿呵北山林场里浪去俩。（我们明天早上去北山林场玩呢。）

(51) 老师你们啊说下的话你们记下了没？（老师对你们说的话你们

记住了吗?)

(52) 你问傢们街上去哩啵?(你问他们上街吗?)

我们知道,城东话的第三人称有"傢"和"他"两个,但"他们"一般不说。除了用于三身代词后,"们"在城东话中还可出现在反身代词"各家"后面。如:

(53) 你们把各家们的东西看好,要带丢掉给。(你们把自己的东西看好,别让丢了。)

(54) 那给娃娃们各家们不学习,还说呵老师教着不成哪。(那些孩子自己不学习,还说老师教得不好。)

(55) 各家们的礼行各家们出。(自己的礼品自己拿。)

(56) 尕六儿大人的话啊不听哪,最后着各家们把各家害下了。(小六儿不听父母的话,最后自己害了自己。)

在城东话中,反身代词"各家"既可表单数,也可表复数,当它加"们"变为"各家们"也是如此,究竟是单数还是复数要根据上下文而定。"各家们"在例(53)和(54)中表示复数,因为前面有"你们"和"那给娃娃们"与之对应;在例(55)中可以是单数也可以是复数,要结合具体语境加以判断;在例(56)中则明确表单数,因为对应的"尕六儿"指的是一个人。而且从例(55)和(56)可看出,在一句话里,可以有两个"各家们"对举出现,也可以是"各家们"对应"各家"使用。

(二)指示代词后的"们"

城东话表近指的"这"系和远指的"那"系指示词后面都可加"们"。具体情况如下:

(57) 这给们是瞎怂哪,划寻趁着欺负人者。(这些人很坏,净找茬欺负人。)

(58) 你把那给们的话要听,没一句实话啊。(你不要听那些人的话,他们没有一句真话。)

表个体的指示代词在城东话中是"这个""那个"和"这给""那给"。这两组指示代词都可表示单数,它们既可以指人,也可以指事物。一般而言,"这个""那个"后不加"们",只有"这给""那给"后可加"们"。有意思的是:"这给""那给"加"们"变为"这给们"和

"那给们"后只能指人,不能指物,意思是"这些人"和"那些人"。与"这给""那给"反映了说话者对所指代的人或事物的否定、批评、不赞同态度相一致,"这给们"和"那给们"往往指代的也是不好的人,因此带有一种贬义色彩。据祖生利先生(2000)调查,元代白话碑文中表近指的指示代词复数形式有"这的(底)每","这的每"共出现69次,全部用于指人,相当于"这些人""他每",在句中充当主语和定语;远指代词的复数形式有"那的(底)每","那的每"出现2次,全部用于指人,相当于"那些人""他每",在句中充当主语。考察城东话的"这给们""那给们"和元白话碑文中的"这的每""那的每","们"在汉语史上字形或写作"每"。从语音层面看,《中原音韵》中"给"是见母齐微韵部齐齿呼入声作上声,"的"是端母齐微韵部齐齿呼入声作上声,二者除了声母不同外,韵母和声调完全一致。从语义层面看,"这给们""那给们"和"这的每""那的每"都表复数,且只能指人,不用于指物。从语法功能看,两者都主要用于充当句中的主语和定语。语音、语义、语法三个方面的一致应该不是单纯的偶然现象,结合前文西宁的历史演变,我们认为城东话的"这给们""那给们"应该是受蒙古语影响的元代汉语"这的每""那的每"的遗留。

(59)家里不用的东西多哎,你把这些们撂掉个。(家里不用的东西很多,你把这些扔了吧。)

(60)要馍馍把人吃着剩下的那些们一挂收拾上走了。(乞丐把人吃剩的那些东西全部拿走了。)

专用来指物的指代词"这些""那些"本身就表示复数,它们也可以加"们",加"们"后意义不变。

(61)这扎们人太多了,连个站的地方啊没有。(这里人太多了,没有个站的地方。)

(62)那扎们好是好哎,就是去儿个呵远着不成哪。(那里是很好,就是去一趟太远了。)

(63)爷儿说者这会儿们的日子好着阿里的话俩。(爷爷说现在的日子好得没话说。)

(64)那会儿们的人孽障啊,没吃的地,没穿的。(那时候的人很可怜,既没有吃的,也没有穿的。)

正如上面例子所示，表示地点的"这扎""那扎"，表示时间的"这会儿""那会儿"后面都可以加"们"，这里有没有"们"意义不变。

（三）疑问代词后的"们"

现代汉语普通话的疑问代词"什么""谁""哪里"等都不能加"们"，但城东话的疑问代词后面则都可以加"们"。具体如：

（65）桌桌上的衣裳阿个们的？（桌子上的衣服是谁的？）

（66）明早儿谁们来哩说？（听说明天早上谁来呢？）

（67）你过生日呵啥们要个俩？（你过生日的时候想要个什么东西？）

（68）你们阿会儿们走俩？（你们什么时候走呢？）

（69）傢年时阿扎们浪去了说？（听说去年他去哪玩了？）

（70）你阿里们去儿个俩？（你去哪呢？）

城东话疑问代词的后面都可以出现"们"，且"们"的有无并不影响句子的表达，意义没有区别。这些句子中的"们"并没有标记复数的功能，如例（67）"要个"中"个"前数词是"一"，故省略，可知生日礼物是一件，因此"啥们"表示的是单数。例（68）走的时间点只可能是一个，该句中的"阿会儿们"指的自然是单数。例（65）（66）（69）（70）的"阿个们""谁们""阿扎们""阿里们"提问的对象都是无定的，此处的"们"也无标记复数之用。

"们"除了可用于上述疑问代词后，还可用于表任指的"是"字短语后面，当然"是阿么"除外。如：

（71）你傢家里去了是啥们拿上个。（你去他家无论什么东西拿上一个。）

（72）姐夫住下院者，今晚夕是谁们给傢送着个饭去。（姐夫住院了，今晚无论谁去给他送个饭。）

（73）放下假呵我一挂闲者，我们是阿会儿们买东西走。（放了假我一直闲着呢，我们随便什么时候去买东西。）

（74）你把那个包包是阿扎们撂下吵！（你把那个包随便哪里放下啊！）

我们知道：复数标记一般标记有定的名词性成分，而不用于无定成分。疑问代词不论是真性疑问还是任指，其所关涉对象都是无定的，所以这里的"们"都不应该表示复数。

通过上面的分析，我们发现：城东话的"们"不仅可用于人称代词、反身代词和指示代词的后面，还能出现在疑问代词后面。"们"在人称代词后面是复数标记，但"反身代词+们"可表单数，也可表复数，指示代词后面也同样如此，疑问代词因其关涉对象的无定性注定其后的"们"不表示复数。

城东话的"们"除了上述可用于名词和代词之后外，有时还可出现于名词性短语的后面。如：

（75）我阿妈家去呵，吃的们吃上，拿的们拿上。（我去我妈家的时候，吃的吃上，拿的拿上。）

（76）我带你俩说的们没有。（我跟你没什么说的。）

（77）你把你当婆婆的该做的们做，再闲事儿要管。（你当婆婆的该干什么干什么，别的闲事不要管。）

三 "们"的语法功能

通过以上两部分的分析，我们发现"们"在城东话使用范围广、出现频率高、语义特征复杂、语法功能多样。概括而言，具有以下几方面的功能：

（一）复数标记

我们知道，汉语的名词是没有数范畴的，只有现代汉语的指人名词或人称代词后面加"们"可以表示复数。城东话的"们"跟普通话一样，最基本的功能依然是标记复数，但它所标记的范围不仅仅局限于指人名词和人称代词，动物名词、无生名词甚至是指示代词后面都可以加复数标记"们"。杨永龙先生认为"不同语言复数标记的标记范围与体词性成分生命度等级密切相关"[1]。Corbett（2004）从跨语言的角度将与数范畴相关的生命度等级进行了如下排列[2]：

---

[1] 杨永龙：《青海甘沟话复数标记"们［mu］"的类型特征及历史比较》，载中国社会科学院语言研究所《历史语言学研究》编辑部编《历史语言学研究》（第八辑），商务印书馆2014年版，第239—254页。

[2] 转引自杨永龙《青海甘沟话复数标记"们［mu］"的类型特征及历史比较》，载中国社会科学院语言研究所《历史语言学研究》编辑部编《历史语言学研究》（第八辑），商务印书馆2014年版，第239—254页。

第一人称＞第二人称＞第三人称＞亲属＞指人名词＞动物名词＞无生名词

以此来观察城东话的"们",我们发现其标记的范围涵盖了上述序列的所有层级,这里根据生命度由高到低各举一例如下:

(78) 我们的户口丢掉着没寻着[tʂʰu²⁴]。(我们的户口本丢了没找到。)

(79) 你们今儿扎坐下哩哇家里去俩?(你们今天住这呢,还是回家呢?)

(80) 城管傢们的家什啊一挂收掉了。(城管把他们的东西全部没收掉了。)

(81) 傢三个孃孃们明早儿看太太去俩。(他的三个姑姑明天要去看太奶奶。)

(82) 那几个阿娘们围下着做啥者?[那几个女的(特指回族)围在一起干嘛呢?]

(83) 羊羊们草吃上了山上价再赶下来。(羊吃了草再从山上赶下来。)

(84) 那个房里的窗帘们就得一千多。(那间屋子的窗帘就要一千多块。)

可以看出,上述"们"的标记范围包括指人名词、无生名词在内的所有名词,其范围远远大于现代汉语普通话。这里要说明的是,城东话复数标记"们"所标记的名词并非没有限制,它们必须是"有指"的。所谓"有指",张谊生先生曾对它的界定是:典型的"有指"需包含两个属性:单指和定指。单指相对于通指而言,即说话人指的事物是单个实体,而不是指称整个一类;定指则是说话人说话时心中已确知该实体的存在,而听话人亦能在具体语境中对此加以辨识[①]。例(78)—(84)中"们"所标记的所有名词都是有指的:前三句的"我们""你们""傢们"不用多说,自然是指确定的一些人;例(81)的"孃孃"前有两个定语加以限定,一是"傢"表明领属,二是"三个"表明数量,肯定是

---

① 张谊生:《"N"+"们"的选择限制与"N们"的表义功用》,《中国语文》2001年第3期。

有指；例（82）的"阿娘"和例（84）的"窗帘"前有指量短语"那几个"和"那个房里"修饰，指称性很明显；例（83）根据语境可知，"羊羊"不是表属性的类指，而是定指。

吕叔湘先生认为在指人名词或人称代词后表复数的"们"自宋代始有，唐代多写作"弭""伟"二字。"们"在宋代文献中大量出现，有"门（们）""懑（满）""瞒"等不同写法，元代多作"每"字。明中叶以后，"们"才开始多用，并于明末基本定型①。汉语史上，"们"主要标记的就是指人名词或人称代词。如：

（85）今抛向南衙，被公措大伟虼邓邓把将化官职去。（宋·李昉等《太平广记·刘宾客嘉话录》卷二百六十）②

（86）更休与他懑宰执理会，但自安排着。（宋·周煇《清波杂志》卷一）③

（87）始初内臣宫嫔门皆携笔在后抄录。（宋·程颢、程颐《二程遗书》卷十九）④

（88）在他门说，便如鬼神变怪，有许多不可知底事。（宋·朱熹《朱子语类》卷九十七）⑤

（89）这里的和尚每、先生每、秀才每一处有争差的言语有呵。（元《元典章·刑部十五》）⑥

但是，元明时期的文献中，"们"标记动物名词、无生名词的情况却大量出现。如：

（90）重驼驮将着行呵，马每倒死了有。（元《元典章·兵部三》）⑦

---

① 吕叔湘著，江蓝生补：《近代汉语指代词》，学林出版社1985年版，第59—63页。
② （宋）李昉等编：《太平广记》（第2册），上海古籍出版社1990年版，第672页。
③ （宋）袁褧、周煇撰，尚成、秦克校点：《枫窗小牍清波杂志》，上海古籍出版社2012年版，第51页。
④ （宋）程颢、程颐撰：《二程遗书》，上海古籍出版社2000年版，第319页。
⑤ （宋）黄士毅编，徐时仪、杨艳汇校：《朱子语类汇校》（第4册），上海古籍出版社2014年版，第2488页。
⑥ （元）陈高华、张帆、刘晓、党宝海点校：《元典章》，中华书局、天津古籍出版社2011年版，第1780页。
⑦ （元）陈高华、张帆、刘晓、党宝海点校：《元典章》，中华书局、天津古籍出版社2011年版，第1276页。

(91) 果必有征敌，这驴每怎用的？（元·刘致《新水令·代马诉怨》）①

(92) 更说谎捏合来底经文每印版每，一半不曾烧了。（元《元代白话碑集录·一二八〇年蔚州飞泉观碑》）②

(93) 你写与我告子，各处桥上角头们贴去。（元《朴通事》）③

为什么"们"自出现以来其标记范围一直很稳定，而到了元代会异峰突起，发生如此大的变化呢？我们不得不将此跟元代的社会情况联系起来。众所周知，随着忽必烈建立元朝，蒙古族统治了中国，作为统治阶级语言的蒙古语对汉语产生了巨大影响，不仅表现在语音和词汇上，语法上也多有体现。中古蒙古语的名词、代词、数词、形容词等静词有数范畴，单数义多用词干形式体现，复数义则通过词干后黏着表复数的附加成分的形式体现，有时也会用词干的曲折变化表示。汉语没有数范畴，单复数同形。那如何来对译蒙古语的复数形式呢？这个重任就落到了汉语原有词"们"的身上。受蒙古语影响，汉语"们"的标记范围也由原来的人扩大到动物，乃至无生命事物了。孙锡信先生就曾指出，《蒙古秘史》中存在很多"们"标记动物名词、无生名词的现象，这"是蒙汉对译而形成的扭曲了的语法现象，它本质上是蒙语的名词复数形式，但却用汉语表现出来"④。李泰洙的论述对此提供了一个佐证，他指出在《老乞大》的四个版本中，无生名词后加"们（每）"表复数的用法只出现于古本《老乞大》和《老乞大谚解》，也就是最早的两本中，而到了后两本中则消失了⑤。这说明随着元朝的灭亡，蒙古语的影响逐渐衰弱，汉语恢复了其正统地位。历史文献中"们"标记范围的变化也为我们解释城东话"们"的用法提供了启示。比较周围民族语，除了藏语的复数标记 tsho 只能出现在指人名词后外，土族语的复数标记 ŋgula/sge，撒拉语

---

① 赵义山选注：《元曲选》，上海古籍出版社2008年版，第280页。
② 蔡美彪编著：《元代白话碑集录》（修订版），中国社会科学出版社2017年版，第78页。
③ 刘坚、蒋绍愚主编：《近代汉语语法资料汇编》（元代明代卷），商务印书馆1995年版，第339页。
④ 孙锡信：《元代指物名词后加"们（每）"的由来》，《中国语文》1990年第4期。
⑤ 李泰洙：《〈老乞大〉四种版本语言研究》，博士学位论文，中国社会科学院研究生院，2002年。

的复数标记 lar/ler，蒙古语的复数标记 ʊʊd/uud 都是既可以加在指人名词后，也可以加在动物名词和无生名词后面。

城东话的复数标记"们"有以下特殊用法需要注意：

第一，有时一些名词或代词后面加了"们"，但实际并不表示复数，而是单数。如：

（94）个杂怂们，瞎着很哪。（这个坏蛋，坏得很！）
（95）你你的媳妇们啊说给个。（你把你的媳妇说一下。）
（96）傢把脸脑们皱下着阿么了？（他皱着个脸怎么了？）
（97）你把那个书包们放下。（你放下那个书包。）

例（94）"杂怂们"前面有表指代的"个"，可知是单数；例（95）"媳妇"应该只有一个，所以"媳妇们"实际是单数；例（96）人的脸只能有一个，"脸脑们"肯定也是单数；例（97）"书包们"前面有指量短语"那个"，表明"书包们"是单数。用复数形式来表示单数，在世界上其他语言中也有此类现象，汉语史上就曾有过，且"元代的用例较广"①。如：

（98）有那同州是个要害田地，须索个好伴当每去据守。（宋《新编五代史平话·梁史平话》）②
（99）那妇女每心肠太毒，见不从便生嫉妒，暗藏奸计。（元·徐畋《杨德贤妇杀狗劝夫》）③
（100）扶咱的小哥每是何名姓？（元·关汉卿《杜蕊娘智赏金线池》）④
（101）你你庄家们倒会受用快乐。（元·高文秀《黑旋风双献功》）⑤

祖生利先生认为"这可能与'们'缀确立的早期，受汉语原本单复数同形的传统惯性的作用有关，也可能出于一定的语用需要（如表示尊敬或谦卑的态度、韵文押韵等）。"⑥ 但为什么"N+们（每）"表

---

① 吕叔湘著，江蓝生补：《近代汉语指代词》，学林出版社 1985 年版，第 82 页。
② （宋）《新编五代史平话》，古典文学出版社 1954 年版，第 27 页。
③ 王季思主编：《全元戏曲》（第十卷），人民文学出版社 1990 年版，第 81 页。
④ 王季思主编：《全元戏曲》（第一卷），人民文学出版社 1990 年版，第 125 页。
⑤ 王季思主编：《全元戏曲》（第一卷），人民文学出版社 1990 年版，第 569 页。
⑥ 祖生利：《近代汉语"们"缀研究综述》，《古汉语研究》2005 年第 4 期。

示单数独独在元代用例较广,且这种现象又大量出现在了城东话中?我们觉得这肯定不是偶然。城东话保留了不少元代汉语的语法特征,如本章第一节谈到的用方位名词来充当格标记,复数标记"们"使用范围的扩大,不同于汉语的 SOV 语序(将在第四章详细论述)等,这说明城东话受到阿尔泰语系蒙古语族语言的影响较大。但复数形式表示单数究竟怎么就留在了城东话,它表达了怎样的语法意义,还需要进一步深入研究。

第二,复数标记"们"在城东话可以和名词前面的数量短语共现。我们知道,普通话名词前面如果有了确定的数目,后面就不能再加"们"。通常是有量词系统的语言没有名词复数标记,反之,有名词复数标记的语言又没有量词。因此,从跨语言的角度考察,在世界范围内很难见到"数+量+名+们"组合的语言。但城东话的"们"显然有点特殊。如:

(102)今儿开发区里来了五个市上的领导们哪。(今天开发区来了五个市领导。)

(103)那两个洋芋们吃上了赶紧学里去。(赶快吃了那两个土豆上学去。)

(104)我把我那四个阿舅们扇风着没有啊。(我对我那四个舅舅很生气。)

城东话除了有"数+量+名+们"的形式外,还有"名+们+数+量"的组合出现。如:

(105)傢们家里娃娃们三个有俩?(他们家有三个孩子吗?)

(106)大夫们五个一挂来了。(五个医生全来了。)

(107)你苞谷们八个煮上。(你煮上八个玉米。)

(108)这两年钱儿们十万挣下了没?(这两年挣了十万块钱吗?)

不管是"数+量+名+们",还是"名+们+数+量",这种复数标记和数量短语同现的情况近代汉语中就曾出现过,尤其是在元明直译体文献中有不少这样的例子,而且当时一些"纯汉语"文献中也有一些用例:

(109)将一十七个先生每剃了头发,交做了和尚。(元《元代白话碑

集录·一二八〇年蔚州飞泉观碑》)①

(110) 原曾来不而罕山围绕了三遭的那三百人每,尽数殄灭了。(元《元朝秘史》卷三)②

(111) 臣等三人每,曾与国家出气力来。(元·孔文卿《东窗事犯》第三折)③

(112) 这两个总旗每老实,干些事的当,我时常用他。(明《逆臣录》卷三)④

祖生利先生认为这是硬译蒙古语静词复数形式的结果⑤,城东话出现这类现象应该也是汉语受民族语影响所致。

第三,"们"在城东话中不仅能出现在名词、人称代词和指示代词后面,而且还能用在疑问代词之后。由于疑问代词所关涉对象的无定性,其后的"们"必然不能表示复数。这种现象在元曲就曾出现,吕叔湘先生就指出:"元曲里有那里每,用来跟哪里没有分别,这个每字恐怕只有衬音的作用。"⑥ 我们从当地人的语感出发考察,发现疑问代词后面有没有"们",句子的语义和语用都没有变化。那疑问代词后为什么还要出现个"们",对此还需要进一步的调查研究。

(二) 连类标记

连类复数表示的是由某个个体及其相关个体组成的集合。在世界语言中,可以构成关联复数的词汇性成分有如下等级序列:

专有名词 < 亲属称谓 < 非亲属指人名词 < 非指人名词

表示等级序列越高,构成连类复数的难度越大;反之,则是等级序列越低,难度越小。所以一个语言能表示等级序列右边的连类复数,那么肯定也能表示序列左边的。"们"在城东话中标记连类复数的情况如下:

---

① 蔡美彪编著:《元代白话碑集录》(修订版),中国社会科学出版社2017年版,第78页。
② 佚名撰,鲍思陶点校:《元朝秘史》,齐鲁书社2005年版,第53页。
③ 徐沁君校点:《新校元刊杂剧三十种》,中华书局1980年版,第548页。
④ (明)明太祖敕录,王天有、张何清点校:《逆臣录》,北京大学出版社1991年版,第171页。
⑤ 祖生利:《近代汉语"们"级研究综述》,《古汉语研究》2005年第4期。
⑥ 吕叔湘著,江蓝生补:《近代汉语指代词》,学林出版社1985年版,第72页。

(113) 阿大们这一次出去着时间长哎。（爸爸他们这次出去时间很长。）

(114) 夜来姨娘们家里来了。（昨天姨姨他们来家里了。）

(115) 花花们放下假着打工去者。（花花他们放假以后去打工了。）

(116) 你等一挂街上去了洋芋、西红柿们买上点。（你等会儿上街买点土豆、西红柿之类的。）

(117) 傢狗娃、鸡儿们没喂着，一挂饿坏者。（他没有喂狗、鸡那些的，全都饿坏了。）

通过例句可以看出，作为连类标记，"们"出现的范围覆盖了上述所有序列。"们"可直接出现在"N+们"结构中表示连类复数，也可在并列名词的后面，即"N_1+N_2+们"的形式表连类。

"们"在汉语史上就有表连类复数的用法。如：

(118) 前辈如李泰伯门议论只说贵王贱伯。（宋·朱熹《朱子语类》卷一百二十九）①

(119) 我家李四每又犯了。（清·钱谦益《牧斋初学集》下）②

(120) 胡五峰说性，多从东坡子由门见识说去。（宋·朱熹《朱子语类》卷五）③

(121) 只看濂溪二程、横渠们说话无不斩截有力。（宋·朱熹《朱子语类》卷一百二十一）④

只是在以上文献中，"们"往往是出现在指人名词后面来表连类复数，而在城东话中其范围扩大到了其他非指人名词。

关于"们"连类标记的用法，我们认为是"们"复数标记的语法化。因为连类复数本身就是相对于真性复数而言的，且汉语史上就存在"等"由"真性复数—连类复数—列举"这样一种语法功能发展变化的语法化

---

① （宋）黄士毅编，徐时仪、杨艳汇校：《朱子语类汇校》（第5册），上海古籍出版社2014年版，第3095页。

② （清）钱谦益著，（清）钱曾笺注：《牧斋初学集》（下），上海古籍出版社2009年版，第2140页。

③ （宋）黄士毅编，徐时仪、杨艳汇校：《朱子语类汇校》（第1册），上海古籍出版社2014年版，第105页。

④ （宋）黄士毅编，徐时仪、杨艳汇校：《朱子语类汇校》（第5册），上海古籍出版社2014年版，第2942页。

斜坡，这说明复数标记在不断发展中可语法化为连类标记。

城东话的连类标记除了"们"，还有一个"了[liɔ]"。相较于"们"而言，"了"是一个更为典型的连类标记。如：

（122）这两天心里烧着，妄想着吃儿个甜醋了的。（这两天心里感觉燥热，想吃甜醋之类的。）

（123）过年俩，羊肉了买下。（要过年了，买点羊肉什么的。）

（124）花椒了啥调和啊没有下者。（花椒这些调料什么都没有了。）

（125）大大了上海走掉者。（伯伯他们去上海了。）

（126）东东了的作业没写着带老师站给了。（东东他们没写作业被老师罚站了。）

如果说"N+们"中的"们"可能是连类标记，也可能是复数标记或类指，其具体的表义要根据上下文语境才能确定的话，那"N+了"中的"了"肯定是个连类标记。城东话只要在名词后面加上"了"，那所指的就不是该名词所表示的一个事物，而是指它及与之相关的其他事物。试比较以下句子：

（127）a. 你馍馍吃上点。

　　　　b. 你馍馍了吃上点。

a句中吃的对象只有"馍馍"，而在b句中则是包括馍馍在内的，可能还有菜等其他东西。

（三）类指标记

我们知道类指的核心意义是非个体性，表示的是名词所代表的整个类，而不是其中的某个具体成员。有学者认为汉语及其他量词语言因其名词本身都是表类指的，属于类名词，而只有带了量词或依据语境才能指个体，所以汉语表类指最主要的手段就是用光杆名词。城东话同样用光杆名词表示类指，如"羊羊是个好东西"。但有时光杆名词究竟是表类指还是个指容易出现歧义，这时在名词后面加上"们"，其类指义就更加清晰了，请分析下面两个句子：

（128）a. 娃娃划寻妈妈俩。

　　　　b. 娃娃们划寻妈妈俩。

a句用光杆名词"娃娃"作主语，会形成歧义，既可能是表类指的"孩子只找妈妈"，也可能表个指"这个孩子只找妈妈"；b句"娃娃"后

加了"们",语义就很清晰,指的就是"孩子只找妈妈"。类似的例子有:

(129)西瓜们这里种不成哪。(西瓜这里种不活。)

(130)学生老师们的话要听俩。(学生要听老师的话。)

(131)放给一晚夕的刀豆们吃上呵中毒俩。(吃放了一晚上的豆角会中毒。)

这里不仅名词加上"们"可表类指,有时"们"出现在名词性短语后面也可表类指,如例(131)。此外,"们"还有种较为特殊的用法需要注意一下,那就是城东话会使用"谓词+的+们"的形式来表类指。根据谓词的不同可以分为两类:其一是"VP+的+们",这在城东话中往往用来表示职业或做某种事的一类人。如:

(132)下午里铺地暖的们来俩。(下午铺地暖的人要过来。)

(133)这会儿上学的们一挂放下假者。(这时候上学的孩子们都放假了。)

(134)个庄庄坐的多来打工的们哪。(这个村子里住的多半是打工的人。)

(135)尕民奶奶殁下了,傢们打坟的们寻上了没?(小民的奶奶去世了,他们挖坟的人找上了吗?)

马伟忠指出,由动词衍化出职业称谓,如"VP的",这是人类语言中普遍现象,特别是针对一种新出现的职业尚没有专门的职业名词时①。普通话中也存在用"VP的"来指称从事某种职业的一类人的用法,如"卖菜的""捡破烂的"等,但"VP的"后面不能出现"们"。城东话的独特之处在于往往用"VP+的+们"来表示类指。这种现象其实在元白话中就曾出现过:

(136)脱脱和孙每根底、管站的根底……把城门的每根底……(元《元代白话碑集录·一三一八年荥阳洞林大觉寺碑》)②

(137)放官头口底每、阿速每、放骆驼底每、八儿赤每、河西秃鲁

---

① 马伟忠:《职业称谓"VP的"的特点及其使用动因分析》,《世界汉语教学》2015年第3期。

② 转引自祖生利《元代白话碑文中词尾"每"的特殊用法》,《语言研究》2002年第4期。

花每、往来行的人每……（元《通制条格》卷二十八）①

（138）教头口吃了田禾的每，教践踏了田禾的每，专一禁治断罪过有来。（元《通制条格》卷十六）②

例（136）出自元代白话碑文，例（137）出自《通制条格》，其中"把城门的每"和"放官头口的每""放骆驼的每"表示的都是职业。祖生利先生认为这是对蒙古语中表身份名词复数的一种直译，因为蒙古语的名词或动词词根再加上特定后缀就可以构成身份名词，以此来表示所从事的某种职业③。例（138）也是出自《通制条格》，其中"吃了田禾的每"和"践踏了田禾的每"则不限于表示职业，而是指具体做了某件事的一类人。

其二是"A+的+们"，城东话用这种形式表示某类人或某类事物。如：

（139）老的们坐上车了去，再的各家走上去。（老人们坐车去，其他的自己走着去。）

（140）我这两天没舒坦着，辣的们不能吃啊。（我这两天不舒服，不能吃辣的东西。）

（141）那扎远着很哪，你热的们拿上点。（那里很远，你拿上点热的东西。）

这种用法虽然在现代汉语中基本不用，但在元代汉语中也能找到先例。如：

（142）众亲眷街坊老的每、庄院老的每劝道，你为甚么省不得，执迷着心？（元·古本《老乞大》507A）④

这里要注意的是：不管是"VP+的+们"，还是"A+的+们"，其中的这个"的"都是将"谓词体词化"的手段，因此是不可或缺的。通过以上论述，我们发现城东话用"谓词+的+们"的方式来表示类指，

---

① （元）方龄贵校注：《通制条格校注》，中华书局2001年版，第658页。
② （元）方龄贵校注：《通制条格校注》，中华书局2001年版，第472页。
③ 祖生利：《元代白话碑文研究》，博士学位论文，中国社会科学院研究生院，2000年，第35页。
④ 转引自李泰洙《〈老乞大〉四种版本语言研究》，博士学位论文，中国社会科学院研究生院，2002年，第211页。

这是相对现代汉语而言较为特殊的用法，但在元代文献中都能找到相同的用例，不得不说这应该也是语言接触的结果。

小结

本节我们对城东话"们"的用法进行了考察。首先发现"们"出现的范围不仅仅局限于现代汉语人称代词和指人名词的后面，而是涵盖了第一人称、第二人称、第三人称的人称等级，从代词到名词的名词性等级，以及从人、动物再到无生命事物的生命度等级的所有序列。其次对"们"的语法功能加以细致讨论，认为在城东话中"们"有复数标记、连类标记和类指标记三种功能。作为复数标记，"们"的标记范围包括指人名词、无生名词在内的所有名词，但其限制在于："们"的标记对象往往是有指的，也就是既要单指，又要定指。城东话复数标记"们"的特殊用法有三：其一，名词或代词后加"们"，有时并不表复数，而是表单数；其二，"们"可以和名词前面的数量短语同现，且有"数+量+名+们"和"名+们+数+量"两种表现形式；其三，"们"可以出现在疑问代词之后。作为连类标记，"们"可以标记专有名词、亲属称谓、非亲属指人名词和非指人名词等类别。我们认为连类标记"们"是复数标记"们"语法化的结果。城东话的类指义可直接由光杆名词表示，还可以在名词或名词性短语后加类指标记"们"表示。类指标记"们"除了出现在名词后面外，还可出现在"谓词+的+们"的结构中表示职业或某类人、某类事物。"们"在城东话中的上述用法虽较现代汉语普通话而言差别很大，但在元代文献中基本都能发现相似用例，这就不得不使我们联系西宁城东的历史发展，认为"们"的特殊之处是汉语同周围少数民族语言接触影响所致。

第四节 "个"的用法

"个"是现代汉语中使用频率很高的一个词，据北京语言大学编写的《现代汉语频率词典》统计，它在使用度最高的前 8000 个词中居于第九位。在城东话中，"个"同样也是一个最常见的词，不仅出现频率高，而且使用范围广。王双成（2015）对西宁方言量词"个"的特殊用法做过较为详细的阐述，宋金兰（1990）在研究青海汉语助动词"给"的时候虽也注意到了"个"，但没有深入讨论。本节打算在此基础上对城东话中"个［kɔ²¹³］"的用法作深入细致的讨论。

一 名量词"个"

汉语的个体量词在国际上通常称作分类词。汉语量词的句法影响相当有限，往往和数词组合出现。就量词自身来看，其分类功能不强也并不系统，表现为很多名词没有专用的量词与之搭配，一般需要跟泛用量词"个"进行组合。

"个"是最早见于文献的量词之一，历史上曾有"个""個""箇"等不同写法。早期是专以记竹的量词，《说文解字》释为："个，竹枚也。"[1] 魏晋时已成为了使用范围广、出现频率高的通用量词，但在当时，无论是范围还是频率仍不及"枚"。唐代是"个"发展变化的重要时期。王绍新指出从语义角度来说，"个"的表量范围已从人、动植物、杂物，扩展到时间、处所名词，抽象名词乃至于数量词[2]。"个"在现代汉语中的适用范围在唐代已基本确立。从语法角度来看，唐代的"个"已不局限于魏晋时期形成的"数量名"结构，它不仅可称量各种复杂的名词性成分或其他结构，而且其后还能出现动词、动宾词组、引语以及非实体成分。同时，"个"前数词"一"省略的现象也为"个"突破量词原有用法创造了条件。"个"的这种泛指用法发展到现代汉语，就出现了"个化"现象：除了度量衡量词和集合量词外，"个"不断代替其他个体量词，且很多新生事物也习惯用"个"称量。

（一）名量词"个"的称量范围

"个"的这种泛指现象在城东话表现得尤为突出，因为相较于普通话，城东话的量词种类较少，这就导致"个"的搭配范围相当广泛，它可以修饰大部分表单个个体的名词。现将城东话名量词"个"的搭配范围列表如下：

---

[1] （汉）许慎撰：《说文解字》，中华书局1963年版，第97页。
[2] 王绍新：《量词"个"在唐代前后的发展》，《语言教学与研究》1989年第2期。

表1－9　　　　　　　　城东话名量词"个"的搭配范围

范围	示例
指人名词	阿舅、嬢嬢、亲戚、学生、老师、大夫、病人、领导、朋友、娃娃、大人、党家、丫头等；
动物名词	狗娃、猫儿、麻雀儿、马马、羊羊、猪娃、鱼儿、打灯蛾儿、泥蚰蟮、虫儿、老虎、狮子、案板虫儿等；
植物名词	花儿、树树、果子、灰条、苦苦菜、龙柏、芍药、竹子、花青、洋朱兰、臭绣球、甜菜等；
无生名词	桌桌、凳凳、锅、碗、铁勺、缸缸、衣裳、裤裤、主腰、车、摩托、房房、路、桥、楼、河等；
抽象名词	生活、睡梦、饭量、买卖、营干、风水、想法、事情、路程、关系、水平、性子等。

通过表1－9可以看出，城东话能够与量词"个"搭配的名词有生命度较高的指人名词，生命度低的动物和植物名词，还有无生命名词和抽象名词。当"个"修饰名词时，它往往和数词或指示词构成数量短语或指量短语，共同出现在名词之前。如：

（1）傢有五个阿舅俩。（他有五个舅舅呢。）

（2）这一次考试两个学生没及格。（这次考试两个学生不及格。）

（3）花女家的狗娃下下了四个尕狗啊。（花女家的狗生了四只小狗。）

（4）你走了把那两个芍药挖上。（你走的时候把那两株芍药挖上吧。）

（5）这个铁勺啊拿上了舀饭去。（拿着这个勺子去盛饭。）

（6）傢的那个饭量砝码啊，一顿吃下五碗拉面俩。（他的饭量特别大，一顿能吃五碗拉面。）

（7）我黑来做下了一个睡梦着把我吓坏了。（我昨晚做了个梦把自己吓坏了。）

城东话不能跟"个"搭配的名词非常有限。不可数名词和很多抽象名词因其本身不可计数，所以不能受个体量词"个"的修饰来表示数量，只能同集合量词或度量衡量词进行搭配，如"一场雨""两缸缸水""三卷纸""四车土""五盅酒"等，或者是根本就不能跟数量短语进行组合，如"福""路程""条件"等。但如果这些名词前面要用指量短语来表示有定时，无一例外都可以用量词"个"。如：

(8) 今儿下下的这个雨大啊，将么泼者。(今天下的雨真大，就像泼水一样。)

(9) 扎的这个水没开着，喝上呵肚子疼俩。(这儿的水没有烧开，喝上的话肚子疼呢。)

(10) 傢把那个纸一挂拿上着走了。(他把那些纸全部拿走了。)

(11) 那个土里石头多啊，栽不成花儿。(那土里石头多，种不了花儿。)

(12) 将头里喝上的那个酒假者，这半天头疼着烂俩。(刚才喝的那酒是假酒，这会儿头疼欲裂。)

(13) 这个福们我们享不下，一天急死了。(我们享不了这福，一天着急死了。)

(14) 那个条件差着阿里的话俩。(那条件差得根本没法说。)

不仅仅是不可数名词和抽象名词可以被"个"组成的指量短语来指称，城东话还有一类名词也是如此。我们知道生活中有类事物是自然成双的，如"鞋""袜子""手套""筷子"等，在统计这些名词的数量时，一般都用"双"。如：

(15) 阿妈傢啊做给了两双鞋鞋。(妈妈给他做了两双鞋。)

(16) 赶紧拿过来一双筷筷！(赶紧拿一双筷子过来！)

(17) 我买上了五双袜袜。(我买了五双袜子。)

但是在对这些事物进行指称，表示有定时，城东话则用量词"个"。如：

(18) 你这个鞋鞋穿上了试当儿个。(你穿上这双鞋试试。)

(19) 那个袜袜你看呵好着没？(那双袜子你看着好不好？)

(20) 这个筷筷太壮了，攘不上菜。(这筷子太粗了，夹不上菜。)

这时不用"双"，只能用"个"，如果有人在这种场合用"双"，人们就会觉得此人说的城东话不地道，是个外地人。

(二) "一个"中"一"的省略

还有个问题需要讨论一下，就是城东话中当"个"前的数词是"一"时，"一"往往可以省略且意义不变。当然，数词"一"省略仅限于其后的量词是"个",如果数词后是其他量词,那么无论数词是多少都不能省略。要注意的是原本的"一+个+N"结构因"一"省略变成"个+N",这时的"个+N"实际上还是个数量短语修饰名词,表示的名词应该是无定的,因此"个+N"在句子中只能充当宾语,且此宾语只能出现在动词之后。如:

(21) 姨夫宰上了个鸡儿。(姨夫杀了只鸡。)

(22) 你吃上个苹果。(你吃个苹果。)

(23) 我们买上个铅笔了学里走。(我们买个铅笔了去上学。)

(24) 凤儿家里去着放下了个包包。(凤儿回家去放了个包。)

有时为了强调突出"个+N"中的N,N也会前置,出现在动词的前面,但仍然要保证此时的"个"位于动词之后。如例(22)和(23)可以改成:

(25) 你苹果吃上个。

(26) 我们铅笔买上个了学里走。

那这里的"个+N"为什么不能一起出现在动词之前呢?请比较下面句子:

(27) a. 你吃上个苹果。

b. 你苹果吃上个。

c. 你个苹果吃上。

上述三个句子中 a 和 b 意思一致,其中的苹果是无定的,你可以吃这个,也可以吃那个;c 句的苹果则是有定的,指的就是"这个苹果",此处的"个"不是量词,而是指示词。关于这个问题下面会详细讨论,此处不赘。

(三)"的个"结构

城东话的"个"还可以同"的"组成"的个"结构,其出现的语法环境大致有以下几种:

首先是出现在名词性短语中形容词的后面修饰中心名词,这时的"个"一般都可以省略。如:

(28) 阿么坏的个人着把大大妈妈打俩。(多坏的人能打自己的父母啊。)

(29) 这么香的个羊肉没吃过啊。(没有吃过这么香的羊肉。)

(30) 胡嘟好的个事情着再就没成哎。（特别好的一件事情就是没办成啊。）

其次是有时"A+的个"所修饰的名词前置作了话题主语，此时"的个"可以独立出现。如：

(31) 你把那个颜色红红儿的个拿上。（你拿上那个颜色红红的。）
(32) 扎的人这么困难的个没有。（这里的人没有这么穷。）
(33) 你阿么懒的个有俩？（你这是有多懒啊？）
(34) 钱儿挣着阿么多的个？（钱挣得有多多啊？）
(35) 傢女婿脸盘儿圆圆儿的个。（她丈夫脸圆圆的。）

上述句子中"的个"有的出现在了句中，有的则在句末。要注意的是出现在句中时，"个"可以省略；而句末的"的个"必须完整，"个"不能省略。

最后是"的个"出现在动补短语之后，其后加上形容词或副词对动作行为的程度加以补充说明。如：

(36) 夜来我们山上耍下的个美啊！（昨天我们在山上玩得很好！）
(37) 傢把媳妇打下的个扎啊。（他把媳妇打得很厉害。）
(38) 孃孃们这一趟浪下的个远哪。（姑姑她们这一次玩得很远。）

上面句子有两个特点：其一是"的个"前面不能是光杆动词，必须要有结果补语，该结果补语往往由"下"充当；其二是"的个"中的"个"在这类句子中也可以省略，但省略后所表达的程度则不及原句。

二 动量词"个"

作为量词，城东话的"个"可以出现在名词前面表示人和事物的计算单位，也可以出现在动词后面表示动作发生的时间或数量。

（一）动量词"个"的一般用法

动量词"个"在动词后面表示时间短、数量小，试比较以下两句话：

(39) a. 黑来我医院里去了。（昨晚我去了医院。）
　　　b. 黑来我医院里去了个。（昨晚我去了医院一下。）

两句相比，b 句在句末多了一"个"字，意义上的差别在于：a 句是"昨晚我去了医院"，我在医院待的时间可能长，也可能短；而 b 句则表示我在医院待的时间相对较短。这里的"个"是个动量词，出现在动词或动态助词后面,其功能和作用相当于普通话的"一趟"或是"一下"。当"个"相当于"一趟"时,它用来对动作行为的次数进行补充说明;当"个"相当于"一下"时,它表示"时间短,数量小",用来对动作行为的状态加以说明。相关例句有:

(40) 后天我们公园里浪个走。(后天我们去公园玩一下。)

(41) 今早起锻炼着把我乏坏了,我缓个了上班去。(今天早上锻炼累死我了,我休息一下去上班。)

(42) 夜来我俩喧了个。(昨天我俩聊了一会儿。)

(43) 把傢说给了个着傢就喊下了。(说了他一下,他就哭了。)

(44) 你那个书(啊)看了个没?(那本书你看没看一下?)

(45) 卖酿皮今儿有没呵你瞧了个没?(你看没看一下,今天卖酿皮的有没有?)

(46) 尕强结婚嗬你去个啵?(小强结婚的时候你去不去?)

(47) 傢个忙给我们帮个哩哇不帮?(这个忙他给我们帮不帮?)

这里的"个"可以直接跟在动词的后面,用来表示将要发生的动作,此时还可在"个"前加个"儿"字,变成"浪儿个""缓儿个""帮儿个"等,这样一来显得更加口语化;如果是过去已经发生的事情,则在动词和"个"之间加上一个表示过去时的助词"了"。此处的前四个用例是"个"在陈述句中的情况,后四个是在疑问句中的表现。前面提到,表时短、量小的"个"同普通话的"一下"作用相当,"一下"在城东话中说为"一挂"。因此,上述例句中的"个"均可换为"一挂",如例(40)可以说成"后天我们公园里浪一挂走",两句意思完全相同。

(二) 动量词"个"发展出的语气词用法

"个"不仅可出现在陈述句和疑问句中,还可出现在祈使句中。如:

(48) 你好好儿思谋个。(你好好想一下。)

(49) 把你央及儿个。(麻烦你一下。)

(50) 明早儿你来个。(明天早上你来一下。)

(51) 到时候你火车站上把我接儿个。(到时候你到火车站来接一下我。)

这里的"个"也可以对应普通话的"一下",用城东话的"一挂"

替换意思不变，如"把你央及儿个"和"把你央及一挂"都是"麻烦你一下"之意。而跟上面两种句类不同的是祈使句中的"个"一般出现在句末，而在陈述句和疑问句里可以在句中，也可以在句末；且祈使句句末的这个"个"被"一挂"替换后，我们在"一挂"后面还可以再出现一"个"字。如：

(52) a. 下午了你学校里去个。

b. 下午了你学校里去一挂。

c. 下午了你学校里去一挂个。

三个句子的意思基本相同，都是"下午你到学校去一下"，就是在语气上略有差别。相较而言，a 句和 b 句语气相当，都是一般祈使语气，而 c 句祈使语气较弱，更多地表达了一种希望。如果说 a 句中的"个"是表时短、量小的动量词的话，那 c 句中的"个"又是什么词呢？我们认为应该是个语气词，表达一种希望语气。因为祈使句中"个"经常出现在句末表达时间短或量小，请比较下面两个句子：

(53) a. 明早儿你我家里来。

b. 明早儿你我家里来个。

这两个句子都是明显的祈使句，两句相较而言，a 句祈使语气更为强烈，态度比较强硬；b 句祈使语气则弱了很多，更多地表达了一种请求和希望。原因在于 b 句句末加了"个"，"个"所带有的时短、量小的语义弱化了祈使义，而祈使义的弱化自然就是说话人的请求、希望了。因此，祈使句句末出现的这个"个"，我们认为是由动量词"个"发展衍化而来，由原来时短、量小的含义弱化了祈使义，使句子有了种请求、希望的语气，成为了语气词。

我们知道祈使句可以分为两大类：一类是请求，这里将其称为希望式；一类是命令，这里称其为命令式。不管是希望式还是命令式，这个弱化祈使语气的"个"都可出现在句末，分别描述如下：

其一，希望式：表达说话人希望或决定对方进行某行为。如：

(54) 那个事情你我啊说个。（那件事情你告诉我吧。）

(55) 你把灯拉着［tʂu²⁴］个。（你把灯打开吧。）

(56) 带傢们凳凳抬过来个。（让他们把凳子搬过来吧。）

(57) 把这些碗碗了洗掉个。（把这些碗什么的洗了吧。）

(58) 赶紧作业们写完个。（快点将作业写完吧。）

这里的"个"可以出现在动词之后，如例（54）；也可在动补短语后面，如例（55）的"着"、例（57）的"掉"、例（58）的"完"等结果补语，或是（56）的趋向补语"过来"等后面，表示一种建议、希望或请求。有时"个"前面还会出现数量短语。如：

(59) 衣裳穿上一件个。（穿上一件衣服吧。）
(60) 茶叶了放给点个。（放上一点茶叶吧。）
(61) 你给我书们拿上一本个。（你给我拿上一本书吧。）

其二，命令式：表达说话人命令或要求对方实现某行为。如：

(62) 走掉个！
(63) 进来个！
(64) 赶紧睡着［tʂʰu²⁴］个！
(65) 悄悄个！
(66) 安静个！

这类祈使句中的"个"可以出现在动词性词组之后，如例（62）—（64）；也可以出现在形容词之后，如例（65）和（66）。因为有弱化祈使语气的"个"存在，此类句子相较于不加"个"而言语气要委婉很多，有时还表现了一种无奈之感。

（三）"给个"结构

表示时短量小的"个"还经常跟"给"搭配，构成"给个"一起出现在动词后面。如：

(67) 你傢啊喊给个。（你把他叫一下。）
(68) 你把个话给傢说给个。（你把这话给他说一下。）
(69) 给我那个事情啊办给个。（给我把那个事情办一下。）
(70) 你阿大们的飞机票网上买给个。（你在网上把爸爸他们的飞机票买一下。）

上述例句中的这个"给"，宋金兰认为是"阿尔泰语中的某些助动词和附加成分与汉语词'给'之间存在语音上的相似性和语义上的相关性，从而最终孕育出来的。'给个'则一般用于祈使式，既可表示'式'的范畴，又可表示某种情态意义，这种情态意义主要由'个'来表示，而且两者大有溶为一个凝固结构之势"①。宋文提出的"情态意义"应该就是"个"所表达的这种希望、请求的语气。那祈使句末尾的"个""给个"以及"给"在表意上究竟有什么不同呢？试比较下面的句子：

(71) a. 到底阿么了，你阿大、阿妈啊说给。
　　　b. 到底阿么了，你阿大、阿妈啊说个。
　　　c. 到底阿么了，你阿大、阿妈啊说给个。

这三句话表达的意思基本一致，就是"到底是怎么回事，你告诉爸爸和妈妈"，但还是存在细微的差别：a 句的祈使语气最强，句末的"给"词义并未完全虚化，仍有引介与事对象，表示施加义的作用；b 句祈使语气较弱，带有一种商量、征询的意味，这跟由"时短、量小"的动量词"个"发展来的句末语气词"个"密切相关；c 句的祈使语气则介于 a 和 b 之间。

经我们考察，发现"给个"不仅出现于祈使句，在陈述句和疑问句中也有分布。如：

(72) 个懒怂骂给个呵动弹一挂。（这个懒家伙骂一下才动弹一下。）

(73) 娃娃惊着不成哪，今晚夕我捻弄给个。（孩子惊吓得厉害，今天晚上我拾掇一下。）

(74) 像说给了个着就走了。（他说了一下就走了。）

(75) 那个事儿你你阿大啊说给了个没？（那件事情你给你爸爸说了一下吗？）

(76) 你眈给了个呵谁有俩？（你看了一下谁在呢？）

"给个"在陈述句和疑问句中可直接出现在动词后面表示对现状或将要发生事件的陈述或疑问；有时为了描述过去发生的事情，也可以在"给"和"个"中间加动态助词"了"表示过去。跟"给个"在祈使句中表希望、请求语气不同的是，它在陈述句和疑问句中无一例外都翻译为"一下"，表示的都是时间短和数量小。

前面提到在描述过去的事情时可在动词后面使用"给了个"，其实城东话在形容词后面也能出现"给了个"。如：

---

① 宋金兰：《青海汉语助动词"给"与阿尔泰语言的关系》，《民族语文》1990 年第 2 期。

(77) 土松给了个。（土比原来松了一点。）
(78) 人多给了个。（人比原来多了一点。）
(79) 天气好给了个。（天气比原来好了一点。）
(80) 这半天胃里舒坦给了个。（这会儿胃里舒服了一点。）

不过上述句子说明的并不是过去的情况，而是对现状的陈述，这种陈述往往暗含了一种比较，也就是较以往而言情况发生了一些变化，且变化的程度不是很大。可以看出此时的"个"仍然是个动量词，表示数量小，同普通话中的"一点"。

（四）动量词"个"的来源

动量词"个"应该是名量词"个"语法化的产物。前面谈到，先秦"个"作为量词多用于修饰竹子，汉代其表量范围稍有扩大，魏晋时"数量名"结构定型，且"个"成为通用量词，唐宋时期适用范围进一步扩大，同时句法形式异常丰富。这时"个"已经有了在动词后面表示时间短、数量小的用法。如：

(81) 晓妆初过，沉檀轻注些儿个。（南唐·李煜《一斛珠》）[①]
(82) 今日问个，明日复将来温寻，子细熟看。（宋·朱熹《朱子语类》卷一百一十五）[②]

"个"在例（81）中表示数量小，同"一点"；在例（82）句表示时间短，同"一下"。这说明至迟到宋代，"个"已发展出了动量词的用法，但在以后的发展过程中，"个"的此项功能在普通话乃至于很多方言中都没有保存下来。我们认为城东话的"个"之所以有大量表示时间短、数量小的动量词用法，这和城东话特殊的语序有着密切关系。

城东话受周围藏语、土族语、蒙古语等 SOV 语序的影响，是 SVO 语序和 SOV 语序并存的语言。在 SOV 语序中，动词的宾语往往出现在谓语之前。如"你吃上个苹果"通常说成"你苹果吃上个"。前面省略了数词"一"来修饰"苹果"的名量词"个"因宾语"苹果"前置而单独出现于动词之后，此时"个"同"苹果"的关系就变得较为松散而同"吃"

[①]（南唐）李璟、李煜撰，王仲闻校订：《南唐二主词校订》，中华书局 2007 年版，第 15 页。

[②]（宋）黎靖德编，王星贤点校：《朱子语类》（第七册），中华书局 1986 年版，第 2776 页。

的关系则较为紧密。又因"个"在城东话中是通用量词，用来修饰各类名词，这就使其经常独立运用于动词之后。久而久之，"个"同名词关系越来越松散而同动词关系则愈加密切，由原本的修饰名词逐渐演变为补充说明动词，意义也由名量词"一个"成为表时间短、数量小的动量词"一下"了。

三　定指标记"个"

（一）定指标记"个"的用法

"个"在城东话还具有表示定指的功能，一般表近指。其出现的语法环境主要有以下几种：

首先，可以出现在"个+名词"结构中，此时的"个"表示有定。具体例子如：

（83）个尕娃岁数小，支当着很哪。（这个男孩年龄小，很能干。）

（84）个手机看呵好看哎，用不成哪。（这个手机看着好看，不能用。）

（85）你个话再要说！（你再不要说这个话！）

（86）我个裙裙穿不上。（我穿不上这条裙子。）

（87）个阿娘的饼饼胡嘟香啊。（这个女的做的饼子特别好吃。）

（88）个料子的衣裳颜色脱着吃不住啊。（这种布料的衣服颜色掉得受不了。）

（89）娟娟个丫头脖颈犟着很哪。（娟娟这姑娘性子很倔。）

（90）手机个东西不是个好的。（手机这东西不是个好东西。）

"个+名词"结构在上述句子中充当了不同的句法成分：（83）和（84）中作了主语，例（85）和（86）中充当了宾语，例（87）和（88）中是定语，最后两个例子中作的是同位语。上述句子中的"个"都是表有定，指"这个"，所修饰的名词基本都是单数。

其次，"个"还可以单独作指代论元，在句子中单独充当句法成分。如：

（91）个不好，再要买。（这个不好，再不要买。）

（92）你个啊吃上。（你吃了这个吧。）

（93）个的私交打不成哪。（这个人的交道打不了。）

(94) 你个瞎怂！（你这个坏蛋！）

"个"在上述句子中分别充当了主语、宾语、定语和同位语，除此以外，"个"还可以指代旁格论元，经常出现在工具—伴随格中。如：

(95) 你个俩把门门开下。（你用这个把门打开。）

(96) 傢个俩啥啊做下者。（他用这个什么事都能干。）

(97) 你们个俩闲话少说。（你们跟这个人少说闲话。）

(98) 我们带个俩没走着几年了。（我们跟这个人没有来往好几年了。）

例（95）和（96）是工具格，例（97）和（98）是伴随格，在这些旁格论元中，"个"表示的都是有定，且后面都要加格标记"俩"。

再次，"个"可以出现在领属定语、关系从句等的定语和核心名词中间，充当临时的定语标记。如：

(99) 傢个衣裳烂下者。（他的这件衣服破了。）

(100) 你凤儿家个车坐上去。（你坐着凤儿家的这辆车走。）

(101) 红红儿个西红柿吃上。（这个红红的西红柿吃了吧。）

(102) 扯着个狗娃谁家的？（叫的这只狗是谁家的？）

我们在上述句子的定语和"个"之间还可以加上结构助词"的"，像例（99）可说为"傢的个衣裳烂下者"，"的"的有无对句意没有任何影响。由"个"构成的这个定中短语在句子中可以充当主语或者宾语。

最后，在"定语+个+核心名词"的结构中，有时核心名词省略，可以直接用"定语+个"的结构来充当支撑代词。如：

(103) 我扎啊再没有，你东东个拿上。（我这儿再没有了，你把东东的这个拿上吧。）

(104) 水叽叽个坏下者，吃不成哪。（水水的这个坏了，不能吃。）

(105) 骂仗个谁啊？（吵架的这人是谁啊？）

这类的情况跟上一类相似，虽然"个"后面省略了核心名词，但我们在定语和"个"之间仍然可以加上"的"，且意义不变。

要说明的是，城东话的定指标记"个"只能表示近指，不能用于远指。因为近指在心理上的距离要小于远指，对说话人来说，近指指向的通常都是更为熟悉，在视力所及范围内的，所以在虚化的过程中，近指和远指具有不对称性。而这也正和普通话中指示词"这"的虚化用法一致。

还要提到的一点是，在城东话中只有量词"个"具有了上述定指标记的用法，其他量词如"根""条""张""片"等都没有这种功能。

（二）汉语南北方方言中的定指标记

方梅先生曾指出：汉语的定指标记有着两种不同的虚化途径，其一是北京话模式，量词脱落，表近指的指示词词义弱化，随后进一步虚化为定指标记；其二是南方方言模式，尤以吴语、粤语为代表，指示词脱落，量词的表量义弱化，随后虚化为定指标记①。从语言类型学的视角看，这两种不同的虚化途径其实是指示词发达型语言和量词发达型语言的不同处理手段。

刘丹青先生认为南方方言是量词显赫语言，他以汉语中量词最为显赫的粤语和吴语为例，分析了量词的几种功能，分别为②：

1. 量词可不带数词或指示词而单独充当名词的有定限定词，且用于主语等有定名词经常出现的位置。如：

苏州话：本书弗见脱哉。（这/那本书不见了。）
　　　　拿本书看完哉。（把这本书看完了。）
广州话：件衫好靓。（这件衣服很漂亮。）
　　　　食晒啲生果。（吃完了那些水果。）

2. 量词可单独做论元，出现在主语等位置，直指或回指一个有定对象或行为事件。该用法至少见于吴语。如：

苏州话：张是啥歌纸头？（这一张是什么纸？）
　　　　——捋本书是小王个。（这本书是小王的。）
　　　　——弗对，本是我个。（不对，它是我的。）

3. 量词可在有定的定名短语中替代"个"（相当于"的"）充当临时的定语标记，出现在领属定语或关系从句等定语跟核心名词间。如：

苏州话：小张本书（小张那本书）

---

① 方梅：《指示词"这"和"那"在北京话中的语法化》，《中国语文》2002年第4期。
② 刘丹青：《汉语的若干显赫范畴：语言库藏类型学视角》，《世界汉语教学》2012年第3期。

咬人只狗（咬人的那条狗）

4. 在用法3的基础上将核心名词删除，成为有定的定名短语中的支撑代词。如：

苏州话：小张本

红通通件

咬人只

从上面论述可以看出，量词在吴语和粤语中属于超级显赫范畴，其扩展范畴不仅有指称、量化和称代的功能，而且还有充当关系代词、定语标记等边缘功能。它在方言中的句法语义功能相当于其他语言许多种范畴的表达手段。

与南方方言量词显赫不同的是，在北方方言中量词并不发达，显赫的却是指示词。在表达定指时，北京话采取了另外一种方式。北京话中的量词通常不能单独跟名词组合，往往要跟数词或指示词组合才能修饰名词。但是如果数量短语处于宾语位置，且数词为"一"时，数词可以省略，这就出现了"量词+名词"的形式，不过此处的量名结构并非有定，而是不定指的。因此北京话一般用指示词代替了南方方言中的量词，由指示词和名词的组合或者是单纯的指示词来表示有定。方梅先生通过对北京话共时系统中"这"和"那"的用法描写，论述了指示词用法的虚化轨迹和虚化背景，认为北京话中的指示词"这"已经产生了定冠词的语法功能，而这正是指示词在篇章中"认同用"进一步虚化所产生的结果①。

可以得出，北方方言是指示词发达型语言，它是由近指指示词虚化为定指标记；南方方言则是量词发达型语言，它是由量词虚化为定指标记。结合上文对城东话定指标记"个"的分析，我们发现不管是吴语量词的基本功能，还是其边缘功能，城东话的"个"全部具备。城东话"个"具有了汉语南方方言量词的所有显赫特征。

（三）定指标记"个"的来源

这个表定指的"个"有些学者称之为指示词。汉语史研究表明，指

---

① 方梅：《指示词"这"和"那"在北京话中的语法化》，《中国语文》2002年第4期。

示词"个"和量词"个"同源。吕叔湘先生认为指示词"个"是六朝时开始出现于南方的口语词,唐以前只有两例①,分别为:

(106) 真成个镜特相宜。(北周·庾信《庾子山集》)②

(107) 个人讳底?(唐·李百药《北齐书·列传》)③

但吕先生所举的《北齐书》的这个例子还需商榷,《北齐书》由唐代李百药编写,将其作为唐以前的用例似不恰切。

王健通过对历史文献的翻检,指出指示词"个"在唐代开始大量使用④。如:

(108) 寄言曹子建,个是洛川神。(唐·骆宾王《咏美人在天津桥》)⑤

(109) 个时无数并妖妍,个里无穷总可怜。(唐·骆宾王《代女道士王灵妃赠道士李荣》)⑥

(110) 香车宝马共喧阗,个里多情侠少年。(唐·王维《同比部杨员外十五夜游有怀静者季》)⑦

冯春田先生通过文献间的比较发现指示词"个"多在南方方言中出现,因为《敦煌变文集》和《祖堂集》同是晚唐五代时期的文献,前者不用"个",而后者有指示词"个"⑧,同时明清的小说也大致体现了指示词"个"的这种南北差异。近代汉语的研究成果也表明,指示词"个"是中古后期产生并发展的语言成分,并且它只活跃在南方的方言中。

以上是表有定的"个"在古代汉语中的情况,那在现代汉语方言中定指标记"个"是一种怎样的分布呢?赵日新先生指出"个"用作指示代词只见于南方方言,汉语东南方言中"个"用作指示代词或具

---

① 吕叔湘著,江蓝生补:《近代汉语指代词》,学林出版社1985年版,第256页。
② (北周)庾信撰,(清)倪璠注,许逸民校点:《庾子山集注》,中华书局1980年版,第88页。
③ 许嘉璐主编:《北齐书》,汉语大词典出版社2004年版,第346页。
④ 王健:《睢宁话中"个"的读音和用法》,《方言》2007年第1期。
⑤ (清)彭定求等编:《全唐诗》(第三册),中华书局1960年版,第846页。
⑥ (清)彭定求等编:《全唐诗》(第三册),中华书局1960年版,第838页。
⑦ (清)彭定求等编:《全唐诗》(第四册),中华书局1960年版,第1261页。
⑧ 冯春田:《近代汉语语法研究》,山东教育出版社2000年版,第118页。

有指代作用，猜想应与"量名"结构的广泛使用有关①。陈玉洁也认为"北方官话中量名结构不单用，到了中部的江淮官话区，独用的量名结构既可以表示有定意义，也可以表示无定意义，而更南部的吴语、徽语，结构的形式与意义之间的对应更加严整，量名结构基本只表示有定意义"②。

通过前文论述我们知道城东话的"个"不仅具有定指性，而且其与名词组成的结构还可单独使用，这显然对上面观点提出了一个反证。那为何在属于中原官话秦陇片的西宁城东话中会出现这样一个例外呢？在西宁汉族居民中一直流传着一种说法，认为其祖上是明初由南京移民而来。地方志、谱牒中也有很多这方面的记载，西宁市《城东区志》记载："城东中庄乡、十里铺乡多自称祖先自明洪武闹社火犯禁而发配。"③ 笔者系西宁市城东区十里铺人，在笔者家的安氏家谱中就有"洪武十三春，庶民社火以祝华年，奈何犯朝，充军治罪，将吾贵族祖宗迁至青海各地，从金陵珠氏巷移往青海湟郡，至今六百一十余年矣"的说法。但因地方志、谱牒不是信史，不少学者对此提出怀疑，认为应是当地居民攀附天子居处之说。考察城东话"个"的用法，发现它和涟水、阜宁、东台、泰州、兴化等江淮方言中的量名结构一样，独立使用既可表任指"一个"，如"你拿上个衣裳"，也可表定指，如"你个衣裳拿上"。而且上文已述，城东话"个"具有南方方言量词的所有显赫特征。"个"的这些迥异于北方官话的特殊用法虽不能完全证实西宁人祖上系南京迁移而来的传说，但至少为西宁话曾受到江淮等南方方言深刻影响提供了有力佐证。

小结

本节我们对城东话"个"的用法进行了分析。首先指出"个"作为名量词，其在城东话的搭配范围相当广泛，可以用来指量大部分表单个个体的名词，并对"的个"结构出现的语法环境进行了详细描述。其次

---

① 赵日新：《说"个"》，《语言教学与研究》1999年第2期。
② 陈玉洁：《量名结构与量词的定语标记功能》，《中国语文》2007年第6期。
③ 西宁市城东区区志编纂委员会编：《城东区志》，青海人民出版社2000年版，第486页。

讨论了"个"的动量词用法，指出它可以在陈述句和疑问句动词的后面表示时间短、数量小，并发现在祈使句句末"个"由动量词发展出了表请求、希望语气的语气词用法，该语气词"个"无论是希望式还是命令式祈使句中都可以出现。同时考察了"给个"结构，指出该结构不仅出现于祈使句，在陈述句和疑问句中都有分布，其中的"个"依然是时短、量小之义。在此基础上对动量词"个"的来源进行了讨论，指出唐宋时期"个"已经有了表示动量的功能，但该功能在普通话乃至很多方言中都没有保留下来。城东话"个"之所以存在大量表动量的用法，跟它特殊的 SOV 语序类型密切相关。最后对定指标记"个"加以了分析，指出城东话"个"可在"个 + 名词"结构中表有定，可单独充当指代论元作句法成分，可在定语和核心名词中间充当临时定语标记，甚至可以在核心名词省略的情况下充当支撑代词。通过对汉语南方量词显赫型语言和北方指示词显赫型语言的比较，发现城东话"个"具备了南方量词所有的显赫特征。定指标记"个"和量词"个"应该同源。汉语方言研究表明：表定指的"个"只见于南方方言。城东话定指标记"个"的广泛使用表明西宁话曾受到江淮等南方方言的深刻影响。

第 二 章

动词性结构及相关标记

第一节 动词的体貌

Comrie B.（1976）的《Aspect》是第一部将体范畴作为普通语言学现象加以研究的专著。书中从内部观察的角度，用逐层二分方式将体范畴分为完整体和未完整体，未完整体又分为惯常体和持续体，持续体再分为非进行体和进行体[1]。Smith（1991）将 Comrie B. 界定的"体"称为"由语法手段标记的视点体"，并补充了"由词汇手段表现的情状体"与之并列[2]。Michaelis（1998）将 Smith 的体系调整为情状体、视点体和阶段体[3]。

"Aspect"在汉语中称为体，又称体貌、貌、情貌、态等。吕叔湘先生称其为"动相"，表示一个动作过程中的各种阶段，有动作之将有、动作正在进行、动作已完成之分。根据词尾表示动相作用的不同，具体又分为方事相、既事相、起事相、继事相、先事相、后事相等[4]。王力先生称其为"情貌"，分为进行、完成、开始等[5]。赵元任先生称其为"态"，具体分为完成态、进行态、开始态、不定过去态、尝试态、继续态等[6]。戴耀晶是较早对汉语时体系统进行研究的学者，他认为体是观察时间进

---

[1] Comrie B., *Aspect*, Cambridge: Cambridge University Press, 1976.
[2] 转引自陈前瑞《汉语体貌研究的类型学视野》，商务印书馆2008年版，第16页。
[3] 转引自陈前瑞《汉语体貌研究的类型学视野》，商务印书馆2008年版，第18页。
[4] 吕叔湘：《中国文法要略》，商务印书馆2017年版，第318页。
[5] 王力：《中国现代语法》，商务印书馆1985年版，第151页。
[6] 赵元任：《汉语口语语法》，商务印书馆1979年版，第126页。

程中的事件构成的方式,将其分为完整体和非完整体两大类,完整体包括现实体、经历体、短时体三类,非完整体包括持续体、起始体、继续体三类①。左思民提出体是用语言手段传达的事物某状况的保持或变化以及保持或变化的方式,所以研究现代汉语的体现象,不应仅局限于语法范畴,而应扩大到语义,乃至语用范畴②。陈前瑞构建了情状体、阶段体、边缘视点体、核心视点体的汉语四层级体貌系统,并指出四者之间的语法化路径是情状体＞阶段体＞边缘视点体＞核心视点体③。

李如龙指出,关于动词的体有些是表示动作、事件在一定时间进程中的状态,这是人们对客观进程的观察与感受,主张称为"体";有些是与动作、事件的时间进程没有关系或关系较小的情貌,它体现了动作主体一定的思想和情绪,可称之为"貌"④。李小凡认为动词的体貌范畴包括动态和事态两种。动态着眼于谓词所表示的动作变化的状态,而事态着眼于句子表示的事件是否发生、出现或存在⑤。本书结合上述两位先生的意见,将城东话体貌系统分为"体"和"貌"两大类,"体"包括起始体、完成体、进行体、持续体、经历体、先行体、将行体等;"貌"包括短时貌、尝试貌、反复貌、随意貌等。城东话的体貌系统虽与普通话有别,但其表达手段也是多样化的,主要有助词、语气词和重叠形式及附加方式等。我们把跟动词体貌义相关的词称之为体标记。

一 体系统

不同于"时"客观性强的特点,动词的"体"则是主观性较强,它常表现了说话人在观察角度和表达方式上的不同选择。对城东话的体进行研究的文章很少,目前仅见王双成《西宁方言的体貌》,另外在个别讨论城东话助词的文章中也偶有涉及。这里我们根据城东话体范畴的实际

---

① 戴耀晶:《现代汉语时体系统研究》,浙江教育出版社1997年版,第30页。
② 左思民:《现代汉语的"体"概念》,《上海师范大学学报》(哲学社会科学版)1997年第2期。
③ 陈前瑞:《汉语体貌研究的类型学视野》,商务印书馆2008年版,第47页。
④ 张双庆主编:《动词的体——中国东南部方言比较研究丛书》(第二辑),香港中文大学中国文化研究所吴多泰中国语文研究中心,1996年版,第3页。
⑤ 李小凡:《苏州方言语法研究》,北京大学出版社1998年版,第143页。

情况，具体论述如下：

（一）起始体

起始体也叫"开始体"，用来凸显事件行为的起点但并未指明终点，"起来"是普通话中较为典型的起始体标记，城东话则是以"开［kʰɛ⁴⁴］""脱［tʰu⁴⁴］"作为起始体标记。"开""脱"往往出现在动词、形容词后用以表示动作、事件、状态的开始，并且经常同"了""者""俩"等词搭配使用。如：

（1）你看，那两个娃娃打开仗了。（你看，那两个孩子打起架来了。）

（2）傢们新洋芋挖脱了哇？（他们开始挖新洋芋了吗？）

（3）那个贼娃警察啊看见着就跑开了。（那个小偷看见警察就开始跑了。）

（4）我们清早巴甚地就平安价走脱了。（我们大清早就从平安开始出发了。）

（5）这一阵儿你们忙开了哇？（这一阵子你们开始忙了吗？）

（6）才十点呢，我可价饿脱了。（刚十点，我已经开始饿了。）

（7）听着外前"当当当"的声音着，我害怕开了。（听到外面"当当当"的声音，我开始害怕了。）

（8）三月份呵天慢慢热了，我们房房也要装修开俩。（三月天慢慢就热了，我们要开始装修房子了。）

（9）通达我到呵大家可价锻炼脱者。（等我到的时候大家已经开始锻炼了。）

（10）姨娘带我们俩喧哩喧哩地难心开了。（姨姨跟我们聊着聊着伤心起来了。）

表起始义的"开"和"脱"是完全等价的，在任何情况下都可以互换使用，意义上没有区别。就分布来说，它们可以出现在动词后面，如例（1）—（4）（8）（9）等，也可出现在形容词后面，如例（5）（6）（10）。"开""脱"前面的动词可以是及物动词，如例（1）（2）的"打"和"挖"，也可以是不及物动词，如例（3）的"跑"和例（4）的"走"。就音节多少而言，"开""脱"前既可出现单音节词，如例（1）—（6），也可出现双音节词，如例（8）—（10）的"装修""锻炼""难心"等。就意义来说，动词后的"开/脱"没有了动作义，只表示事件、动作的开始并延续下去，而且通常情况下其前面的动词具有持续性。起始体标记也会出现在性质形容词或心理动词之后，用来表示某种状态的出现或开始，如例（5）（7）等。

"开/脱"不仅可用来表示事件、状态已经开始，有时还可以表示某个事件或状态将要开始。如：

（11）你再调皮呵老师骂开俩。（如果你再调皮老师就要开始骂了。）

（12）天这么热的散紧慢呵冰消脱俩。（天这么热冰很快就要开始化了。）

除了以上典型的起始体用法外，"开/脱"还可作为主要谓语的参照背景，提供某种背景信息。如：

（13）那个阿奶骂开人呵胡嘟难听哪。（那个老奶奶骂人的时候非常难听。）

（14）傢笑脱呵声音大着很哪。（他笑的时候声音很大。）

这里的"开/脱"是起始体标记的引申用法，它们的"起始"义已进一步虚化，往往是"V开/脱"+"呵"构成一个条件小句，表示对尚未发生情况的假设和判断，可以理解为"……的时候"。

调查过程中我们发现，"V+开/脱+O"是"开/脱"较常出现的语境，如"打开仗""挖脱洋芋""骂开人"等，但它们也会出现在"V+O+开/脱"的句式中，这种用法在老年人中较为常见。如：

（15）我们吃饭脱了，你阿么还不来？（我们都开始吃饭了，你怎么还不来？）

（16）傢们将来就打麻将开了。（他们刚来就开始打麻将了。）

作为起始体标记，"开"不仅出现在城东话中，而且在整个山西晋语（刘芳，2014），山东诸城话（钱曾怡等，2002），河南安阳话（王芳，2015），青海甘沟话（赵绿原，2015），甘肃陇南、天水（莫超，2005）、宁县（罗堃，2011）等地方言，甚至是东干语（王森，2001）中都在使用。除了河南安阳话和部分晋语外，上述方言中的"开"同城东话的情形一样，既可用于"V+开+O"句式，也可出现于"V+O+开"。莫超先生推断"'动宾短语+开'应当是西北方言中早期的语序，……'动+开+宾'的语序则是后起的，很可能是受其他北方方言（比如北京话）的影响而产生的"①。

（二）完成体

完成体，又叫实现体，表示事件、行为已经或将要发生、完成、实现。

1. 了 [liɔ]

跟普通话一样，城东话的"了"也是完成体标记。它可以直接出现在动词、形容词后，表示动作已发生，性状已实现。

(17) 检查的人夜来晚夕里来了。（检查的人昨天晚上来了）

(18) 个事儿谁啊知道了。（这件事大家都知道了。）

(19) 那个大夫的药吃上着傢的病好了。（那个大夫的药吃上以后他的病好了。）

如果动词带宾语，宾语则跟在"了"后面。如：

(20) 我今儿街上买了个凳凳。（我今天上街买了个凳子。）

(21) 傢给傢孃孃打了个电话。（他给他姑姑打了个电话。）

城东话经常会在动词后加"下""上""掉""完"等词来补充说明动作行为的结果，结果补语一般出现在动词和"了"之间。如：

(22) 夜来腌下了一缸酸菜。（昨天腌了一缸酸菜。）

(23) 阿妈杂面俩散上了个搅团。（妈妈用杂面做了个搅团。）

(24) 大大丢掉了一万块钱儿。（伯伯丢了一万块钱。）

(25) 阿舅把那一瓶酒一挂喝完了。（舅舅把那瓶酒全部喝完了。）

(26) 傢把菜倒掉了。（他把菜倒了。）

城东人日常对话中习惯用"把字句"，所以"V+结果补语+了+O"的句式城东话往往用处置式来表达，如例（25）（26），例（22）—（24）也均可转换为处置式且很常见，如"夜来把一缸酸菜腌下了"，"阿妈把搅团杂面俩散上了"，"大大把一万块钱儿丢掉了"等。

这里还要提到一点，"上"和"下"是城东话里出现频率极高的两个结果补语，它们由趋向动词虚化而来，本身的动作义已基本消失，常出现在动词或形容词后面，读轻声。"上"在日常使用中常省略为

---

① 莫超：《"动宾短语+开/起"西北方言补例》，《中国语文》2005年第2期。

"昂"。如：

(27) 穆萨宰上/昂了个羊。(穆萨杀了只羊。)

(28) 傢们贵德说下了个媳妇。(他们在贵德找了个媳妇。)

(29) 麦子黄下了。(麦子黄了。)

例(29)的"了"相当于普通话中的"了₁"+"了₂"，不仅是个动态助词，表示"黄"这个状态的实现，同时还是个事态助词，表示语气。这里的"下"是个结果补语，补充说明"黄"的状态。有研究者将"下"理解为体助词，认为"下"表示动作行为已经完成或实现。我们则持不同意见，因为如果"下"是个完成体助词，那么删去"下"句子的完成意味应该就无法实现。请看例(29)删去"下"变为"麦子黄了"，仍然表示的是"麦子黄"这个状态的实现。因此，我们认为将此处的"下"当作结果补语更为恰切。

城东话中会经常出现"上""下"这两个结果补语，像上面三个例句一样，但实际上这里的"上""下"并没有具体含义，删掉它们句子同样成立且意思不变。而且有时"上"和"下"还能互相替换，请看下面三个句子：

(30) a. 我买了点菜。

　　 b. 我买上了点菜。

　　 c. 我买下了点菜。

三个句子中 a 句直接是"V+了+O"，b 句 V 后用了结果补语"上"，c 句用了"下"，三句话用词各不相同但表意完全相同，说明"上""下"并没有具体的词汇意义，它们只是表达了动作的一种结果。但因为"买"这个动作本身就含有结果义，所以结果补语的有无并不影响句意的表达。当然也有例外的情况。如：

(31) a. 尕文们出去着看了个铺面哪。(小文他们出去看了一间店面。)

　　 b. 尕文们出去着看下了个铺面哪。(小文他们出去看好了一间店面。)

例(31)两句话的意思明显有别：a 句只是说"去看了间店面"，"这间店面"究竟是"看中了"还是"没看中"并未说明，我们不得而知；而 b 句则明确指出"看"的结果是"看中了"。之所以会有这种区别是因为"看"只是个动作，并不包含结果义，想要表达结果必须用结果补语来补充说明。

有时动词、形容词后会有数量短语补充说明动作发生的次数，状态持续的时间，这时数量补语要放在"了"之后。如：

(32) 上个礼拜将晴了两天哪。（上周只晴了两天。）
(33) 爷儿带门槛跘给了一跤。（爷爷被门槛跘了一跤。）
(34) 傢把我美美价蹦了一脚。（他把我狠狠地踢了一脚。）
(35) 那个书我看了一个月啊。（那本书我看了一个月。）

如果动词后出现趋向补语，那么趋向补语则放在"了"前面。如：

(36) 娟娟把钥匙撂出去了没？（娟娟把钥匙扔出去了吗？）
(37) 狗娃房上价跳昂下去了。（狗从房顶跳下去了。）

以上我们讨论了城东话的完成体标记"了"，发现动词、形容词后的它经常位于趋向补语、结果补语之后，数量补语和宾语之前，表示事件、状态已经发生或实现。此外，"了"还会出现在"V_1P+ 了 $+V_2P$"句式，表示两个动作先后发生，或者前一动作的完成是后面动作发生的条件、前提或原因等，常用于描述未然的事情。如：

(38) 你到家了给我说。（你到家了告诉我。）
(39) 傢愿意了你俩一处去。（他要愿意的话你俩一起去。）
(40) 赶紧裁上红纸了写对子。（赶快裁好红纸了写对联。）
(41) 天气不好了就坐下。（天气不好的话就住下。）

这里"了"前出现的结构较为多样，可以是光杆动词加宾语，如例(38)，可以是能愿动词，如例(39)，可以如例(40)是动补结构加宾语，还可是例(41)的形容词。关于这个"了"的性质，我们比较赞同杨永龙先生的观点，他认为"了"在"V（O）了+VP"这种背景句式中，不仅可同延续情状，还可同终结情状、静态情状相结合，表示完成或实现，多强调先后关系，是弱焦点[1]，可以看作是动相补语[2]。"了"

---

[1] 杨永龙：《不同的完成体构式与早期的"了"》，载中国社会科学院语言研究院《历史语言学研究》编辑部编《历史语言学研究》（第二辑），商务印书馆2009年版，第158—182页。
[2] "动相补语"这个概念是赵元任先生最早提出的，他认为"有少数几个补语是表示动词中的动作的'相'而不是表示动作的结果的"，吴福祥先生将其界定为表示实现或完成的补语性成分，在语义特征和句法表现上它同结果补语和完成体助词都有相关之处。

只有不再强调先后关系，不再作为焦点，才算是动态助词。

2. 俩 [lia]

城东话的"俩"也是个完成体标记，跟"了"不同的是："了"表示的是事件、状态已经完成或实现，而"俩"则表示事件、状态将要完成、实现。例如：

（42）傢去俩。（他去呢。）

（43）明早儿下雪俩。（明天早上下雪呢。）

（44）再一个礼拜呵房房盖好俩。（再过一个星期房子就能建好了。）

（45）娃娃傢们要两个俩。（孩子他们要生两个呢。）

（46）家什你后天拉过来俩？（家具你后天能拉过来吗？）

（47）这些拉面我吃上俩。（这些拉面我能吃得上。）

（48）西红柿红下俩。（西红柿能红的了。）

完成体标记"俩"出现在句末。它前面可以是例（42）的光杆动词，例（43）的动宾结构，例（44）—（47）的动补结构。这里补语的构成丰富多样，可以是结果补语、数量补语，也可以是趋向补语或可能补语。"形容词+可能补语"的结构也能出现在"俩"之前，如例（48）。注意例（47）和（48）中的"下""上"不是结果补语，而是可能补语，补充说明"红"和"吃"动作、状态完成的可能性，此时的"上""下"不能读轻声，但"上"同样可省略为"昂"。类似的例子还有：

（49）五个人车里坐下俩。（五个人在车里能坐下。）

（50）通达八月十五呵面磨上/昂俩。（等到八月十五面能磨上。）

区分"上""下"是结果补语还是可能补语，可依据三个方面来判断：首先是读音，如果读轻声是结果补语，反之则是可能补语；其次看否定形式，如果否定形式中否定词出现在动词前面是结果补语，否定词在动词和补语之间，则是可能补语；再次根据动作行为是已然还是未然，如果动作已经发生是结果补语，动作尚未发生则是可能补语。我们来看看下面的句子：

（51）a. 今儿豆腐没买上。（今天豆腐没有买上。）
　　　b. 今儿豆腐买不上。（今天豆腐买不上。）

例（51）a"豆腐没买上"的事情已然发生，而且否定词"没"在动词"买"之前，所以该句的"上"是个结果补语；b"买豆腐"的动作尚未发生，只是推测可能会"买不上"，是未然的，且否定词"不"在"买"和"上"之间，所以此处的"上"是可能补语。

这里可能会有疑问：既然"俩"表示动作行为将要发生、完成，那为什么它不是标记将来时而是标记完成体呢？首先学界一般认为汉语是有体无时，其次是只有在描述将来可以完成的动作、发生的状态时才会在句末用"俩"，如果是否定句，要表达不能完成或实现的事件，句末就不会用"俩"，而是用别的语气词。如：

(52) a. 那十间房房今儿租完俩。（那十间房子今天能租完。）
　　 b. 那十间房房今儿租不完哪。（那十间房子今天租不完。）

比较（52）的两个句子能看出，同样表达未然的、将来的事情，肯定句句末会用语气词"俩"，否定句则用"哪"，所以我们将"俩"看作完成体标记。

城东话中有时还会用"V俩"的重叠形式，即"V俩V俩"，与后续短语共同来表达期待原本应该发生的有积极意义的动作行为，最终事实上却一直并未发生。如：

(53) 傢们走俩走俩地不动弹。（他们说着要走却一直没动身。）
(54) 把点儿羊肉吃俩吃俩得忘掉了。（这点羊肉想着要吃却忘记了。）
(55) 天晴俩晴俩地可下开雨了。（天看着要晴却开始下雨了。）

这里的"V"可以是动词，也可以是形容词。但"V俩V俩"不能充当句子的谓语，只能出现在"V_1俩V_1俩地V_2P"的句式中表示一种预期，这种预期常是人们期待发生的，后面的"V_2P"则表示实际上发生的不尽如人意的事件，也就是预期同最终发生的动作行为常不一致，前后两者具有转折关系。此处的"V_1"和"V_2"表示的往往是相反的两个动作或状态，如例（53）的"走"和"不动弹"，例（54）的"吃"和"忘掉"，例（55）的"晴"和"下雨"等。当然，人们期待的"V_1"通常是积极行为，消极行为往往不出现在这个句式中。

3. 着 [tʂɔ]

除了"了"和"俩"，城东话的"着"也可以标记完成体，表示动作行为为已经完成或发生。如：

(56) 今年花青树站下着几个果子。（今年花青树结了几个果子。）

(57) 老师给着我两本书。(老师给了我两本书。)

(58) 十五晚夕里阿舅们一挂浪着花灯了。(十五晚上舅舅他们全都去看花灯了。)

不少方言中持续体和完成体的标记都是通用的，城东话也是如此，"着"最主要的功能是标记持续体，但同时也可用于标记完成体。

(三) 进行体

城东话的进行体标记是"者 [tʂɛ]"。它用于动态动词之后，表示行为在某个时间中的进行过程。如：

(59) 那一帮老阿奶们说者，笑者。(那一群老奶奶们说着，笑着。)

(60) 娃娃发烧者哇？(孩子正在发烧吗？)

(61) 外头将谁呵打门者。(外面不知是谁刚刚在敲门呢。)

(62) 傢才带北京打官司者俩。(他正在北京打官司呢。)

(63) 东东正看书者，你再要骂了。(东东正在看书呢，你再不要骂了。)

"者"可以出现在单音节动词后面，如例（59），也可用于例（60）的双音节动词，例（61）—（63）的动宾短语之后。不同于普通话表示进行体时"动词、形容词和'着'的中间不能加入任何成分"[1]，城东话表进行体的"者"则是位于动词及其宾语之后，且动词前可加副词"将""正""才"等，句末可有语气词"哇""俩"。

(四) 持续体

持续体是对某种持续状态的关注和描述。城东话的持续体标记有以下几个：

1. 者 [tʂɛ]

刘丹青先生曾指出，"着"在普通话里既可标注进行体又可表示持续体[2]。城东话的"者"也是一样，它同时兼有进行体和持续体的标记功能：上文已述，当它位于动态动词之后往往标记进行体，而在静态谓词后则表示持续体。如：

(64) 傢一个人那扎定定儿坐者。(他一个人在那安安静静地坐着。)

---

[1] 吕叔湘：《现代汉语八百词》，商务印书馆1980年版，第665页。
[2] 刘丹青编著：《语法调查研究手册》，上海教育出版社2008年版，第467页。

(65) 棉帽帽尕娃一直戴者俩。(棉帽子儿子一直戴着呢。)

(66) 庄庄上的人把那个叫"老狼"者哇?(村里的人把那个人叫"老狼"吗?)

(67) 个药店的药假者。(这个药店的药假着呢。)

(68) 房房里烟满满儿的者。(房子里烟满着呢。)

(69) 今儿家里热者,暖气烧的不要。(今天家里热着呢,不用烧暖气。)

持续体标记"者"前常出现静态动词,如例(64)—(66)的"坐""戴""叫"等,有时也会使用形容词,如例(67)和(69),或是形容词的重叠形式,如例(68)。如果动词带宾语,那么持续体"者"同进行体一样位于宾语之后,如例(66)。

"者"除了在静态谓词后表典型的持续体外,还可用于动态动词后关注该动作结束后呈现出的持续状态,有文献称之为"存续体"或"成续体",我们认为它描述的依然是一种持续的状态,所以仍将其归为持续体的一类。具体如:

(70) 墙上挂下画儿者。(墙上挂着画儿呢。)

(71) 床底下扫出来恶索者。(床底下扫出来垃圾着呢。)

(72) 手机上通知发过来者。(手机上发过来通知着呢。)

(73) 锅里馍馍馏下者。(锅里馏好馍馍着呢。)

上述例句的"挂""扫""发""馏"都是动态动词,但句中在其后加"者"表示的是对这些动作行为结束后所呈现持续状态的考察。四个例句的主语都是方所名词,"者"既可以出现在"V"+"O"后,如例(70)(71),也可出现在"O"+"V"后,如例(72)(73)。与进行体标记不同的是,当"者"表示持续体时,它前面的动态动词往往不能单独出现,后面常有补语。补语可以是结果补语,如例(70)和(73),也可以是趋向补语,像例(71)(72)的"出来""过来"等。如果动词后没出现补语,试比较以下两个句子:

(74) a. 墙上挂下画儿者。(墙上挂着画儿呢。)

    b. 墙上挂画儿者。(墙上正在挂画儿呢。)

a 句相较于 b 句而言多了个结果补语"下",但二者表达的意思明显不同:a 句是对"挂着画儿"这个持续状态的关注,而 b 句则是对"挂画儿"这个正在发生动作的描述。

上述这种较为特殊的持续体句子,其主语在城东话中不仅像普通话一样可以是方所名词,还可以是其他名词。如:

(75) 阿舅新车买上者。(舅舅买了新车。)
(76) 芦荟开下花儿者。(芦荟开了花儿。)

同方所名词作主语时的情况一样,这些句子中的"者"可以是在"V"+"O"后,如例(76),也可在"O"+"V"后,如例(75)。由于这里是对动态动词所表示的动作结束后呈现状态的考察,所以这个动作行为肯定是已经发生了,那么此处的持续体和完成体有什么不同呢?

(77) a. 芦荟开下花儿者。(芦荟开了花儿。)
　　　b. 芦荟开花儿了。(芦荟开花了。)

城东话里 a 句是持续体,b 句是完成体,两句相同的是"花儿开"的这个动作是已经发生了的,但不同在于:b 句表示的是芦荟开花了,但现在花儿究竟是还在开或是已经谢了都有可能,我们不得而知;而 a 句则表示芦荟开花了,而且现在仍然在开,花儿开的这个状态一直在持续。

2. 着 [tʂɔ]

城东话中标记持续体的除了"者"外,还有"着[tʂɔ]"。"着"首先可以在静态动词后表示状态的持续,如:

(78) 㑌拿着个包包。(他拿着个包。)
(79) 市场门口站着一帮民工呢。(市场门口站着一群民工。)
(80) 外奶奶带家里务劳着两个牛牛。(姥姥在家里喂养着两头牛。)

表持续的"着"可以出现在单音节动词后,如例(78)和(79),也可以出现在双音节动词后,如例(80)。比较持续体标记"者"和"着",我们发现二者的不同是:首先,"者"可以出现在动词或形容词后面表示状态的持续,而"着"则只能出现在动词后面表动作行为的持续;其次,"者"前面的动词可以是及物动词,也可以是不及物动词,而"着"前面的则只能是及物动词,且"着"后需出现动词的宾语;最后,"者"往往位于句末(有时"者"后面还会出现语气词),动词的宾语、补语等成分全部在"者"之前,而"着"则不出现在句末,它必须紧跟在动词之后,动词和"着"之间不能插入任何成分。

和"者"一样,"着"也可用于描述动态动词所表示的动作结束后呈现出的持续状态。如：

(81) 场上堆着一摞摞捆捆哪。(场上堆着一摞一摞麦捆子。)

(82) 桌桌上献下着个羊。(桌子上进献着只羊。)

(83) 碗柜里放着十个碗碗。(碗柜里放着十个碗。)

同上面典型的持续体相同，此处的"着"也必须紧跟着动词出现，宾语位于"着"之后。有时在动词之后，"着"之前会出现结果补语"下"，但城东话中此处结果补语"下"的有无并不影响句意的表达，如例（82）"桌桌上献下着个羊"和"桌桌上献着个羊"意思完全相同。这里还有一点与"者"不同的是：用"者"表持续的句子，动词的宾语可以是光杆名词，如："墙上挂下画儿者"；而用"着"表持续的句子，动词的宾语则不能是光杆名词，前面须有定语加以修饰，如"墙上挂（下）着个画儿"，即使有时为了强调，宾语提前了，"着"后面也需要有量词，如"墙上画儿挂（下）着个"。

3. V 着/哩 V 着/哩

城东话中还可以用"V 着/哩 V 着/哩"表示动作或状态的持续，其中的"着"和"哩"语义表达、语法功能完全相同，唯一的区别是"V 哩 V 哩"后面要加"地"，而"V 着 V 着"不用。如：

(84) 娃娃跑着跑着跘倒了。(孩子跑着跑着摔倒了。)

(85) 那两个人争讲着争讲着打开了。(那两个人吵着吵着打起来了。)

(86) 老奶奶小心着小心着冰上滑倒了。(老奶奶小心着小心着在冰上滑倒了。)

(87) 马燕书看哩看哩地睡着了。(马燕书看着看着睡着了。)

(88) 爷儿把手机拿哩拿哩地丢掉了。(爷爷手机拿着拿着丢了。)

(89) 傢酒喝哩喝哩地醉下了。(他酒喝着喝着喝醉了。)

从上述例句可看出："V 着/哩 V 着/哩"在句中不能单独充当谓语，必须出现在"V$_1$着/哩 V$_1$着/哩（地）V$_2$P"句式中，表示"V$_1$"动作或状态在持续的过程中发生了"V$_2$P"。

（五）经历体

城东话的经历体标记跟普通话一样是"过 [ku^{21}]"，动词后面加

"过"表示在过去某个时间发生了某个动作或某种变化，往往用它来强调一种经验或者阅历。如：

(90) 北京我去过啊。(北京我去过。)

(91) 傢尕的时候跟上阿大着挡过羊。(他小的时候跟着爸爸放过羊。)

(92) 尕明儿我家里吃过几次饭哪。(小明在我家吃过几次饭。)

(93) 个人瞎着很哪，把各家的阿妈赶出去过。(这个人坏得很，把自己的妈妈赶出去过。)

(94) 买卖带做开呵谁啊难心过，慢慢儿就好了。(刚开始做生意的时候谁都不容易过，以后慢慢儿就好了。)

经历体标记"过"可出现在不及物动词、及物动词和形容词的后面，表示曾经发生过的动作或状态。如果动词有宾语，那么出现顺序如例(91)，是"V过+O"；若动词后有数量补语，数量补语也位于"过"之后，即"V过+数量补语+O"，如例(92)；但是当动词后有趋向补语时，趋向补语则在"过"之前，如例(93)，是"V+趋向补语+过"。

表示从未发生过的动作行为要用否定形式，即在动词前面加上否定副词"没"。如：

(95) 马家宝当过老师，校长没当过。(马家宝当过老师，没当过校长。)

(96) 给你寻了那么些对象着，你阿么一个呵没瞅上过？(给你找了那么多对象，你怎么一个都没看上过？)

(97) 个电影我没看完过。(这个电影我从来没有看完过。)

(98) 那个娃娃调皮着就没安静过。(那个孩子调皮得从来没有安静过。)

当"过"在否定句中表示动作行为从未发生过时，城东话中可以在动词和"过"之间出现结果补语，如例(96)的"上"，例(97)的"完"等。

(六) 先行体

"着[tʂɔ]"在城东话中不仅可用来标记持续体，还可以表示先行体。城东话里标记先行体的"着"同中原官话、兰银官话、西南官话、江淮官话鄂东地区，晋语、赣语、湘语及山东、陕南部分地区（邢向东，

2004）的方言一样，出现在关于将来行动对话的答句末尾和带有嘱咐意义的祈使句末尾，表示某个事件、行为的发生、出现，须以另一事件、行为为其先决条件，即暂且先VP，然后再做其他事情，其意义与"再说"类似。具体用法如下：

（99）你啥啊亵想，好好睡一觉着。（你什么都别想，先好好睡一觉再说。）

（100）带傢们吃上饭着。（让他们先吃完饭再说。）

（101）你先亵去，一挂了着。（你先别去，等一会儿再说。）

（102）——阿会儿进货去俩？（什么时候去进货？）
　　　——明早儿着。（明天了再说。）

先行体的"着"出现在以下句子中：一是对听话者进行嘱咐、要求，二是商量将要采取某种行动的对话中的答句。其抽象意义都是"先……，以后再……"表示先完成VP的动作行为，其他事情暂且不管。有时VP前会出现一分句表示后面要再做的其他事情，如例（99）表示"你先好好睡一觉，然后再想这事"，例（101）表示"你先等一会，然后再去"；对话中在问话部分往往就表明了后面"再做的事情"，如例（102）表示"等到明天了再去进货"；有时只用"VP着"表示"先做了VP再……"的意义，但具体"再做……"却隐而不说，由"VP着"出现的语言环境所隐含，如例（100）。这里的"着"多出现在VP后面，但也可出现于NP后，如例（101）和（102）。"着"在城东话中都可替换为"再说"，年轻人口语中"再说"使用频率较高，但"着"和"再说"两者不能共现。所有先行体"着"前面都可加上体助词"了"，加"了"后句子意义不变。

有时在VP前还会用时间词"先"，与"着"形成对应关系，表示"暂且先进行……再说"。如：

（103）带姨娘们了先过来着。（让姨娘她们先过来了再说。）

（104）把我渴死了，我先把这一缸缸开水喝上着。（渴死我了，我先喝了这杯水再说。）

（105）——赶紧做饭去！（快去做饭！）
　　　——我先把点儿电视看完着。（我先把这个电视节目看完再说。）

"先"一般出现在名词之后,其后的 VP 可以是动词,也可以是动宾或动补短语,且该短语中常有表完成的补语,如例(104)的"上"或例(105)的"完"。即使这些句子中已经有了完成补语"上""完",后面仍然可继续使用体助词"了",如例(105)可以说成是"我先把点儿电视看完了着",意思不变。

这类句子句首(或分句句首)往往还有"等""通达"等动词,使得先行意义更为明显突出。如:

(106)你喓急,等我街上价来着。(你别急,等我从街上回来了再说。)

(107)——你换儿个手机哩啵?(你换个手机吗?)
——等我有钱儿了着。(等我有钱了再说。)

(108)想出去打工去,通达你长大了着。(想出去打工,等你长大了再说。)

(109)——娃娃阿会儿结婚俩?(孩子什么时候结婚呢?)
——通达房房装修好了着。(等房子装修好了再说。)

通过上面例句可以看出,先行体的"着"表达的是"先暂且做完……,再说其他事情"。"着"表先行义的基础是已然、完成、实现,这种完成的语义基础究竟是由"着"承担还是由其他词语或该特殊句式表示呢?如前文所述,所有先行体"着"前面都可出现体助词"了",且"着"前常有表完成的补语"上""完"等,故我们认为此处的完成、实现义由"了"或结果补语表示,"着"的先行义当是由祈使语气词发展而来,关于这点下节将专门论述,此处不赘。

(七)将行体

将行体表示动作行为或状态即将发生或产生某种变化,城东话的将行体用"得[ti^{44}]"加以标记。"得"出现在 VP 之后,且"得"后通常会有"者"或"了"与之搭配使用,"得"一般不单独出现。如:

(110)亲戚们了来得者。(亲戚们就要来了。)

(111)花儿开得了。(花儿就要开了。)

(112)娃娃们放学得者。(孩子们就要放学了。)

(113)下雨得了,赶紧家里走啊。(就要下雨了,赶快回家吧。)

(114)尕虎儿作业写完得了,你把像等一挂。(小虎作业就要写完了，你等一会他。）

（115）我吃饱得者，你面再甍下了。（我就要吃饱了，你再不要下面了。）

（116）西红柿红得者。（西红柿就要红了。）

（117）外奶奶的病好得了。（姥姥的病就要好了。）

（118）洗下的衣裳干透得者。（洗的衣服就要彻底干了。）

将行体的"得"可出现于光杆动词之后，如例（110）和（111）；如果动词后有宾语，则是动宾短语+得，如例（112）和（113）；动补短语也可用于"得"之前，如例（114）和（115）。"得"不仅可现于动词及动词短语后面，还可用于形容词之后，如例（116）和（117），或者是形容词性短语之后，像例（118）。而且"得"不能单独用以表示将行体，它后面必须要有语气词"者"或"了"。"者"和"了"使用的语言环境完全相同，且表意完全一致，在任何情况下均可互相替换。

"得"除了可用于VP之后，还可用于NP后面。如：

（119）腊八得了，赶紧舂下点麦仁哪。（就要到腊八了，赶快舂点麦仁吧。）

（120）爷儿八十得者，身体还好着很哪。（爷爷就要八十岁了，身体还很好。）

这里的NP只能是表年龄或时间的名词性成分，且这个名词、数词须具有循环性和推移性。"得"在NP后表示某个时间点或年龄即将到来。"NP得者"这类句式还可在"得"后面加个"下"，如例（120）可说为"爷儿八十得下者，身体还好着很哪"。"NP得者"和"NP得下者"意思相同。

现代汉语普通话没有相应的将行体标记，它是通过时间副词"快""要""就"等词汇手段来表示将行体的概念。对城东话的将行体加以调查，我们发现，在城东表示将要发生某个动作或某种变化时，大多数情况下会使用体标记"得"，偶尔也会用时间副词"就""快""要"等，如例（110）可以说"亲戚们了就来了"，例（113）可说成"要下雨了，赶紧家里走啊"，例（119）可改为"快腊八了，赶紧舂下点麦仁哪"等。但要注意的是：城东话在表示将行体时，体标记"得"和时间副词"就""快""要"等是不能共现的，一般只出现其中之一。

城东话将行体的否定形式是在 VP 的后面加上"不下",体标记"得"和语气词"了""者"去掉,VP 前往往有副词"还",句末有语气词"啊",否定事件行为即将发生、到来。如:

(121) 火车还开不下啊。(火车还开不了。)
(122) 阿哥班还下［ɕia²¹³］不下［xa²¹³］啊。(哥哥还下不了班。)
(123) 天还晴不下啊。(天还晴不了。)
(124) 扎人少,笋子还卖完不下。(这儿人少,青笋还卖不完。)
(125) 洗下的衣裳还干不下啊。(洗的衣服还干不了。)

如果 VP 是光杆动词、形容词或动补短语时,"不下"直接加在 VP 之后;如果 VP 是动宾短语,那它的否定形式则是将宾语放在动词之前,即"O + V + 不下",如例(113)的否定句是"雨还下不下"。

二 貌系统

"貌"与行为动作的情貌特征有关,它同动作的时间或过程结构相距较远,表现了动作主体一定的情绪或思想。城东话中的"貌"主要有短时貌、尝试貌、反复貌等,其表现手段主要有重叠和附加等。

(一)短时貌

短时貌表示动作行为持续时间短暂,但这种短暂只是动作主体的一种主观感受,是个相对概念。普通话里表示时间短,主要采用两种方式:一是通过动词的重叠来实现,即 VV 或 V — V,如"听听""看看""说说""走一走""笑一笑""坐一坐"等;二是在动词后面加上表示时短、量小的数量短语"一下",即 V 一下,如"来一下""问一下""抬一下"等。城东话表示短时貌的手段和普通话相同,也是通过重叠和附加的方式,只是在表达上有所不同。

1. 重叠式

与普通话 VV 或 V — V 的重叠方式不同,城东话表短时貌所用的叠方式是"V 没 V",表示主观上认为"V"这个动作行为或状态进行、持续时间很短。如:

(126) 今儿饭阿么这么少,吃没吃呵没有了。(今天的饭怎么这么少,吃吃就没了。)

(127) 傢们房房哈装修没装修呵可价坐给了。(他们的房子装修了一下就住上了。)

(128) 活做没做两挂呵乏下了。(活干了两下就累了。)

(129) 热没热呵可变天了。(天刚热就又变天了。)

(130) 那两口儿好没好两天呵可打开仗了。(那两口子刚好了两天就又开始打架了。)

这里的"V"可以是动词，也可以是形容词，使用时单音节词和双音节词均可。重叠方式"V没V"不能单独成句，只能出现在"V₁没V₁V₂P"的句式中，且"V₁没V₁"和"V₂P"之间一般要用"呵"连接，两者语义有轻微转折。时短和量少往往相互关联，因此在表达短时貌的同时也体现了数量少，如例（126）"吃没吃"表示"刚吃了一会，才吃了一点"，结果是"饭就没有了"。有时还可在"V₂P"前面加上"可""可价"等副词，突出这种转折效果，如例（129）表示"天刚热，热的时间很短，就又变天了"。"V₁没V₁"后还可出现"两挂""两天"这类的数量短语，补充说明"V₁"持续时间的短暂。注意的是，这里的"两"表示概数。

2. 附加式

城东话也可以在"V"后面附加词或者短语表现短时貌，可以加量词"个"或者"一挂"等。如：

(131) 你明早儿我家来（儿）个。(你明天早上到我家来一下。)

(132) 傢们再两天呵化隆去（儿）个哩说。(他们说过两天要去一趟化隆。)

(133) 带爷儿带党家俩把个事儿商量一挂。(让爷爷跟本家把这件事商量一下。)

(134) 那个灯红一挂呵就黑下者。(那盏灯红一下就黑了。)

和上面的重叠式一样，这里的"V"可以是动词，也可以是形容词。当"V"后面是量词"个"的时候，可在"个"前加"儿"字，"儿"可无条件地出现于任何"V+个"句式中。且较"V+个"而言，"V+儿个"语气更显委婉。我们发现城东话中"V+（儿）个"和"V+一挂"表意完全相同，都是普通话中"V+一下"的意思。其实城东话的量词"个"有表时短、量小的用法，此时它和"一挂"是等值的。

城东话还会在"V"后面加上"一挂"的重叠形式——"一挂挂儿"

极言其行为动作的短暂。如：

（135）我医院去着一挂挂儿。（我去医院就一会儿。）

（136）你把个看一挂挂儿了给傢给掉。（你把这看一下就给他吧。）

（137）娃娃穿上个衣裳呵就干净着一挂挂儿。（孩子穿上件衣服就干净一会儿。）

（138）我将看一挂挂儿电脑。（我就看一会儿电脑。）

（139）你将就儿等一挂挂儿着。（你稍微等一会儿吧。）

这里的"一挂挂儿"出现在谓词后面，即动词或形容词后充当补语补充说明行为状态持续时间非常短暂；有时会在"V"后面用"着"将谓词和补语"一挂挂儿"加以连接，如例（135）和（137）；有时会在"V"前面出现副词"将""将就儿"与"一挂挂儿"形成对应，如例（138）和（139）。

（二）尝试貌

尝试貌表示尝试着进行某个动作，城东话的尝试貌通过附加的方式来实现，可以在动词后加"试当"来表示。如：

（140）那个手机你用着试当。（那个手机你用着试试。）

（141）我穿着试当，个鞋鞋大者哇没。（我穿穿看这鞋子大不大。）

（142）你把傢央及着试当，看傢来哩哇不呵。（你求他试试，看他来不来。）

城东话在动词和"试当"之间需要有"着"，此处的"着"是不可省略的。我们知道表尝试的动作行为表现在时间上通常是短暂的，因此尝试貌和短时貌语义上关系密切，且表现形式也多有交叉。前文已述："V+（儿）个"和"V+一挂"可用来表示短时貌，相应地它们也可用于表示尝试貌。具体如：

（143）你晻（儿）个，里头谁呵见哩啵？（你看看，能看到里面是谁吗？）

（144）个馍馍碱大者哇没呵，你尝一挂。（这个馍馍碱大不大，你尝尝。）

（145）尕丫头喊着不乖，你哄着试当（儿）个。（小丫头哭个不停，你哄哄看。）

(146) 你们互助巷医院里检查着试当（儿）个去。(你们去互助巷医院检查一下看看。)

(147) 我用着试当一挂，看用成哩啵。(我用用看，看能不能用。)

上述例句表明，"个"和"一挂"不仅可直接用在动词后面表示尝试进行某个动作行为，如例（143）和（144）；还可出现于"V+着+试当"的后面，将尝试貌的两种表现形式重叠使用，如例（145）—（147）。

（三）反复貌

反复貌表示动作行为或现象在一定时间内重复发生或出现，城东话同样是通过重叠和附加两种方式来表达。

1. 重叠式

城东话用重叠方式"V——V"来表示反复貌，其中的第一个"V"要重读，"——"表示声音拖长，一般是普通单字音长的二至三倍。普通话动词重叠"VV"用以表示时间短、数量少，而城东话动词的重叠形式"V——V"则表示该动作反复的次数多，持续的时间长。如：

(148) 老师把我骂——骂了着出去了。(老师骂了我好长时间然后出去了。)

(149) 阿妈带人俩巷道里喧——喧了着将进来。(妈妈在巷子里跟人聊了好长时间刚刚进来。)

(150) 尕舅母溜瓦——溜瓦了着我家里坐下了。(小舅妈客气了好一阵子然后住到我家了。)

(151) 傢看——看了半天着走了。(他看了好长时间然后走了。)

(152) 今儿的个羊肉煮——煮了一下午着还没绵哪。(今天的这个羊肉煮了一下午还没烂。)

这里重叠的"V"都是动词，可以直接用"V——V"的方式来表示动作行为的反复发生出现，如例（148）—（150），也可以在"V——V"后面加上数量短语来补充说明反复发生时间之长，如例（151）和（152）。还要指出，"V——V"不能单独成句，必须在"V$_1$——V$_1$了着V$_2$P"的句式中使用。如果"V——V"后有数量短语，数量短语出现在"了"和"着"之间。

2. 附加式

城东话还可以在"VP"前加"去没去"表示动作行为的反复发生，

"去没去"相当于普通话的"经常"。如：

(153) 傢去没去呵娘家里走掉者。（她经常回娘家。）

(154) 我兄弟上学呵去没去迟到下者。（我弟弟上学经常迟到。）

(155) 爷儿带奶奶俩去没去呵沧下者。（爷爷和奶奶经常生气互相不理睬。）

(156) 雅萍家去没去没人哪。（雅萍家经常没人。）

(157) 听呵傢阿么去没去呵熬煎者。（听说她怎么经常心烦呢。）

"去没去"可用于动词前，也可用于形容词前表行为状态的反复发生、出现。"去没去"后可加"呵"表示停顿，句末常有语气词"者"和"哪"等。比较反复貌的两种表现形式"V——V"和"去没去VP"，我们发现两者的区别在于："V——V"表示某个动作行为持续反复，不停出现，反复的动作之间是没有间隔的，结合刘丹青先生的意见①，我们将其称为"持续反复貌"；而"去没去VP"则表示一个动作行为虽在反复，但是间隔出现，是一种惯常行为，兼有反复含义，我们称其为"惯常反复貌"。

（四）随意貌

随意貌表示动作行为或状态的随意性、任意性，城东话用重叠形式"V了V"来表示随意貌。如：

(158) 你吃了吃，睡了睡。（你想吃就吃，想睡就睡。）

(159) 你走了走，想阿么了阿么哪。（你想走就走，想干嘛就干嘛。）

(160) 威威书念了念哪，不念了打工去。（威威想读书就读，不想读就让他去打工。）

(161) 今儿迟了迟，我们把这点活做完。（今天晚就晚一点，我们还是要干完这点活。）

(162) 外头热了热，你还是把主腰穿上。（外面热就热吧，你还是要穿上棉衣。）

(163) 你难心了难心着去。（你伤心就伤心吧。）

城东话"V了V"中的"V"可以是动词，表示主语发出该动作行为具有任意性、随意性，不受外界或他人影响；也可以是形容词，表示

---

① 刘丹青编著：《语法调查研究手册》，上海教育出版社2008年版，第471页。

某种状态是否出现是随意的,不会对外界或他人的行为造成影响。"V了V"既可以单独成句,也可以出现在复句的前一个分句中。

通过上面的论述,我们将城东话的体貌系统总结列表如下:

表2-1　　　　　　　　　城东话的体貌标记表

体貌名称		标记方式	表达形式
体	起始体	开	V开了/者/俩、V开O/者/俩、VO开了/者/俩
		脱	V脱了/者/俩、V脱O/者/俩、VO脱了/者/俩
	完成体	了	V了、V了O、V+结果/趋向补语+了O
		俩	V俩、VP俩、V₁俩V₁俩地V₂P
		着	VP着
	进行体	者[tʂɛ]	V者、VO者
	持续体	者[tʂɛ]	V者、VO者、OV者、VP者
		着[tʂɔ]	V着O、V下着O
		重叠	V着/哩V着/哩
	经历体	过	V过、V过O、V+趋向补语+过
	先行体	着[tʂɔ]	VP(了)着、NP(了)着、先VP(了)着、等/通达+N+VP(了)着
	将行体	得[ti⁴⁴]	V得了/者、VP得了/者、NP得了/者、NP得下者
貌	短时貌	重叠	V没V
		附加	V(儿)个、V一挂、V一挂挂儿
	尝试貌	附加	V+着+试当、V(儿)个、V一挂、V+着+试当(儿)个、V+着+试当一挂
	反复貌	重叠	V一V
		附加	去没去+呵+VP
	随意貌	重叠	V了V

小结

本节对城东话的体貌系统进行了描述,我们认为"体"是动作、事件在一定时间进程中的状态,城东话有起始体、完成体、进行体、持续体、经历体、先行体、将行体等,其表现手段主要是使用"开""脱""了""俩""者""着""过""得"等体标记。城东话中同一个体可以采用不同的词来加以标记，比如起始体有"开"和"脱"，完成体有"了""俩"和"着"，持续体有"者""着"以及重叠方式等。这些不同的词在标记同一个体时，有的无论出现语境还是语义表达都完全一致，是等价的，如"开"和"脱"；有的则不仅使用语境不同，其语义表现也有差别，如"了"和"俩"等。而且同一个词可用于标记不同的体，如"者"既可标记进行体，也可标记持续体；"着"可用于完成体、持续体中，亦可用于先行体中。"貌"与动作、事件的时间进程无关或关系较小，主要体现了行为主体的思想和情绪，城东话中有短时貌、尝试貌、反复貌、随意貌等，其主要靠重叠和附加的方式来表现，通常不用标记词。由于"貌"与时间进程无关或关系较小，因此城东话在使用"貌"的表现形式的同时，还可出现体标记来表明该动作行为在时间进程中的状态。

第二节 "着"和"者"的用法

"着"和"者"在城东话中是语法功能多样且使用频率很高的虚词，它们较普通话"着"而言有很大的区别，这种特殊性引起了不少学者的关注。汪忠强指出与普通话"着"对应的词在西宁话中有"者"和"着"两个助词[①]。吴新华标注了西宁话"着"的两个读音，分别为［tʂɔ］和［tʂɛ］，并对二者出现的条件和不同作用进行了辨析，指出句型和感情色彩是引起"着"读音分化的两个基本因素[②]。都兴宙发现"着［tʂɔ］"不仅能作时态助词，同时还可以充当介词、结构助词和语气助词，而"着［tʂɛ］"只能作时态助词，并将时态助词的"着［tʂɔ］"和"着［tʂɛ］"从词性、出现位置、组合功能等方面加以了说明[③]。贾晞儒在论述"着"特殊用法的基础上，认为青海汉语的"着"和阿尔泰语的-dʒ似

[①] 汪忠强：《青海方言中几个特殊的助词》，《青海师专学报》1983年第2期。
[②] 吴新华：《青海话里的助词"着"》，《青海师范大学学报》（哲学社会科学版）1984年第3期。
[③] 都兴宙：《西宁方言中的虚词"着"辨异》，《青海民族学院学报》1993年第2期。

乎有密切的渊源关系①。张成材在《西宁方言词典》中将"着［tʂɔ⁵³］"看作助词，指出它在西宁话中的用法相当于北京话的"了""到""吧""得""的"等②；而"者［tʂɛ⁵³］"则是个语气助词，表示动作、状态的持续，或加强命令、嘱咐语气③。通过以上学者的研究，虽然我们对城东话的"着"和"者"有了一定的了解，但大家认识不一，结论各不相同，所以这里打算对"着"和"者"的用法进行更为深入细致地分析讨论。

经我们调查，城东话有"着"和"者"两个虚词，它们读音分别为［tʂɔ］和［tʂɛ］。二者在城东话中的用法既有区别又有联系，现具体论述如下：

一 "着"的用法及其来源

（一）"着"的用法

"着［tʂɔ］"在城东话用法复杂多样，与普通话相比多有不同，大致说来可以归为以下几种，分别为：

1. 方位介词

"着"经常出现在动词后面作为方位介词引出动作行为涉及的处所。如：

(1) 老鼠爬着柜柜底下了。（老鼠爬到柜子底下了。）

(2) 尕明跑着阿扎去了？（小明跑到哪里去了？）

(3) 你车坐着大什字了给我买上个药。（你坐车到大什字帮我买个药。）

(4) 把铁锨立着门背后。（把铁锨立在门后。）

(5) 傢把碗碗放着茶几上了。（他把碗放在茶几上了。）

城东话表示动作行为涉及的地方、处所时，很少用介词"到"和"在"，常常在动词后面直接跟上"着"。"着"既可以出现在表移动或

---

① 贾晞儒：《青海汉话的"着"与青海蒙古语的-dʒ》，《西北民族研究》1993年第1期。
② 李荣主编：《西宁方言词典》，江苏教育出版社1994年版，第72页。
③ 李荣主编：《西宁方言词典》，江苏教育出版社1994年版，第121页。

趋向义动态动词后面，此时"着"对应普通话的"到"，如例（1）（2）（3）；也可以处于表动作或状态的静态动词的后面，这时对应普通话的"在"，如例（4）和（5）。以上句子"着"后面的都是处所名词。如果句子中出现了动作行为涉及的对象，城东话通常是将这个对象宾语前置到动词的前面，如例（3）将"车"放在了"坐"之前，例（4）和（5）用"把"字将"铁锨"和"碗碗"前置到了"立"和"放"的前面。

有时"着"的后面也可以出现时间名词。如：

（6）等着国庆了，我们把家里人乔给一顿哪。（等到国庆了，我们请本家一起吃顿饭。）

（7）剩下的刀豆放着明早儿呵吃不成哪。（剩的豆角放到明天不能吃了。）

（8）手机拿着二十年前呵，我们见哪没见过。（手机拿到二十年前的话，我们见都没见过。）

以上例句中"着"的后面都是时间名词，不同在于前两句"着"后名词所表示的时间是将来的，而后一句则假设是过去的，其中的"着"都相当于"到"。

"着"的这种跟在动词后面引介处所或时间的用法，不单单出现在城东话，兰州、银川、中宁等其他西北方言中也在使用。太田辰夫（1958）、赵金铭（1979）、王力（1980）、吕叔湘（1984）、梅祖麟（1988）等先生均认为是介词，同后面的处所名词、时间名词组成介宾短语作补语。这种句式的否定句常见的是"没+V+着"。如：

（9）老鼠没爬着柜柜底下。（老鼠没爬到柜子底下。）

（10）像把碗碗没放着茶几上/像没把碗碗放着茶几上。（他没把碗放到茶几上。）

在有些语境下，城东话还存在"V+不着+NP"的否定形式。如：

（11）通达天麻呵我们走不着家里了。（等到天黑我们走不到家了。）

（12）2路车坐不着火车站哪。（2路车坐不到火车站。）

（13）我带他俩说不着一搭里。（我和他说不到一起。）

这里的"不着"并非跟"NP"直接发生关系，引出动作行为的处所或时间，而是充当了"V"的补语，指出动作行为发生的可能性。它说明城东话该结构中的"着"是由动词虚化而来,仍保留着动词的成分。张安生先生认为这个"着"的"动词义尚未彻底虚化,功能相当于趋向补语而非介词"①,也有一定的合理性。

2. 持续体标记

我们在上一节谈到"着"在城东话中可用于静态动词后表示状态的持续。如:

(14) 傢穿着一件呢儿大衣。(他穿着一件呢子大衣。)

(15) 爷儿拿着个拐棍。(爷爷拿着个拐杖。)

(16) 我阿嫂伺候着两个老汉哪。(我嫂子伺候着两个老人。)

持续体标记"着"可以出现在单音节动词之后,也可以出现在双音节动词后面表示状态的持续。这里要注意的是,持续体标记"着"必须紧紧依附于动词,且其后往往要出现宾语,试比较以下句子:

(17) a. 我背着个尕包包。(我背着一个小包。)
　　　b. 我个尕包包背者。(我背着这个小包。)
　　　c. 我尕包包背着个。(我背着一个小包。)

a 句动词"背"后面用了持续体标记"着",且动词和"着"之间不能插入任何其他成分,修饰"尕包包"的"个"表示无定;b 句"个尕包包"出现在了动词之前,这里"个"表示有定,指"这个","背"后面则用了"者"这个持续体标记,有时还可以将"个尕包包"放到"背"和"者"中间,变为"我背个尕包包者",此时的"个"仍然为有定;c 句虽然将"尕包包"放到了动词之前,但"动词+着"不能用于句末,所以"个"出现在"背着"之后充当宾语表示无定。通过上面分析我们发现,"着"一般出现在"V+着+O"结构中表示状态的持续。

有时"着"也会出现于存现句中用以描述某处存在着某人或某物。我们根据动词后的名词是施事还是受事可以将其分为两类:第一类动词后的名词表施事。如:

(18) 房上站着两个人哪。(屋顶上站着两个人。)

(19) 个眼眼里钻着个老鼠啊。(这个洞里钻着一只老鼠。)

(20) 教室里坐着二十个娃娃。(教室坐着二十个孩子。)

---

① 张安生:《甘青河湟方言名词的格范畴》,《中国语文》2013 年第 4 期。

（21）炕上躺着个阿奶。（炕上躺着一个老奶奶。）

此处的"着"同样必须紧跟在动词之后，宾语则于"着"后出现。要注意的是能够进入该句式的动词往往都是不及物动词，表示一个瞬间动作，此瞬间动作的完成使得动作行为的发出者——后面的名词处于一种静止状态之中。

第二类动词后面的名词表受事。如：

（22）墙上写着一句话。（墙上写着一句话。）
（23）大门上贴着个对子。（大门上贴着一副对联。）
（24）头上苫着个头巾哪。（头上戴着个头巾。）
（25）怀里抱着个被儿啊。（怀里抱着个被子。）

出现在该句式中的动词都是及物动词，表示的是动作行为完成后所产生的一种结果，也就是后面的名词在某处所的存在，且这种存在一般都是持续的。

3. 方式标记

城东话的"着"还经常作为方式标记，在一些结构中表示"着"后动作行为发生的方式。"着"前可出现的词语主要有以下几种：

首先可以是动词，方式标记"着"最常出现的句式就是"V_1 + 着 + V_2"。如：

（26）你再要站着说话腰不疼哪。（你再不要站着说话不腰疼。）
（27）庄庄上的人偷着盖房房者。（村里的人偷着盖房子呢。）
（28）傢俩抢着买啥去俩。（他俩抢着去买东西呢。）

上述句子中的 V_2 是中心动词，是句子陈述的焦点所在，V_1 是 V_2 动作行为发生的方式或状态，如例（26）说话的方式是站着说，例（27）盖房子的方式是偷着盖，例（28）去买东西的方式是抢着去。这里 V_1 和 V_2 之间的"着"都是方式标记。有时 V_1 是及物动词，其后会出现宾语 NP，且 V_1 和 NP 会用"着"连接起来，构成句式 V_1 + 着 + NP + 着 + V_2，这时我们就要区分这两个"着"分别是什么。如：

（29）a. 出去吃饭了要跟着人着吃俩。（出门吃饭的时候要跟着人吃。）
（30）a. 傢们穿着拖鞋着跳舞者。（他们穿着拖鞋跳舞呢。）
（31）a. 阿大拿着铁锨着扬场去了。（爸爸拿着铁锨去扬场了。）

(32) a. 我将抱着娃娃着出门俩。(我刚要抱着孩子出门呢。)

通过例句我们发现，V_1 和 NP 间的"着"是持续体标记，表示动作的持续或动作发生后出现状态的持续，真正的方式标记是 NP 后、V_2 前的"着"。但要注意的是，城东话有时出于经济、简洁的需求，方式标记"着"经常省略。如例（30）可以改为"傢们穿着拖鞋跳舞者"，此时的"着"虽然也是出现在 V_1 和 V_2 两个动词之间，但"着"位于 V_1 的宾语 NP 之前，因此它是个持续体标记，而不是方式标记。因为 SOV 语序是城东话的常见语序，所以上述句子中的 NP 都可以前置到 V_1 前面，但 NP 前置到 V_1 前，V_1 后往往需要加结果补语，只有这样才更符合城东人说话的习惯，如例（29）—（32）可以改为：

(29) b. 出去吃饭了要人跟上着吃俩。

(30) b. 傢们拖鞋穿上着跳舞者。

(31) b. 阿大铁锨拿上着扬场去了。

(32) b. 我将娃娃抱上着出门俩。

这时用结果补语"上"表示动作行为的发生或完成，因此其后的"着"肯定不是持续体标记，而是表示后一动作发生的方式，是方式标记。

其次"着"还可以出现在形容词后面表示方式。如：

(33) 我急着走俩，你快点。(我着急走，你快一点。)

(34) 手抓要热着吃俩，冰下呵啃不动哪。(羊肉手抓要热着吃，凉了咬不动。)

(35) 有啥不舒坦的了你明着说。(有什么不高兴的事你明明白白地说。)

我们知道部分形容词在句子中可以充当状语，此时作为状语的形容词对中心语动词有着很强的描写、修饰功能。上述句子中的形容词"急""热"和"明"就是对后面动词"走""吃""说"的方式进行了描写说明。

再次"着"前也可以出现代词，不过仅仅局限于指示代词"这么""那么"和疑问代词"阿么"。如：

(36) 你看呵明早儿这么着做呵成啵？(你看明天早上这么做行不行？)

(37) 那么着走呵没对着。（那样走的话不对。）

(38) 个事儿阿么着说俩？（这事怎么说呢？）

上述句子中的代词加"着"构成状语对后面的谓语中心进行修饰，指出其后动作行为究竟以何种方式发生。这里方式标记"着"省略并不影响句意的表达，只是加了"着"语气显得较为和缓。

城东话"着"在方式标记的基础上还引申出了一种用法，那就是在 V_1 + 着 + V_2 结构中用来表时间，相当于"……的时候"，或者是"那会儿"。如：

(39) 你走着大门锁上了没？（你走的时候锁门了没？）

(40) 姐姐出嫁着哭坏了。（姐姐出嫁的时候哭得很厉害。）

(41) 傢做买卖着赔给的钱儿多啊。（他做买卖那会儿赔了很多钱。）

该类型的句子只能用以询问或陈述发生在过去的事情，此时"着"前面的 V_1 可以直接是光杆动词，也可以在 V_1 后出现宾语，如例（41）。

4. 完成体标记

梅祖麟先生曾说："持续貌和完成貌在意义上有非常密切的关系"[①]，城东话也是如此，持续体标记"着"同样也是完成体标记，经常出现在动词后面表示动作行为的完成或结束。如：

(42) 那点杂面我散着搅团了。（那点杂面我散了搅团了。）

(43) 学费一挂带傢打着游戏了。（学费全部让他打了游戏了。）

(44) 我的点时间全全儿操心着娃娃了。（我的这点时间全用来操心了孩子了。）

(45) 傢阿妈们走着西安了。（他妈妈们去西安了。）

城东话的完成体标记"着"用在动词后面，表示动作的完成，相当于普通话的"了$_1$"。但要注意的是，此时句尾通常要有表示新情况出现或起到煞句作用的"了$_2$"，否则句子不能成立。

"着"作为完成体标记不仅可出现于"S + V + 着 + O"句式中，有时还可用于双宾句"S + V + 着 + O_1 + O_2"中，这时句尾一般没有语气词。不过要注意，这种双宾句句式在城东话中使用频率很低。如：

---

① 梅祖麟：《汉语方言里虚词"著"字三种用法的来源》，《中国语言学报》1988 年第 1 期。

(46) 老师给着我一本书。（老师给了我一本书。）

(47) 厂长代给着傢二百钱儿。（厂长给他代了二百块钱。）

有时表完成的"着"没有紧接着动词出现，而是在二者之间加上了结果补语"上"或"下"。如：

(48) 阿舅城里买上着个铺面。（舅舅在城里买了个铺面。）

(49) 芦荟开下着个花儿。（芦荟开了个花儿。）

(50) 凤儿养下着两个丫头。（凤儿生了两个女孩。）

不管是上面的"S+V+着+O"，"S+V+着+O₁+O₂"句式，还是这里的"V+上/下+着+O"结构，其中的"着"都可以换作城东话的另一个完成体标记"了"，且替换以后句意不变。我们还发现城东话中有一种比较特殊的用法，那就是"着"和"了"在句子中可以连用。如：

(51) 等傢走着了我给你说啊。（等他走了我告诉你。）

(52) 钱儿花着了再挣呗。（钱花了再挣吧。）

(53) 娃娃睡着了我们走。（等孩子睡了我们走。）

这时句子由两个分句构成，"着了"用于第一个分句后，常常用于对尚未发生事件的描述，且两个分句所描述的事件是先后发生的，第一个事件的发生为第二个事件提供了条件。不过这里"着了"连用出现并不具有强制性，"着"和"了"省略其中任何一个都不影响句子的成立及句意的表达，请看下列句子：

(54) a. 麦子种着了外头浪儿个走。

　　　b. 麦子种着外头浪儿个走。

　　　c. 麦子种了外头浪儿个走。

a句动词后面"着了"连用，b句只用了"着"，而c句则只用了"了"，但三句表达的意思完全相同，那就是：等种完麦子了到外面玩一圈。这说明此处的"着"和"了"都是完成体标记，使用二者中的任何一个都可以表示动作的完成或实现。但为什么城东话可以将两个完成体标记连在一起使用，还需要我们进一步的调查探究。

5. 结构助词

如果说前面提到的"着"在城东话的用法，像方位介词、持续体标记、方式标记以及完成体标记还不算特殊，它们在现代汉语普通话或其他不少方言中都会出现，那么现在要讨论的这种用法目前来看应该是甘肃、青海所特有的了，那就是出现在动词、形容词后面用来连接补语，相当于普通话的"得"。如：

（55）你夜来睡着阿么个？（你昨晚睡得怎么样？）

（56）阿大走着太快了，我跟不上。（爸爸走得太快了，我跟不上。）

（57）傢把拉面吃着歹啊。（他吃拉面吃得很多。）

（58）年时的天冷着很哪！（去年的天冷得很！）

（59）今儿中午里把我飞紧着跑上去了。（今天中午我紧张得跑过去了。）

这里的"着"作为结构助词，用以连接它前面的动词、形容词及其补语，作用是让其后的疑问代词、形容词、副词或短语等补语对动词、形容词的状态或程度加以补充说明。"着"可以跟在动词后面，其后补语用来说明动作所呈现出的一种状态，如例（55）（56）和（57）；也可以出现在形容词后面，如例（58）和（59），其后补语来补充说明"冷"和"紧张"的程度。

城东话中还有一种使用频率很高的句式，就是"着"出现在形容词或形容词性短语之后，这时补语往往省略不说，用来对某种状态或性质加以肯定，且略带有夸张的意味。如：

（60）个馆馆的饭贵着，扎啊再耍吃了。（这个饭馆的饭太贵了，别在这吃了。）

（61）看环湖赛的人多着啊！（看环湖赛的人很多啊！）

（62）你看傢的脸红着。（你看他的脸很红。）

（63）山上去儿个呵路难走着啊，没心去。（想去趟山上吧，路太难走了，不想去。）

上述例句"A+着"后虽然没有出现补语，但就其意义而言，依然是对性质或程度的强调与肯定。这里要注意的有三点：一是该句式本身就是对程度的强调，所以"着"前形容词不能再受到程度副词的修饰；二是所有这类句子都可在"着"后加程度补语"很"，加上后句意不变；三是"着"后还可以直接出现语气词"啊"来加强感叹语气。

城东话结构助词"着"还有一种用法，是用来连接动词及其后面的趋向补语的，此时"着"跟普通话的"得"没有对应关系。如：

（64）吹鼓手尕建乔着来的。（吹喇叭的人是小建请来的。）

（65）傢把狗娃赶着出去了。（他把狗赶出去了。）

（66）哥哥我啊邮着来了二百斤棉花。（哥哥给我寄来了二百斤棉花。）

（67）洪生赶紧叫着来了个大夫啊。（洪生赶紧叫来了个医生。）

（68）你拿着些碗盏来。（你拿些碗、盘子过来。）

（69）你抱着几个捆捆过去。（你抱几个麦捆子过去。）

在"V＋着＋趋向补语"的句式中，动词 V 可以不带宾语，如例（64）（65）。如果动词后面有宾语，宾语可出现在趋向补语后面，如例（66）和（67），也能出现在趋向补语前，如例（68）（69）。该句式可用于对已然情况的陈述，也可表示对未然事件的祈使。否定句中，否定副词出现在动词之前。如：

（70）把给恶索再蚕拿着来。（把这些垃圾别再拿来。）

（71）娃娃还没送着来。（孩子还没送来。）

有时"着＋趋向动词"还能充当可能补语，对前面动词表示动作行为发生的可能性进行补充说明。如：

（72）a.——个眼眼里钻着过去啵？（这个洞能钻过去吗？）

　　　　——钻着过去俩。／钻不着过去。

　　　b.——个眼眼里钻着过去下俩？（这个洞能钻过去吗？）

　　　　——钻着过去下俩。／钻不着过去。

（73）a.——你把车车推着进来里啵？（你能把车子推进来吗？）

　　　　——推着进来俩。／推不着进来。

　　　b.——你把车车推着进来下俩？（你能把车子推进来吗？）

　　　　——推着进来下俩。／推不着进来。

例（72）（73）的 a 句对动作行为发生的可能性进行提问，直接用了"V＋着＋趋向动词＋语气词"表达，这里的语气词是必不可少的，否则该疑问句不成立。如果回答是肯定的，则用"V＋着＋趋向动词＋俩"表示；否定回答则用"V＋不＋着＋趋向动词"。b 句是 a 句的变式，在城东话中出现的频率与 a 句基本相当，王毅等指出它在"多民族杂居地区使用"[①]。城东正是多民族杂居之地，这跟上述说法正相吻合。

---

① 王毅、王晓煜、王森：《甘宁青方言"着"字新探》，载邢向东主编《西北方言与民俗研究论丛》，中国社会科学出版社 2004 年版，第 281—293 页。

这里要提到的一点是，"V+着+趋向补语"中的"着"都可以省略。"着"是否出现跟语速有关，语速慢时"着"往往出现，语速快时则可以不用。

6. 祈使语气词

"着"在城东话还经常用于祈使句或表愿望的陈述句句尾表命令、愿望、警告等。如：

（74）你忙着。（你忙吧。）

（75）我先去啊，你坐着。（我先出去，你坐着吧。）

（76）你把你的学生当着，大人们的事儿你要管。（你当你的学生，大人的事儿你不要管。）

（77）你把凳凳抓着。（你把凳子扶一下。）

（78）我们走掉了你把家里收拾着。（我们走了你把家里收拾一下。）

（79）赶紧把你丫头打发着。（赶紧把你姑娘出嫁了。）

（80）安静着！（安静！）

（81）悄悄着！（安静！）

祈使语气词"着"很多时候都是直接出现在动词后面，此时的动词可以具有持续意义的特征，如例（74）—（76）的"忙""坐""当学生"这些动作行为已经发生且还可以持续下去，因此说话人要求听话者继续进行该动作，或保持该状态不变。当然，这里的动词也可以不具备持续性，如例（77）—（79）的"抓""收拾"和"打发"这些动作尚未发生且一经发生也会很快结束，说话人就要求听话者发出该动作。有时，"着"也会出现在形容词后面，这些形容词往往描述了一种状态，加"着"表示说话人要求听话者保持某种状态。

（82）出去了穿上个衣裳着。（出去了穿上件衣服吧。）

（83）你吃上点馍馍着。（你吃上点馍馍吧。）

（84）赶紧个衣裳啊洗掉着。（赶紧把这件衣服洗了吧。）

（85）记着给傢把东西拿上着。（记得给他把东西拿上吧。）

（86）要凑热闹，把你的作业写去着。（不要凑热闹，写作业去吧。）

有时"着"前动词还可以带上宾语或者补语。城东话把字句使用频率很高，很多时候动词宾语都会被"把"引介前置到动词之前，如例（76）—（79），不过也有个别例外的情况，如例（82）和（83）。"着"

还可出现于动补短语之后，如例（84）（85）的结果补语"掉"和"上"，例（86）的趋向补语"去"等。但要注意，能带宾语或补语出现在"着"之前的动词，如上述例句中的"穿""吃""洗""拿"和"写"等一般都不具备持续性，这些动作目前都是还未发生的。

句尾是"着"的这类祈使句有时会在句首带上"操心""小心"之类词语，表示对听话者的一种提醒或警告。如：

（87）小心踔倒着。（小心摔倒。）

（88）街上去了把钱儿装好，小心贼娃着。（到街上装好钱，小心小偷。）

（89）操心把娃娃要丢着。（小心别把孩子丢了。）

上面提到祈使语气词"着"可用在肯定句中表命令、要求或是提醒、警告，也能用在否定句中表示此类语气。如：

（90）要喊着，受死了！（不要再哭了，烦死了！）

（91）要调皮着，挨打俩！（不要再调皮了，要挨打呢。）

（92）电视再要看着。（不要再看电视了。）

（93）觉再要睡着，赶紧起来！（不要再睡觉了，赶紧起来！）

（94）你我跟前再要然着。（你不要再跟我磨叽了。）

否定句中"着"前动词一般具有持续性，如上述例句中的"喊""调皮""看""睡""然"等，这些动作在说话时已经开始且正在进行，因此说话人要求对方停止该行为。有时在否定副词"要"之前还会出现表继续重复的副词"再"，指出了动作行为的持续性。

表祈使的语气词"着"主要用在祈使句中，有时也会出现在陈述句中表示说话者的一种主观愿望或想法。如：

（95）娃娃我看着，你忙去。（孩子我看吧，你去忙。）

（96）个衣裳我拿着，你穿了再说。（这件衣服我先拿着吧，等你要穿了再说。）

（97）电脑我们先用着，用不成了再买新的。（电脑我们先用吧，不能用了再买新的。）

以上所有表祈使、愿望语气的句尾"着"都可以省略，省略后表命令、要求的祈使语气更为强烈，态度更为强硬，而加了"着"，虽则仍是祈使，但语气较为缓和，更多表现出了一种商量的态度。

这种在祈使句或表愿望的陈述句句尾表命令、警告、希望的"着"不仅在城东话使用，在兰银官话、西南官话、晋语、中原官话的汾河片、关中片等方言中也有分布。

7. 先行体标记

我们在"动词的体貌"一节谈到，城东话的先行体标记是"着"，用于关于将来行动对话的答句末尾和带有嘱咐意义的祈使句末尾，类似于普通话的"再说"。这个类似于"再说"的先行体标记"着"在现代汉语方言中分布范围相当广，目前资料所见的就有北京、山东临朐、淄川、寿光、沂水、临淄、山西大同、洪洞、陕西神木、清涧、镇安、平利、宁夏中宁、青海西宁、湖北武汉、天门、荆沙、阳新、英山、四川绵阳、江西九江、南昌、安义、丰城、高安、临川、崇仁、宜春、湖南长沙、益阳、祁阳、双峰、浙江金华、贵州贵阳、大方等地。

城东话先行体标记"着"主要出现在以下场合：一是在商量将要采取的行动时，用于对话中的答句；二是用于对听话者进行嘱咐、要求等的祈使句。举例如下：

(98) 走不动了，我坐儿会着。（走不动了，我坐一会儿再说。）

(99) 等一挂，通达俫把作业写掉了着。（等一下，等他写完作业再说。）

(100) 你嫑急，我先说完了着。（你别着急，我先说完再说。）

(101) ——阿会儿走俩？（什么时候走呢？）
　　　——后天了着。（后天了再说。）

(102) 我先地里去，你缓儿会了着。（我先到地里去，你休息一会儿再说。）

(103) 羊肉先嫑吃着，还没绵呢。（羊肉先不要吃，还没煮熟呢。）

(104) 雨还没下罢，你先嫑走着。（雨还没停，你先别走。）

通过上面的例句我们发现，"着"可以出现在 VP 之后，如例（98）—（100）。也可以出现在 NP 之后，如例（101）。不管是对于将要采取行动的回答，还是对听话者嘱咐要求的祈使，该句的基本语义都是先做某事或到某个时间，然后再做其他事情，或是其他事情暂不考虑。"着"所在句子表示的事件需要先出现或进行，然后再考虑别的事情。因此这里的"着"基本相当于普通话的"再说"，不过否定祈使句除外，如例（103）和（104）。因为"着"的这种先行义，所以其所在句子的动词前常常有"通达""先"等词，动词后可出现"掉""完"等结果补语，"着"前多加完成体标记"了"。

（二）"着"用法的来源

以上我们对"着"的用法进行了分析，发现它在城东话中有方位介词、持续体标记、方式标记、完成体标记、结构助词、祈使语气词和先行体标记七种不同的用法。这些用法之间是怎样的一种关系？它们究竟是源自不同的词，在长期的发展演变中读音趋同了，还是根本就是同源的呢？结合汉语史的文献材料以及现代汉语中的大量方言事实，我们认为上述七种用法是"着"在不同历史时期发展演变的产物，只是目前共时平面地保存在了城东话里。

"着"① 的语法化一直是汉语史研究的热点，太田辰夫（1958）、赵金铭（1979）、王力（1980）、吕叔湘（1984）、梅祖麟（1988）、曹广顺（1995）、卢烈红（1998）、萧国政（2000）、杨永龙（2002）、邢向东（2004）等很多学者参与了该问题的讨论。这里我们打算在前人时贤研究的基础上，结合城东话的语言实际，尝试对"着"的语法化过程进行梳理。

"着"在上古汉语中是动词，表示"附着""黏附""放置"等意义。如：

（105）风行而着于土，故曰："其在异国乎。"（春秋·左丘明《左传·庄公二十三年》）②

（106）今戾久矣，戾久将底。底着滞淫，谁能兴之？（春秋·左丘明《国语·晋语》）③

从汉代起，动词"着"开始了其虚化过程。首先是自东汉开始，用于动词后面，即连动式"V+着"中，这种情况多见于汉译佛经中。如：

（107）犹如花朵缠着金柱。（汉《佛本行经》卷二）④

---

① "着"古代文献中多作"著"，后来写作"着"，本文一律写作"着"。
② （春秋）左丘明著，蒋冀骋点校：《左传》，岳麓书社2006年版，第35页。
③ （春秋）左丘明撰，尚学峰、夏德靠译注：《国语·晋语》，中华书局2007年版，第185页。
④ 转引自曹广顺《近代汉语助词》，商务印书馆2014年版，第33页。

(108) 日月之行也，系着于天也。(东汉·王充《论衡·说日》)①

(109) 迦弥尼鬼者着小儿乐着女人。(汉《童子经念诵法》)②

(110) 不留心于无明，贪着世间。(汉《大宝积经》卷九十四)③

"着"前动词常是可产生附着状态的，如例（107）（108）的"缠"和"系"，"着"后宾语也多表地点或处所，如例（108）用"于"引介出了处所。这类句子表示通过某个动作使物体附着于某个处所。有时"着"前为表心理活动的动词，"着"后宾语则是心理活动的对象。整个句子表示某个动作附着在某个对象之上。不管"着"前是何种动词，此时"着"仍具有很强的动词义。

魏晋南北朝时，动补结构产生，连动式"V+着"受其影响演变为动补结构，"着"从动词发展成补语。如：

(111) 文若亦小，坐着膝前。(南朝宋·刘义庆《世说新语·德行》)④

(112) 先洒扫，别粗细为三辈，盛着笼中。(晋·张华《博物志》)⑤

(113) 然后令送着门外。(南朝宋·刘义庆《世说新语·简傲》)⑥

(114) 长文尚小，载着车中。(南朝宋·刘义庆《世说新语·德行》)⑦

此时"着"后都有宾语，且根据"着"前动词的不同，"着"的意义略有差异：如果"着"前为静态动词，如例（111）（112）的"坐"和"盛"，"着"翻译为"在"；如果前面是动态动词，如例（113）（114）的"送"和"载"，"着"翻译为"到"。这里的"着"表示通过某个动作行为使事物及于某个处所，从动词发展成了介词。这种用法在今天的城东话中仍大量存在。

魏晋至隋唐，"着"的语义逐渐从空间开始向时间发生转移，也就是

---

① （东汉）王充：《论衡》，上海人民出版社1974年版，第175页。
② 转引自曹广顺《近代汉语助词》，商务印书馆2014年版，第33页。
③ 《中华大藏经》编辑局编：《中华大藏经·大宝积经》，中华书局1984年版，第310页。
④ （南朝宋）刘义庆著，张㧑之译注：《世说新语译注》，上海古籍出版社1996年版，第4页。
⑤ （晋）张华著，唐子恒点校：《博物志》，凤凰出版社2017年版，第143页。
⑥ （南朝宋）刘义庆著，张㧑之译注：《世说新语译注》，上海古籍出版社1996年版，第479页。
⑦ （南朝宋）刘义庆著，张㧑之译注：《世说新语译注》，上海古籍出版社1996年版，第4页。

从表示空间位置上的持续和完成发展演变为表示时间上的延续和完成，从而使"V+着+NP"的关系发生了变化。具体而言，在"V+着+处所名词"的结构中，处所名词表示的不仅仅是"着"依附的地点，同时也是V完成的终点。"放置于某处"既是V完成的动作，也是其本身造成的结果。由此在"V+着+处所名词"中，"着"所预设的"完成"义逐渐固定下来。结构上来说，"着"的语义由"在""到"转变为"完成"，其后就不必强制出现处所名词，普通名词随即进入到"V+着+NP"结构。"着"由原来与N关系密切变为此时与V结合紧密，从N的前附成分变成了V的后附成分，用以表示动相补语或动作结果的补语。如：

(115) 衔泥点淤琴书内，更接飞虫打着人。（唐·杜甫《绝句漫兴》）①

(116) 初闻道着我名时，心里不妨怀喜庆。（唐《敦煌变文集·维摩诘经讲经文》）②

这种用法在唐代继续发展，进一步虚化，并于唐代最终语法化为表示动作完成、状态实现的动态助词，成为了完成体标记，且在宋代继续沿用。这里举唐宋时期"着"作为完成体标记的数例用法如下：

(117) 乞取池西三两竿，房前栽着病时看。（唐·王建《乞竹》）③

(118) 迁父灵柩就洛州，于隧道掘着龙窟，大如瓮口。（唐·张鹭《朝野佥载》卷五）④

(119) 自说孤舟寒水畔，不曾逢着独醒人。（唐·杜牧《赠渔父》）⑤

(120) 莫为此女人损着符君性命，累及天曹。（唐《敦煌变文集·叶

---

① （清）彭定求等编：《全唐诗》（第七册），中华书局1960年版，第2451页。
② （唐）王重民等编，周绍良批校：《敦煌变文集》（下），国家图书馆出版社2017年版，第373页。
③ （清）彭定求等编：《全唐诗》（第九册），中华书局1960年版，第3431页。
④ （唐）张鹭撰，郝润华、莫琼辑校：《朝野佥载辑校》，山东人民出版社2018年版，第130页。
⑤ （清）彭定求等编：《全唐诗》（第十六册），中华书局1960年版，第5999页。

净能诗》)①

（121）即问所求争得遂，都缘闻着《法华经》。（唐《敦煌变文集·妙法莲华经讲经文》)②

（122）斯文既在孔子，孔子便做着文章在。（宋·朱熹《朱子语类》卷三十六)③

（123）离着善，便是恶。（宋·朱熹《朱子语类》卷五)④

表动作、状态完成或实现的"着"后世虽时有使用，但随着完成体标记"了"的日渐完善，"着"在与"了"的竞争中处于下风，最终退出了历史舞台，只是在部分中原官话、吴方言、湘方言、西南官话等现代汉语方言中得以保留了下来。城东话便是其中之一。

六朝时"着"开始出现在持续动词或是表动作结束后状态持续的动词后面，来表示动作、状态的持续。如：

（124）如值宝箧，为身见镜之所惑乱，妄见有我，即便封着。（南齐·求那毗地《百喻经》卷二)⑤

（125）匀摊，耕，盖着，未须转起。（后魏·贾思勰《齐民要术·杂说》)⑥

城东话"着"最基本的用法是持续体标记，且最常见的句式是"V+着+O"。

在唐代，"着"还发展出了另外一种用法，那就是标记进行态。因为"当助词'着'所表达的持续状态是另一个动作进行的条件时，'着'的作用就变为表示动作的进行态了"⑦。但唐代表示动作进行的"着"用例

---

① （唐）王重民等编，周绍良批校：《敦煌变文集》（上），国家图书馆出版社2017年版，第284页。
② （唐）王重民等编，周绍良批校：《敦煌变文集》（上），国家图书馆出版社2017年版，第329页。
③ （宋）黎靖德编，王星贤点校：《朱子语类》，中华书局1986年版，第957页。
④ （宋）黎靖德编，王星贤点校：《朱子语类》，中华书局1986年版，第26页。
⑤ （南齐）伽斯那撰，求那毗地译：《百喻经》（卷上），文学古籍刊行社1955年版，第28页。
⑥ （后魏）贾思勰原著，缪启愉校释：《齐民要术校释》，农业出版社1982年版，第16页。
⑦ 曹广顺：《近代汉语助词》，商务印书馆2014年版，第39页。

不多，并不成熟。具体用例如：

（126）上贤读我时，把着满面笑。（唐·寒山《诗三百三首》）①

（127）栋梁君莫采，留着伴幽栖。（唐·白居易《题遗爱寺前溪松》）②

（128）青提夫人一个手，托着狱门回顾盼。（唐《敦煌变文集·大目乾连冥间救母变文》）③

（129）皇帝忽然赐疋马，交臣骑着满京夸。（唐《敦煌变文集·长兴四年中兴殿应圣节讲经文》）④

一直到宋代，"V_1＋着＋V_2"中"着"表进行用例渐增，用法也日渐成熟，甚至在此时发展出了"A＋着＋V"的句式。如：

（130）如见阵厮杀，擂着鼓，只是向前走，有死无二，莫更回头始得。（宋·朱熹《朱子语类》卷一百二十一）⑤

（131）向尊前，闲暇里，敛着眉儿长叹。惹起旧愁无限。（宋·柳永《秋夜月》）⑥

（132）芙蓉斗晕燕支浅，留着晚花开小宴。（宋《全宋词》欧阳修《玉楼春》）⑦

（133）不是大着个心去理会，如何照管的。（宋·朱熹《朱子语类》卷一十六）⑧

（134）须是软着心，贴就它去做。（宋·朱熹《朱子语类》卷四十五）⑨

"V_1＋着＋V_2"结构在唐宋时期虽然"着"前后的两个动词主次关系

---

① （唐）丰干等撰：《丰干寒山拾得诗集》，学林出版社1994年版，第28页。
② （清）彭定求等编：《全唐诗》（第十四册），中华书局1960年版，第4908页。
③ （唐）王重民等编，周绍良批校：《敦煌变文集》（下），国家图书馆出版社2017年版，第609页。
④ （唐）王重民等编，周绍良批校：《敦煌变文集》（下），国家图书馆出版社2017年版，第25页。
⑤ （宋）黎靖德编，王星贤点校：《朱子语类》，中华书局1986年版，第2922页。
⑥ （宋）柳永：《柳永词集》，上海古籍出版社2017年版，第48页。
⑦ 唐圭璋编：《全宋词》，中华书局1965年版，第136页。
⑧ （宋）黄士毅编，徐时仪、杨艳汇校：《朱子语类汇校》，上海古籍出版社2014年版，第390页。
⑨ （宋）黎靖德编，王星贤点校：《朱子语类》，中华书局1986年版，第122页。

并不非常明显,但当时"V₁+着"已经可以用来表示 V₂发生的方式了。且"V₁着"所在的前者往往为与其同时发生或先后存在的 V₂充当背景信息,因此语义上 V₁一般都轻于 V₂,这为"着"虚化成方式标记提供了条件。我们知道,"V₁+着+V₂"中的 V₁常表状态,状态没有动性可言,故而不具备叙述事件的能力,只有动作才是叙述事件的主要承担者,由此决定了二者同现时表状态的动词只是伴随成分,表动作的动词才是中心所在。这种情况势必造成"V₁+着+V₂"结构中语义重心后移,"V₁+着"虚化。

丁勇(2012)指出,"V₁+着+V₂"格式在元代以前的文献中并不多见,元代以后才渐增多,说明"着"发展为方式标记除了汉语自身的原因外,蒙古语对其的影响也不容忽视。蒙古语动词后面有一种附加成分,表示该动词跟其他动词连用,这种附加成分被称为"副动词"。副动词可用来表示并列式、先行式、前提式、衔接式等不同的语法意义。如下面例句中的并列式副动词-ʤ,先行式副动词-əəd,衔接式副动词-mtʃ 等:

(135) bii ən ɯdaa bəəʤ Iŋ gɔtɪɪg sɛā tɔæœr -ʤ uʤləə.(我这次仔细游览了北京市)

   我 这 次 北京 城 好 逛逛 看

(136) argǎlɪg bootʃ ǐnd xii-g -əəd abtʃ ǐr!(把干牛粪放到簸箕里拿来!)

   干牛粪 簸箕 装入 拿来

(137) tər xuuxěd ʃixěr ab- (ǎ) mtʃ uŋxtʃ ǐxləə.(那孩子拿到糖就放到嘴里了。)①

   那孩子 糖 取 含

经过比较我们发现,"V₁+着+V₂"中的"着"跟蒙古语表并列式、先行式、衔接式等的副动词无论是句法位置,还是语法功能都有相通之处。因此,元代的直译体文献中多用"着"来对译蒙古语副动词。如:

(138) 自由的不拿着使甚么?再商量者。(元《通制条格》卷二)②

(139) 合无将本院但有析居户,令本院管领,据合着差发。(元《通制条格》卷三)③

---

① 以上三个例句均出自道布编著《蒙古语简志》,民族出版社1983年版,第54页。
② (元)郭成伟点校:《大元通制条格》,法律出版社2000年版,第23页。
③ (元)郭成伟点校:《大元通制条格》,法律出版社2000年版,第30页。

（140）今将怯来知府打五十七下，别个的根底挨次着要罪过呵，怎生？（元《元典章·刑部六》）①

（141）其余军民相犯，不拣什么勾当有呵，约会着一同问者。（元《元典章·刑部六》）②

受此影响，"着"的语法功能相应地发生变化，其方式标记的用法日益增加。在同时代的其他文献中，有不少场合的"着"都可以理解为后一动作行为发生的方式或状态。如：

（142）牢着眼看鸟飞兔走，急回头怕鹤怨猿啼。（元·陶宗仪《南村辍耕录》卷十二）③

（143）出山门长老啼哭着拜。（元·马致远《集贤宾》）④

（144）世间人把丹桂都休折，留着手把雕弓搜。（元·关汉卿等《元刊杂剧三十种·闺怨佳人拜月亭》）⑤

（145）曹孟德心多能做小，倚着汉云长善与人交。（元·关汉卿等《元刊杂剧三十种·关大王单刀会》）⑥

"着"在元代虚化为方式标记后，该用法在日后一直沿用，今天的现代汉语普通话和城东话中都有类似的例子。

从唐五代开始"着"有了表祈使语气的用法，但这个"着"究竟从何而来，大家意见不一。太田辰夫先生（1958）认为，该"'着'的来源只能说不清楚"。吕叔湘先生（1984）在考察了北宋禅宗语录《景德传灯录》以及唐宋金元文献中"着"的词形、语气后指出"如欲以一语通概'著'字之语气，可曰，宣达发言者之意志，而尤以加诸彼方，以影响其行为为其主要作用"，同时也可以是"自剖己意，无所加于彼方"，"著""者""咱""则个"是同一语气词的不同形式。李倩（1997）认为这个表祈使的"着"跟动词"着"以及持续体标记没有关系，邢向东

---

① （元）陈高华、张帆、刘晓、党宝海点校：《元典章》，中华书局、天津古籍出版社2011年版，第1510页。

② （元）陈高华、张帆、刘晓、党宝海点校：《元典章》，中华书局、天津古籍出版社2011年版，第1346页。

③ （元）陶宗仪撰，李梦生校点：《南村辍耕录》，上海古籍出版社2012年版，第137页。

④ 王季思主编：《全元戏曲》，人民文学出版社1990年版，第246页。

⑤ 宁希元校点：《元刊杂剧三十种新校》（上），兰州大学出版社1988年版，第22页。

⑥ 宁希元校点：《元刊杂剧三十种新校》（上），兰州大学出版社1988年版，第35页。

(2004)等很多学者则指出祈使语气词"着"源自持续体标记,罗骥(2004)认为语气词"着"由处所介词"着"发展而来,王苗(2015)则提出语气词"着"是完成体标记"着"在特定结构受语境影响从而语法化的结果。上述观点中,李倩的论述并不充分,她所说的语气词"着"意义上看不出跟附着义有何联系,以及"着"前多为述宾或述补的复杂谓词,这两点显然与实际情况存在出入。罗骥的观点也有待商榷,"着+方位短语"结构中方位短语的脱落转移缺乏演变的动因和机制,因此,处所介词"着"不具备虚化为祈使语气词的条件。那语气词"着"到底是源自持续体还是完成体呢?我们结合历史文献和城东话的方言实际,认为语气词"着"当不是完成体衍生来的,而是由持续体"着"演变而来,理由如下:

　　首先从使用频率及自身发展来看。自汉魏六朝起,"着"开始进一步虚化,逐渐产生了表动作完成或获得某种结果的完成义,以及表动作状态、结果持续的持续义,其中持续义"是动态助词'着'在唐代和晚唐五代最基本的用法"[①]。而表完成的"着"受到"了"的压制和排挤,未能得到全面的发展和完善,"始终没有成为'着'的基本用法"[②]。由一个尚不完善的用法发展衍生出新的功能,我们认为是不大可能的。吴福祥先生曾对唐代文献《敦煌变文集》中的"着"进行统计,发现"着"在其中作为持续体标记的共有34例,祈使语气词有22例,完成体标记只有2例[③]。由此可见,完成体"着"在唐代使用得并不广泛,反倒是语气词"着"当时已开始大量出现。其次就祈使句的语义特征来看。祈使句是用来命令、要求对方做或不做某件事的一类句子,所要求的"这件事或这个动作"往往是尚未发生或正在进行的。如果某个动作已经完成,就没必要用祈使句对该动作行为再加以命令、要求。因此,我们认为完成体"着"和祈使句的语义相互矛盾,不具备发展为祈使语气词的条件。我们再来看持续体和语气词"着"之间是否有关系。考察历史文献,发现语气词"着"前的动词多有持续性,但不具有持续性的动词也很常见。

[①] 曹广顺:《近代汉语助词》,商务印书馆2014年版,第38页。
[②] 吴福祥主编:《近代汉语语法》,中国社会科学出版社2015年版,第263页。
[③] 吴福祥:《敦煌变文语法研究》,岳麓书社1996年版,第306、337页。

太田辰夫先生就曾指出"在较早的例子中，不一定限于用在持续动词后面"①。如：

（146）道安答曰："汝缘不会，听我说着。"（唐《敦煌变文集·庐山远公话》）②

（147）大众虔心合掌着，要问名字唱将来。（唐《敦煌变文集·佛说阿弥陀经讲经文》）③

（148）语昆仑曰："君畏去时，你急捉我着。"（唐《敦煌变文集·搜神记》）④

（149）裴对曰："若怪即曳向下着。"（唐·赵璘《因话录》卷五）⑤

（151）师曰："斫却着。"（宋·释道原《景德传灯录》卷十八）⑥

（150）师曰："你急手托虚空着！"（宋·赜藏主《古尊宿语录·南泉普愿语要》）⑦

（152）师云："好生着，莫教错。"（宋·赜藏主《古尊宿语录·睦州语录》）⑧

（153）大哥，我们回去也，你好坐的着。（明·《老乞大谚解》612B）⑨

上述例句中，有些"着"前动词具有持续意义，如例（146）—（150），而有些则没有持续义，如后三个例子。城东话的情况也是如此。我们认为原因在于语气词"着"是由持续体标记"着"演变产生，所以

---

① ［日］太田辰夫：《中国语历史文法》，蒋绍愚、徐昌华译，北京大学出版社1987年版，第333页。

② （唐）王重民等编，周绍良批校：《敦煌变文集》（上），国家图书馆出版社2017年版，第253页。

③ （唐）王重民等编，周绍良批校：《敦煌变文集》（上），国家图书馆出版社2017年版，第86页。

④ （唐）王重民等编，周绍良批校：《敦煌变文集》（上），国家图书馆出版社2017年版，第815页。

⑤ 李肇等撰：《唐国史补：因话录》，上海古籍出版社1979年版，第104页。

⑥ 《中华大藏经》编辑局编：《中华大藏经·景德传灯录》，中华书局1984年版，第389页。

⑦ （宋）赜藏主编：《古尊宿语录》，上海古籍出版社1991年版，第121页。

⑧ （宋）赜藏主编：《古尊宿语录》，上海古籍出版社1991年版，第68页。

⑨ 转引自李泰洙《〈老乞大〉四种版本语言研究》，博士学位论文，中国社会科学院研究生院，2002年，第227页。

普遍用以表示要求对方继续进行某个动作或做某件需持续的事。但当它在祈使句句尾表达了这种命令、要求、劝勉、禁止的语气后，"着"前动词表持续性的语义限制逐渐消失，其使用范围则不断扩大。

"着"作为先行体标记其来源较为清晰，虽然萧国政先生（2000）认为武汉方言表先行体的"着"是从"再说"衍生而来，但经过杨永龙（2002）和邢向东（2004）两位先生的细致推理，现在学界基本认同先行体"着"是祈使语气词"着"进一步语法化的产物。先行体"着"元末明初出现，清代的语料中使用已是相当普遍。如：

（154）老娘先打两个耳刮子着。（明·施耐庵、罗贯中《水浒传》第二十一回）①

（155）打的书童急了，说："姐，你休鬼混我，待我扎上这头发着！"（明·兰陵笑笑生《金瓶梅词话》第三十一回）②

（156）弟却也无以为敬，谨具贺仪五十两，世先生权且收着。（清·吴敬梓《儒林外史》第三回）③

（157）邢夫人笑道："你且坐着，我还和你说话呢。"（清·曹雪芹《红楼梦》第二十四回）④

通过上面例句我们发现，最初"着"依然是表祈使的语气词，明代时它经常跟"先""且""待""等"这类词搭配出现，表示"暂且做某事再……"的意思，也就是说由"先、且、待、等……着"共同表达先行义。因为"再做的事情"一般隐而不说，久而久之，先行义就逐渐转移到"着"上，"先"等词语变得可有可无，"着"最终成为了先行体标记。

城东话"着"还有一种特殊用法——结构助词。我们知道城东话没有结构助词"得"，在表示由动作、性状而呈现出的情态时一般用"着"，"着"常处于中心语和补语之间用来连接二者。有时"着"连接情态补

---

① （明）施耐庵、罗贯中：《水浒传》（上），人民文学出版社1975年版，第268页。
② （明）兰陵笑笑生著，陶慕宁校注：《金瓶梅词话》，人民文学出版社2000年版，第357页。
③ （清）吴敬梓著，李汉秋辑校：《儒林外史汇校汇评》，上海世纪出版股份有限公司、上海古籍出版社2010年版，第44页。
④ （清）曹雪芹著，周汝昌汇校：《红楼梦》，人民出版社2006年版，第229页。

语，有时则是趋向补语。那这个作为结构助词的"着"从何而来呢？目前为止还未见到相关论述。岳俊发先生关于结构助词"得"的一段话给了我们启示，他说："结构助词'得'正是直接由这种表完成的'得'字虚化来的。因为情态补语总是表示动作完成以后所造成的一种具有描写性质的情态，所以就有可能在上面这种表完成的'得'字之后，补述上一种描写性质的成分。这样就产生了一种崭新的'动—得—动/形/主谓'的格式。在这种格式中，'得'字失去了动词的性质和动能，成为连接动词和补语的成分，从而虚化成结构助词，产生了情态补语'得'字句。"① 既然结构助词"得"是由表完成的"得"虚化而来的，那城东话的结构助词"着"是不是也是由表完成的"着"虚化来的呢？前文已述，完成体标记"着"自唐代产生，宋元沿用，在与"了"的竞争中处于下风，明中叶以后逐渐退出了历史舞台。但"着"表完成的用法在城东话一直存在，因此我们猜测城东话表完成的"着"可能也跟"得"一样，经历了同样的语法化过程，最终演变为了结构助词"着"，而这也正是"着"在城东话发展完善的一个表现。我们在历史文献中尚未找到"着"用作结构助词的例子，目前仅见《元刊杂剧三十种·闺怨佳人拜月亭》"你直待白骨中原如卧麻。虽是这战伐，负着个天摧地塌，是必想着俺子母每早来家"中的"负着个天摧地塌"可能是一例。因此关于结构助词"着"的来源还需要我们进一步的调查研究。

通过以上论述，我们将"着"发展演化的过程概括如下：

"附着"义动词→"V+着"连动式→处所介词→完成体标记→结构助词
↓
持续体标记→进行体标记→方式标记
↓
祈使语气词→先行体标记

无论是处所介词、持续体标记、完成体标记、方式标记，还是祈使语气词、先行体标记，这些历时的演变共时、平面地保存在了今天的城东话，甚至还发展演变出了新的用法——补语标志。

---

① 岳俊发：《"得"字句的产生和演变》，《语言研究》1984年第2期。

二 "者"的用法及其来源

（一）"者"的用法

相对于"着"，城东话"者"的用法要简单一些，主要有进行体标记、持续体标记和语气词三种。

1. 进行体标记

"者"常位于动态动词之后对动作行为的进行过程加以描述。上一节对动词的体貌系统做过论述，因此这里例不繁举，略举二例说明如下：

(158) 傢家里洗衣裳者。（她正在家里洗衣服呢。）

(159) 娃娃们操场上做操者。（孩子们正在操场上做操呢。）

城东话进行体"者"最大的特点是往往不紧跟着动词出现，而是用在宾语之后，即"V+O+者"。

如果要说明某人从事哪种职业，或担任何种职务时，城东话也会用进行体"者"，其位置仍然在宾语后面。如：

(160) 尕强团结桥站大脚者。（小强在团结桥当临时工呢。）

(161) 我阿哥新疆当兵者。（我哥在新疆当兵呢。）

这里要提到的一点是，如果"者"所在的句子出现了否定副词"没"，变成了否定句，那么句尾的"者"就要变作"着"。如：

(162) 穆萨这会儿没写作业着。（穆萨这会儿没写作业。）

(163) 爷儿电视啊没看着，傢外头去了。（爷爷没看电视，他去外面了。）

(164) 老师课啊没讲着，带学生们看书者。（老师没讲课，让学生看书呢。）

我们从例（164）可清楚看出，同样是对正在进行动作的描述，前一个分句是否定句，所以句末用了动态助词"着"；而后一分句是肯定句，句末则出现了动态助词"者"。为什么会有这样的不同呢？都兴宙先生曾解释说："其原因首先是在本有读音不同的基础上，否定句只用'着$_1$'而不用'着$_2$'①，我们以为这是受到了句中否定词'没'的影

---

① 都兴宙先生文中的"着$_1$"对应本书的"着"，"着$_2$"对应本书的"者"。

响。'没'在西宁方言里读音为 mɔ²⁴ 与 '着₁'（tʂɔ）的韵母相同，如果用'着₂'（tʂɛ），则在发音上显得极不顺畅。"① 也许存在读音方面的影响，不过我们认为主要原因在于否定性短语或句子通常表示一种状态，属于静态的无界情状。这种静态的情状很难说还是进行体，因此在使用动态助词时就不用进行体的主要标记"者"，而选用了持续体的主要标记"着"。

2. 持续体标记

如果前面是静态动词或形容词，"者"表示对某种持续状态的关注。有时持续体"者"前也会出现动态动词，这时表示的是该动作行为瞬间结束后状态的持续。如：

(165) 傢头上白帽帽儿戴者。（他头上戴着顶白帽子。）

(166) 这两天外前还热者。（这两天外面还热着呢。）

(167) 大门阿会儿关者。（大门什么时候都是关着的。）

(168) 我拿上雨伞者。（我拿雨伞着呢。）

我们知道城东话的持续体标记有"者"，也有"着"，二者的区别在于出现的位置不同，"着"位于动词之后，宾语之前，即"V+着+O"中，而"者"则在动词和宾语之后，位于句尾，即"V+O+者"中，试比较下列句子：

(169) a. 傢穿着个主腰。（他穿着件棉衣。）
　　　 b. 傢穿主腰者。（他正在穿棉衣呢。）
　　　 c. 傢穿上主腰者。（他穿了棉衣着呢。）

其中 a 和 c 句是对穿了棉衣后持续状态的关注，不同在于 a 句持续体标记"着"用于动词和宾语之间，而 c 句持续体标记"者"则位于动词和宾语之后，句尾位置；b 句是对正在进行的穿棉衣动作的描述，进行体标记"者"同样出现在句尾。对比 b 句和 c 句，我们发现 c 句在动词后面加了个结果补语"上"，就由原来的进行体变为持续体了。这说明一般情况下，持续体"者"前面的动词会带"上""下""出去"等补语，而进行体则不带。

---

① 都兴宙：《西宁方言中的虚词"着"辨异》，《青海民族学院学报》1993 年第 2 期。

3. 语气词

"者"在城东话中还经常出现在句尾作语气词，表达一种确认、肯定的语气，有些时候具有成句的功能。如：

（170）幼儿园下个礼拜开学者。（幼儿园下星期开学呢。）
（171）超市晚夕里九点关门者。（超市晚上九点关门呢。）
（172）黑饭七点嚄好者。（晚饭七点做好呢。）
（173）这个面白者。（这个面白。）
（174）龙龙干散者。（龙龙精干着呢。）
（175）姨娘比孃孃亲者。（姨姨比姑姑要亲。）
（176）——这会几点了？（现在几点了？）
　　　 ——十点下者。（已经十点了。）
（177）——你我家里过来一挂呵成啵？（你到我家来一下可以吗？）
　　　 ——成者。（可以的。）

语气词"者"可以出现在动词谓语句、形容词谓语句的句尾，有时也会在对话中用于非主谓句句末，表达肯定、强调或是确认的语气。

（二）"者"用法的来源

城东话这个表进行体、持续体以及肯定语气的[tʂɛ]究竟应该写作哪个词，一直以来大家意见不一。吴新华、都兴宙先生主张记作"着"，但也明确指出[tʂɛ]与着[tʂo]二者用法存在差异，汪忠强、张成材先生为了突出用法的不同，将[tʂɛ]写作了"者"。我们认为记作"者"更符合城东话的实际读音，更为合适。下面尝试对"者"的三种用法进行溯源，以此说明记作"者"的理由。

"者"，《说文解字》将其释为"别事词也"，表示"者"是个具有指代作用的词。先秦两汉时主要用于动词、形容词及其他词语后面指代某个对象，如智者、老者、得道者等。马建忠称这个"者"为"接读代词"，王力先生称其为"被饰代词"，杨伯峻、何乐士先生则将其归为"结构助词"。名称有别，但实质都是表示一种指代性，词义尚未完全虚化。在后来的发展中逐渐虚化为表示停顿和语气的虚词，但此时的"者"仍隐含着对其前所接成分的复指。如：

(178) 后生可畏,焉知来者之不如今也?(战国《论语·子罕》)①

(179) 于是公子立自责,似若无所容者。(汉·司马迁《史记·魏公子列传》)②

先秦两汉时"者"作为语气词已较为常见,且用法多样,可用来表示提顿、拟度、商榷、饰设以及假定等。各举一例如下:

(180) 如切如磋者,道学也;如琢如磨者,自修也。(汉《礼记·大学》)③

(181) 子曰:"力不足者,中道而废。今女画。"(战国《论语·雍也》)④

(182) 至廷见,如不能言者。(东汉·班固《汉书·万石卫直周张传》)⑤

(183) 吾视郭解状貌不及中人,言语不足采者。(汉·司马迁《史记·游侠列传》)⑥

(184) 君即百岁后,谁可代君者?(汉·司马迁《史记·萧相国世家》)⑦

唐五代时期,表假设、提示、停顿的"者"继续使用,在此之外又发展出了表示命令、敦促和加强肯定、确认语气的新用法。如:

(185) 右奉宣旨:"思忠请前件马军合势,令商量奏来者。"(唐·李德裕《会昌一品集》卷十四)⑧

(186) 有人入来,急下帘者。(唐·蒋防《霍小玉传》)⑨

(187) 称对见天子之日,殊重面陈,亦不蒙许。仍深忧怅者。(日·

---

① (宋)朱熹撰:《论语集注》,齐鲁书社1992年版,第90页。
② (西汉)司马迁撰:《史记》,中华书局1982年版,第2380页。
③ 鲁同群注评:《礼记》,凤凰出版传媒集团、凤凰出版社2011年版,第234页。
④ (宋)朱熹撰:《论语集注》,齐鲁书社1992年版,第54页。
⑤ (东汉)班固:《汉书》(精装本),太白文艺出版社2006年版,第375页。
⑥ (西汉)司马迁撰:《史记》,中华书局1982年版,第3186页。
⑦ (西汉)司马迁撰:《史记》,中华书局1982年版,第2024页。
⑧ (唐)李德裕撰:《会昌一品集》,上海古籍出版社1994年版,第93页。
⑨ 转引自吕叔湘《释〈景德传灯录〉中"在""著"二助词》,载吕叔湘《汉语语法论文集》(修订本),商务印书馆1984年版,第58—72页。

圆仁《入唐求法巡礼行记》卷一）①

（188）今上在望仙楼上观者。（日·圆仁《入唐求法巡礼行记》卷三）②

前面我们在论述"着"时谈到，唐代"着"衍生出了祈使语气词的用法，也就是说有唐以来，表祈使的语气词既有"着"，也有"者"。关于二者的区别，吕叔湘先生曾说："著（古'着'字）字从'者'得声，二者之音当相近似，而促舒有间。官府文移，有所晓告，率用者字……至于一般告语，则宋人参用者、著二字，而以著为多；金元者字转胜，又别增咱字。"③也就是说宋元时期，在表示祈使语气时，"着""者"二字有了趋同的趋势，且表祈使语气成为"者"最主要的用法。"者"在唐代出现用来加强肯定语气的用法自宋元起则逐渐消失，不过却保存在今天的城东话里，活跃在城东人的日常生活中。

那标记进行体和持续体的"者"又从何而来呢？结合它在城东话中出现的句法位置，我们认为它应该是受蒙古语影响的语言接触的产物。吕叔湘先生曾指出，作为祈使语气词，宋人多用"着"而元人常用"者"。中古时期"着""者"读音原本不同，《广韵》中"着"是直略切，入声韵，澄母药韵，王力先生将其拟为 [ȡĭak]；"者"是章也切，阴声韵，章母马韵，王力先生将其拟为 [tɕĭa]。到元代语音发生变化，入声韵消失，"着"由入声变为阴声，读作 [tʂɔ]，而"者"入车遮韵，读作 [tʂiɛ]，二者读音已很相似。读音近似的两个词如何区分呢？邢向东先生（2004）对反映元代口语的《原本老乞大》中的"着"和"者"进行了穷尽考察，结果发现二者之间有着较为明确的分工："者"用于祈使句句尾，而"着"则在句中作体助词和动词。这样的分工就使得"者"多用于句末，而"着"多现于句中。我们知道，自北朝始汉族就同北方

---

① ［日］圆仁撰，顾承甫、何泉达点校：《入唐求法巡礼行记》，上海古籍出版社1986年版，第31页。

② ［日］圆仁撰，顾承甫、何泉达点校：《入唐求法巡礼行记》，上海古籍出版社1986年版，第149页。

③ 吕叔湘：《释〈景德传灯录〉中"在""著"二助词》，载吕叔湘《汉语语法论文集》（修订本），商务印书馆1984年版，第58—72页。

一些操阿尔泰语的民族杂居在一起，彼此之间的语言交流接触非常密切。到了辽金元时期，契丹、女真、蒙古等民族先后入主中原，更是加剧了阿尔泰系语言对汉语的渗透和影响。尤其在元代，蒙古贵族当政，使得元代汉语受蒙古语影响尤为深刻。蒙古语形态变化特别丰富，各种体、态、式的不同全靠动词后面的附加成分来表现，加之蒙古语是 SOV 语言，动词位于宾语之后，这样一来动词的各种附加成分就出现在了句末。而这跟汉语语气词在句中的语法位置又相吻合，因此在蒙汉对译过程中就常常用汉语语气词来对译蒙古语动词后面的附加成分。元代汉语中"者"是一个高频语气词，所以用"者"来对译蒙古语动词后的附加成分也就不难理解了。

考察今天的蒙古语，我们发现其中有个助动词"bɛɛ"，它常加在带连接形附加成分的动词后，用来表示进行体的意义，其词干常缩减为"ɛɛ"，跟城东话的"者"韵母非常接近。助动词"bɛɛ"的缩减形式同带有先行式附加成分的动词连用时，表示持续了很长时间。如：

（189）蒙古语：bɔrɔ̃ ɔr-ʤ ɔ́ɔrɛd ɛɛn.（正在下雨。）

      雨　　入

  城东话：雨　下　者。

（190）蒙古语：uxěr gəděs ʧadsaar gyi-gəəd l ɛɛn.（牛吃饱了就不住地跑。）

      牛　肚子　饱　　　跑

  城东话：牛 肚子 吃饱着　　跑　　者。

（191）蒙古语：tər xũ maɛed ir-sěbɛɛ-naa.（那个人现在已经来到我们家了。）①

      那 人 我们 来

  城东话：那个人我们家来 者啊。

这个"ɛɛ"从它的读音、句法位置以及语法功能都跟城东话进行体和持续体标记"者"高度重合，这应该不是一种巧合。

以上对城东话"者"用法的来源进行了讨论，我们认为表肯定、确认的语气词"者"当是由上古的指代词"者"虚化而来，这种用法在唐

---

① 以上三个例句均出自道布编著《蒙古语简志》，民族出版社 1983 年版，第 64 页。

代产生并保留到了城东话里。进行体和持续体标记"者"则可能是语言接触的产物。作为金元时期的高频语气词,"者"经常出现在句尾,而这正好跟蒙古语表示各种时体态的动词后附成分句法位置相同。因此,"者"常用来对译蒙古语中的动词后附成分。对应今天的蒙古语,发现无论从语音、语法功能还是句法位置,城东话进行体、持续体标记"者"和蒙古语助动词"bɛɜ"(常缩减为"ɜɜ")有相通之处,所以我们推测它应该跟语言接触有关。

城东话的"着"和"者"很早就引起了学者们的关注,大家试图厘清二者之间的关系,但不少研究者本身并非西宁方言母语使用者,得出的结论有时就未免与实际的语言现象不符。有学者就曾指出:"'着'有两个语音变体,一个是[tʂɛ],写作'者',另一个是[tʂɔ],写作'着'……这两个变体没明显规律可循,似乎只凭习惯而已。"① 但实际的情况是,"着"和"者"在城东话用法差别很大,二者在城东人的语言交际中泾渭分明,一般不会混淆。具体而言:作为动态助词,"着"主要用于持续体,兼表完成体;而"者"则用于进行体和持续体。虽然在持续体标记上有交叉,但二者出现的句法位置差别很大,"着"紧跟动词出现在宾语之前,而"者"则位于宾语之后出现在句末,即"S + V + 着 + O"和"S + V + O + 者"。作为语气词,二者都出现在句尾,但"着"表祈使语气(先行体也是祈使语气的进一步发展),而"者"则表肯定和确认。最后,"着"作为处所介词、方式标记和结构助词的用法都是"者"所不具备的。

小结

本节我们对城东话"着"和"者"的用法及来源进行了考察。将这两个词放在一起讨论,一是二者读音非常相似,"着"读为[tʂɔ],而"者"读为[tʂɛ];二是二者在用法上也有交叉,都可以充当动态助词和语气词。通过本节的分析,我们发现"着"和"者"虽然有相同之处,但实则二者的区别也是极为明显的:"着"常出现在"S + V + 着 + O"句式中,其主要功能是持续体标记,有时也可表完成体,"者"则用于

---

① 乔全生:《从洪洞方言看唐宋以来助词"着"的性质》,《方言》1998 年第 2 期。

"S+V+O+者"句式中主要标记进行体和持续体。虽然它们都可以在句尾充当语气词，但"着"表示的往往是祈使语气，而"者"表示的则是肯定和确认语气。此外，"着"还可用作处所介词、方式标记和结构助词，这些都是"者"所没有的。二者在用法上的这些差异与各自的来源密不可分。"着"的上述用法都是上古汉语表附着义的动词"着"语法化的结果，其语法化过程如下图所示：

"附着"义动词→"V+着"连动式→处所介词→完成体标记→结构助词
　　　　　　　　　　　　　↓
　　　　　　　　持续体标记→进行体标记→方式标记
　　　　　　　　　　↓
　　　　　　　祈使语气词→先行体标记

"者"作为语气词是源自上古指代词"者"。"者"从先秦起就逐渐虚化，到唐代产生了在句尾表肯定和确认的用法，该用法一直保留到了今天的城东话。而进行体和持续体标记的"者"我们认为应该是语言接触的结果。"者"在元代是一个经常出现在句尾的高频语气词，而句尾又恰好是蒙古语中表示各种语法关系的动词后附成分所处的位置，因此"者"常用来对译蒙古语的动词后附成分。现在蒙古语中就有个表示进行体和持续体的助动词"bɛɛ"（常缩减为"ɛɛ"），它的语法功能、句法位置和语音都同城东话的"者"有相通之处，据此我们认为城东话表示进行体和持续体的"者"，其来源跟语言接触密切相关。

第三节 "再"的用法

在现代汉语体系中，副词"再"出现频率高，语法功能多样，学者对其关注较多，研究成果较为丰富。吕叔湘先生（1980）指出现代汉语"再"作为副词，其用法主要有五种：一是表一个动作或状态的重复或继续，多用于未实现或经常性的动作；二是表一动作将在某种情况下出现；三是用于形容词前，表程度增加；四是和否定词一起使用；五是表示"另外"和"又"。马希文（1985）指出当"再"表示动作将在某种情况下出现时，要求在此之前不要实现预设的某个愿望。吴中伟（1997）则认为此时的"再"具有"推延"义。蒋琪、金立鑫（1997）重点论述了"再"的重复义，认为这一重复是动作行为在一阶段结束后的重复，应为"断"后的重复。马真（2000）指出"再"所表示的重复不仅是实在的重复，还可以是空缺的重复。陈立民、张燕密（2008）将"再"与"还""又"进行比较，发现"再"用于表述两个事件的关系时，这两个事件是独立的，它们不从属于大的事件或集合，且"再"往往同将来时域相关。李秉震（2009）从历时角度分析了"再"各用法产生的过程，同时从认知图式角度分析其演化动因。由此，现代汉语"再"用法的复杂程度可见一斑，相较而言，"再"在城东话中用法和语义的复杂程度可谓是有过之而无不及。这里我们打算对城东话"再"的用法进行详细讨论。

一 "再"的用法

城东话"再［tsɛ²¹³］"的用法非常复杂，有些和普通话是一致的，有些则是普通话所不具备的，下面我们具体分析：

（一）表重复

跟普通话一样，城东话"再"最基本的用法是表示一个动作或状态的重复或继续。这时的"再"一般出现在动词的前面。如：

（1）今儿的拉面香啊，你再捞上一碗吧。（今天的拉面香，你再吃一碗吧。）

（2）傢我啊再借给五万里说。（他说他再借给我五万块钱呢。）

（3）我后天北京再去一趟俩。（我后天再去一趟北京。）

（4）明早儿阿舅我家再来啵？（明天舅舅再来我家吗？）

（5）你再然呵，我阿妈气上来俩。（你再推辞，我妈就生气了。）

在上述句子中，"再"的含义很明确，表示动作的重复或是继续，且在说这话之前，需要继续或重复的动作已进行过或是正在进行。如例（1）面已经捞过一碗或几碗，（2）他已经给我借过钱，（3）北京我已经去过一次或几次，（4）舅舅已经来过我家，（5）你已经推辞了或正在推辞着。

在祈使句中，"再"的这种继续或重复义表现得更为明显。如：

（6）这会儿闲着哎，再喧儿会。（这会儿没啥事，再聊一会儿吧。）
（7）你一个男子家，饭们再吃上点。（你一个大男人，再吃点饭吧。）
（8）往边边里再坐给个。（往旁边再坐一点。）

祈使句中，说话人根据当时的情境判断听话人已结束或正打算要结束一个行为，但该行为在说话人看来应该继续，故而要求或请求对方继续或重复先前的行为。

"再"还可以跟能愿动词组合共同修饰动词。具体如：
（9）我有心再浪一趟去。（我还想去玩一趟。）
（10）阿妈愿意再吃儿个软儿。（妈妈还愿意吃个软儿梨。）
（11）国国想再做两年买卖。（国国想再做几年生意。）
（12）傢们想王老师家再去儿个。（他们想再去一次王老师家。）

这时的"再"相较于普通话有些特殊，普通话中当"再"同能愿动词组合时，它必须出现于能愿动词之后，动词之前，如"我想再看他一眼"，"再"所修饰的是动词"看"。城东话"再"的位置比较灵活，它既可以位于能愿动词后，直接修饰动词，如例（9）—（12），也可以处于能愿动词之前，请比较以下两个句子：

（13）a. 我想再吃儿个酿皮。（我想再吃一碗凉皮。）
    b. 我再想吃儿个酿皮。（我还想吃一碗凉皮。）

a句"再"处于能愿动词"想"之后，动词"吃"之前，表示对"吃酿皮"这个行为的重复，也就是前面已经吃过酿皮了，现在还想继续吃；b句"再"位于能愿动词前，修饰能愿动词，表示前面已经吃过可能是炮仗、羊杂等其他东西，现在想吃个酿皮，因此，这里的"再"是对"想吃"行为的重复，而不是"吃酿皮"的重复。b句的说法在普通话是不合法的，想要表达相同的意思须把副词"再"换成"还"。而城东话当"再"跟能愿动词组合使用时，它的位置可前可后，例（9）—（12）的"再"都可以放到能愿动词的前面，但表达的意思也相应地有所不同，如例（12）意思是他们已经去过王老师家了，现在还想再去一趟。如果改为"傢们再想王老师家去儿个"就变成他们已经去过别的地方，现在还想去一趟王老师家。但是要注意，只有在肯定句中"再"跟能愿动词组合时位置可前可后，疑问句和否定句的情况就有些不同：

（14）你小商品里再想去啵？（你还想去小商品市场吗/你还想再去小

商品市场吗?)

(15) 傢们明早儿再有心转去啵?(他们明天还想去外面转转吗/他们明天还想再去外面转转吗?)

(16) 阿大再没心吃啊。(爸爸不想吃/爸爸不想再吃。)

我们发现在疑问句和否定句中,"再"只能出现在能愿动词之前,而不能出现在其后。此时"再"既可能是修饰能愿动词,也可能是修饰动词,所以城东话的这类句子往往有歧义,如例(14)可以表示"你"一直想去小商品市场,但从没能去过,现在问"你"还想去吗?这里"再"是对"想"这个行为的重复。也可以表示小商品市场你已经去过了,现在还想再去一次吗?此处"再"是对"去"行为的重复。例(16)的否定句也是如此,句子表示的可能是阿大本来有心吃,但看到菜炒糊了或是别的情况,现在不想吃了。也可能是阿大已经吃了一些,现在不想再吃了。具体表示什么意思我们只能根据上下文语境做出判断。

我们知道普通话里,当"再"和否定词同时出现时,可以有"再+否定"和"否定+再"两种不同的形式,且二者语气强弱有别。但在城东话只有"再+否定"一种情形。如:

(17) 红红出去着再没来。(红红出去以后没再回来。)

(18) 你再蛋说!(你别再说!)

(19) 我他家里再不去啊。(我不再去他家了。)

该否定形式表示的是动作行为的不重复或不继续,语气一般。如果要表达语气强烈的"永远不"之义,城东话一般是在"再"后面加上"也",构成"再也"一词①。但这里的"也"语流中经常发生音变,和"再"连读为 [tsɛ²¹ɛ],与之伴随发生的是"再"的重读。有时语感上好像是"再也"中的"也"没有发音,只是"再"重读并延长一般。如:

(20) 我旱冰再也不滑去。(我再也不去滑旱冰。)

(21) 傢们弟兄两个再也没走过。(他们弟兄俩再也没来往过。)

---

① "再也"究竟是一个词还是两个词,学界对此意见不一。不少人认为"再也"是两个词,"再"为重复副词,"也"可能是范围副词(朱德熙),关联副词(张谊生),语气副词(张斌)等。如果"再"和"也"分别是两个副词,它们就不符合副词的共现次序。并且"也"的有无并不影响句意的表达,因此我们同意胡德明(2017)的观点,认为"再也"应该是一个词。

(22) 你再也**甭**打浇洗去了！（你再也别去游泳了。）

这里还要提到的一点是，"再"和否定副词"没"经常组合在一起，城东话里"再没"已经成为了一个固定结构。如：

(23) 这会儿太迟了，**再没**了你我家里睡下。（现在太晚了，要不你睡在我家吧。）

(24) 个手机尕花儿的，**再没**呵就是明明的。（这个手机是小花的，要不就是明明的。）

(25) 明早儿我去，**再没**了呵我俩一处儿去。（明天早上我去，要不的话就我俩一起去。）

上述句子中的"再没"显然不再是两个词，而是成为了一个凝固结构，表示"要不"的意思，经常出现在复句的两个分句中间，用来引进与上文交替的情况。

要补充的是，城东话的"可 [kʰɔ²⁴]"也能用来表示重复义，"姨娘明早儿我家再/可来啵?"这句话中用"再"还是"可"语义基本一致，只是在语气方面略有差别："再"表示一般的询问，通常没有个人的好恶感情在其中；而用"可"则隐含着说话者不耐烦、不喜欢的情绪。汉语史上"再"和"可"不仅都有重复义，而且都引申出了推延义，"再"的语义演变情况下文会详细讨论，此处不赘。"可"的例子如："若聚集得些人马呵，那其间可与曹操仇杀，未为晚矣"（襄阳会）"儿也，我写了可与你说"（元刊杂剧·看钱奴）。"可"在这些句子中表示的都是时间上的推延，但是该用法在城东话中并没有得以保留。

（二）表推延

前面说过，当"再"表示重复义时通常出现在动词之前，其实"再"还可以用于名词之前，但名词前的"再"表示的往往是推延义，试比较下面两个句子：

(26) a. 你后天了北京**再**去一趟。（你后天再去一趟北京。）
　　　b. 你后天了**再**北京去一趟。（你后天去一趟北京。）

两句话"再"的位置不同，表达的意思也不相同：在 a 句中表示重复，也就是对"去北京"这个行为加以重复；b 句中则表示推延，指出"去北京"这个动作等到后天才发生。"再"表推延的例子有：

(27) 今儿一天价没时间哪，晚夕里了**再**街上去。（今天白天没时间，晚上了再上街。)

（28）过年了再阿舅家去啊。（过年了再去舅舅家。）

（29）明早儿你再西门上去啵？（明天你去西门吗？）

（30）天爷下者，迟给个了再地里走啊。（下雨呢，迟一点了再到地里去吧。）

"再"不仅可用于名词前面表示时间上的推迟延后，有时在动词前面也能表示推延义。如：

（31）先吃中午，下午了再去啊。（先吃午饭吧，下午了再过去。）

（32）今儿我家里坐下，明早儿了你家里再去啊。（今天住到我家，明天了你再回家。）

（33）你作业写完了再耍啊。（你写完作业再玩。）

（34）我把你面调下了再收拾。（等我和好面了再收拾你。）

当"再"出现在动词前时，有两种情况下它表示的是推延义：首先是"再+V"前如果是时间名词，此时的"再"一般表推延，表示"再"所修饰的动作行为推延到该名词表示的时间才实施或发生，如例（31）"去"这个行为要推迟到下午才实施；例（32）"你家里去"这件事要等到明早才发生。第二种情况是在"$V_1P+再+V_2$"句式中，"再"通常表推延义，表示V_2的动作行为是以V_1P的发生为条件的，也就是V_2推延到V_1P发生后才实施，如例（33）的"耍"须要"作业写完了"才能实施；例（34）的"收拾"要等到"面调下了"才发生。

（三）表程度

城东话的"再"可用于谓词前面表示程度的增加，这里的谓词往往都是形容词性的。如：

（35）你把他买上点再瘦儿点的肉啊。（你应该买更瘦一点的肉。）

（36）房里再热儿点啊就好了。（房间里要是再热一点就好了。）

（37）开车了再慢儿些啊对者。（开车时再慢一点就对了。）

（38）没有比那个再瞎的个人哪。（没有比他更坏的人了。）

（39）没有比他再纣式的人哪。（没有比他更愚蠢的人了。）

（40）傢娶上的新娘哎，俊着不能再俊了。（他娶的新娘子，美得不能再美了。）

（41）哎哟，我的那个尕嬢嬢，赖呆着不能再赖呆了。（哎呀，我的那个小姑姑，邋遢得不能再邋遢了。）

"再"用来表示程度时，它所修饰的形容词一般要儿化，且其后面常会有"点""些"等词语来表示程度的变化，如例（35）—（37）。有时会用一些固定结构来凸显程度之高，像"没有比……再＋A"，意义基本等同于"没有比……更……"如例（38）和（39）。或者还会用"A＋着＋不能再＋A"的结构表示"A＋到极点了"，如例（40）和（41）。这两个固定结构中的形容词可以是单音节的，也可以是双音节。

有时"再"还可用于表让步的假设。如：

（42）天气再冷哪，学里去的要俩。（无论多冷，也要上学。）

（43）你再忙啊，阿大阿妈要看儿个去哩呗。（无论你多忙，也要去看看父母吧。）

"再"的这种表让步的用法就是从表程度的用法发展变化来的。当"再"不用于强调程度变化本身而用以反映变化之后的状态时，就产生了让步的语义。此时我们关注的是变化发生后的极端状态，而不是变化本身或者变化前后的对比。

表程度的"再"大多数出现在形容词前，偶尔也会处于动词前面。如：

（44）你手电再拿高儿点。（你把手电再举高一点。）

（45）凳凳再抬过来点。（凳子再搬过来一点。）

（46）今儿的汤汤里大香再放给点就香了。（今天的肉汤里再放点八角就香了。）

要注意的是，这里"再"后面的动词不能是光杆动词，一般都是以动补短语的形式出现。

（四）表假设

城东话"再"表假设时有两种用法：其一与现代汉语普通话相同，表示动作行为的继续或重复。如：

（47）你再喊，我把你两脖颈俩。（你如果再哭，我就扇你两耳光。）

（48）车再不来呵，我们就迟到俩。（车如果还不来，我们就迟到了。）

其二较为特殊，没有重复继续之意，多用于对不希望发生之事的一种假设，具体例子为：

（49）你俩想着结婚里哎，傢阿大再不同意呵来？（你俩想着要结婚，万一她爸爸不同意呢？）

（50）我们谋着傢跟前借钱儿者，傢再不借给呵来？（我们一心想着问他借钱，万一他不给借呢？）

（51）半夜了着家里不来，再遇上个坏人呵阿么办俩？（半夜了不回家，万一遇到坏人怎么办？）

（52）等一挂再没车呵，把人做下俩。（待会儿万一没车，就害死人了。）

上述句子的"再"都用于假设关系复句中表说话人不希望出现的可能性很小的一种假设，可出现于前一分句，也可在后一分句，与普通话的"万一"基本相当。城东话的假设复句一般不用关联词，而是用语气词"呵"表假设关系，因此这些句子里"再"和"呵"会共现。要注意的是，这里的"再"没有普通话重复继续的意思，只是单纯的表假设。

（53）家里的人就害怕哥哥再喝醉了搅沫沫啊。（家里人就怕哥哥喝醉酒了胡搅蛮缠。）

（54）这两天奶奶没受应着，我们就影儿再病下啊。（这两天奶奶不舒服，我们就担心她生病。）

（55）个尕娃不胎害，谁啊害怕傢出去了再闯祸啊。（这个男孩子不成器，谁都怕他出去了闯祸。）

正如上述句子所示，如果句子的谓语是表示"害怕""担心"等心理活动的动词，"再+VP"可以充当其宾语，用以假设某种不希望出现的可能。要提到的一点是，这里的"再"可以省略，或者在后面加上个否定副词"嫑"，试比较下面三个句子：

（55）a. 个尕娃不胎害，谁啊害怕傢出去了再闯祸啊。

b. 个尕娃不胎害，谁啊害怕傢出去了闯祸啊。

c. 个尕娃不胎害，谁啊害怕傢出去了再嫑闯祸啊。

我们发现这三个句子，a句用了"再"，c句用了"再嫑"，b句什么也没用，但三者表达的意思基本相同。

有时"再"还可用于对某种情形下可能会出现的结果的推测，当然这种结果一般也是说话人所不希望看到的，因此语气中常带有一种不安或担心。如：

(56) 把钱儿装好，小心再丢掉。（拿好钱，小心丢了。）

(57) 你磨着，到时候再迟到下。（你磨蹭吧，到时候就迟到了。）

(58) 赶紧钥匙啊拿上，出门了再忘掉。（赶快拿上钥匙，出门了就忘了。）

(59) 电视甭看了，你阿大见呵再骂开了。（不要看电视了，你爸爸看见了就开始骂了。）

上面每个例子基本都是由两个分句构成，前一分句或是对现状的描述，或是对对方的命令要求，后一分句则是对前者可能导致结果的一种推测，"再"一般出现在后一分句之中。而且句中的"丢掉""迟到""忘掉""骂开"都是说话人不希望看到或出现的情况，因此我们在后一分句句首都可加"小心"一词，表现了对此结果能避免就避免的心态。此时的"再"依然没有重复继续的含义，同样可以删去。

通过上面分析可以看出，城东话的"再"表假设时，如果没有重复继续之意，那么都可以省略，且省略后不影响句意的表达。

（五）表连接

如果要叙述依次发生的几个事件，城东话在表各事件的小句之间也会用到"再"，此时的"再"表示前后承接之意。如：

(60) 麦子通达种给，再间掉，再割下，碾掉，磨成面呵，多少手续啊。（麦子等到播种、间苗，然后收割、碾场，最后磨成面，多少道程序啊。）

(61) 我俩街上去，病看罢，再东西们买上，车坐上下来呵就整整一天哪。（我俩上了街，看完病，然后买了东西，坐车回来用了整整一天啊。）

(62) 早起里你把娃娃叫着起来了，脸洗掉，衣裳穿给，再抱着爷儿奶奶那扎。（早晨你叫醒孩子，给他洗完脸，穿好衣服，然后抱到爷爷奶奶那里。）

上述每个句子都由几个行为事件构成，这些事件的顺序固定，不能颠倒。"再"用于某个事件之前，用来承接前后相继的几个事件，这时主语往往承前省略。"再"所连接的或是日常生活中的几个常识性程序，如例（60）；或是已然发生的有先后关系的几个行为，如例（61）；或是尚未出现的几个假设性的前后行为，如例（62）。

在承接前后动作行为的基础上，城东话的"再"又发展出了连接人或物的用法。如：

（63）阿大、阿妈，再哥哥、嫂子，一共浪马呵五六个人俩。（爸爸、妈妈，还有哥哥、嫂子，一共有五六个人呢。）

（64）结婚了被儿里塞给个核桃、枣儿，再圆圆呢，花生呵就差不多了。（结婚时被子里塞些核桃、枣，还有桂圆、花生就差不多了。）

（65）我买了些铅笔、擦擦儿、本本，再尺尺啥们着给娃娃们发奖俩。（我买了些铅笔、橡皮擦、本子，还有尺子什么的给孩子们发奖品呢。）

上述句子的"再"不再出现于动词前面，而是处于名词之前，用于连接相关的人或事物。

这里要说明的是，"再"不管是承接前后相继的几个事件行为，还是连接彼此相关的人或事物，其功能都可概括为连接列举项。它所连接的列举项一般都不少于三个，且"再"只能居于其间，既不能居于句子之前，也不能摆于句子之尾。

（六）表强调

"再"还可以用来对程度加以强调，此时也不具有重复或继续的含义，经常出现在"再+VP"形式中。如：

（66）抽血里说着我今早起再起着早啊。（说是要抽血，我今天早上起得很早。）

（67）这一趟傢们再浪了个美啊！（这一趟他们玩得开心呀！）

（68）扎的雨下着再大啊！（这的雨下得大呀！）

（69）外奶奶的针线做着再细法着很哪！（姥姥的针线活做得很细啊！）

上述句子的特点有四：其一，"再"后面一般不出现光杆动词，而是用动补短语，且多为程度补语，"再"就是对该补语进行强调；其二，"再"的位置较为灵活，它既可以出现在动词之前，如例（66）和（67），也可以出现在补语之前，如例（68）和（69）；其三，这里的"再"都可以省略，省略后句义不受影响，只是没有了强调意味；其四，"再"还可以跟其他程度副词共现，此时语气更强，有双重强调的作用，如例（69）。

"再"所修饰的不仅可以是动词性结构，也可以是形容词性的。如：

(70) 东北去着把我再冻坏了。（去了东北我被冻坏了。）

(71) 给鸡蛋再尕着。（这些鸡蛋很小。）

(72) 把我再扇风着啊。（我很生气！）

(73) 今年夏天热着再没吃住啊。（今年夏天热得受不了啊！）

此时"再"后面也不能出现光杆形容词，要么形容词后有程度补语，如例（70），要么形容词直接加助词"着"，如例（71）和（72）。"再"的位置同样可在形容词前，也可在补语前，如例（73）。

有时还会用"再+V+下的个+A"结构来表示程度之高。如：

(74) 明明自行车骑上着再跑下的个远哪。（明明骑着自行车跑得真远啊。）

(75) 老师把那个学生再骂下的个扎啊。（老师把那个学生骂得真是厉害啊。）

(76) 夜来的席把人再吃下的个饱啊。（昨天的宴席吃得人真饱啊。）

(77) 阿大哥哥啊再打下的个砝码啊。（哥哥被爸爸打得真是厉害啊。）

城东话经常会用这种句式来强调程度之高，说话时语气中常有种无法描述或形容的意味。这里的"再"同样可在动词前，如上述例句，亦可在形容词前，变成"V+下的个+再+A"形式。如：

(78) 阿舅家打泥炕上睡下的个再舒坦哪。（舅舅家的土炕上睡得真是舒服啊。）

(79) 傢俩的这一仗整下的个再阵势啊。（他俩的这一架打得真是厉害啊。）

有些情况下，"再+V+下的个+A"后面的"个+A"可以省略，直接用"再+V+下的"来表述。如：

(80) 这俩尕娃我啊再气下的。（这两个男孩把我气坏了。）

(81) 阿妈我跟前再哭下的。（妈妈在我面前哭得很厉害。）

(82) 那两年把傢们再拉帮下的。（那两年把他们帮扶得特别多。）

(83) 个事儿上把亲戚们再麻烦下的。（这件事情把亲戚们麻烦得很厉害。）

这时动词后面虽然没有形容词加以描述说明，但其程度依然表达到了极点，丝毫没有降低。这种句式中，"再"后面的不仅可以是动词，也可以是形容词。如：

（84）尕的时候家里再穷下的。（小的时候家里特别穷。）
（85）今儿把我再乏下的。（今天我给累坏了。）
（86）傢寻上的个女婿再攒劲下的。（她找的这个女婿长得特别帅。）
（87）这几年的电视再便宜下的。（这几年的电视特别便宜。）

"再"表强调有时还可以跟"是"连用，"再是"后面出现的可以是名词性、动词性或是形容词性结构。如：

（88）亮亮再是我家的尕心疼呗。（亮亮是我家的小可爱呀。）
（89）个手机再是发拉拉啊。（这个手机质量很差。）
（90）那么贵的衣裳我再是头一次穿哪。（那么贵的衣服我第一次穿。）
（91）有啥事儿了你再是说吵。（有什么事情你说呀。）
（92）个再是没头意呗。（这事真是没头绪。）
（93）这么浪干的饭再吃不成哪。（这么差的饭真是不能吃啊。）

"是"和"再是"在上述句子中都可省略，如例（89）说成"个手机再发拉拉啊"或是"个手机发拉拉啊"两句都可成立，只是程度有所差别："个手机发拉拉啊"程度不及加了"再"和"再是"那么高。但如果单独将"再"省略，变为"个手机是发拉拉啊"，在城东话反倒不常使用。

"再"除了可在动词性或形容词性结构前面强调程度之高外，还可以在否定句中用于强调否定语气。如：

（94）明早儿天爷阿么个呵我再说不下。（明天天气怎么样我说不上。）
（95）娃娃不日歹，大大妈妈也再没办法。（孩子不争气，爸爸妈妈也没办法。）
（96）带我讲儿个话说，我再啥啊说不来啊。（让我讲话，我啥都不会说呀。）
（97）傢是谁呵我再没认得啊。（他是谁我没认出来。）

以上句子中的"再"用在否定词前，表示对否定语气的强调，没有继续或重复的含义。省略"再"句意不变，只是否定语气不如原来强烈。

此时一定要注意它同表重复义的"再"的辨别：

（98）我他家里再不去啊。

这句话是个歧义句，原因在于对"再"语义的不同理解："再"可以表重复，理解为我以前去过他家，以后不再去了；也可表示对否定语气的强调，理解为他家我以前可能去过，也可能没去过，目前我不去了。具体表示什么意思，只能依据上下文或具体语境才能确定。

无论是加强程度还是加强语气，表强调"再"最大的特点是可以省略，且其省略并不影响句意的表达，只是程度或语气不及原句而已。

（七）表先行

前面所讨论的"再"，不管其表达的是重复、推延、程度，还是假设、连接、强调，它都出现于句中。城东话"再"还有一种较为特殊的用法，是出现于祈使句或表愿望的陈述句句尾，表示先行意义。如：

（99）酒先耍喝，菜吃上点了再。（先别喝酒，吃点菜了再喝。）

（100）这会儿盖房房呵没钱儿，通达我钱有了再。（现在盖房子的话没钱，等我有钱了再盖。）

（101）今儿不去了，明早儿了再。（今天不去了，明天早上了再去。）

（102）你们先走啊，我等一挂了再。（你们先走，我等一会儿了再走。）

上述句子都表达了说话人的愿望或要求，反映了他的主观意愿，语义上有先行意义。例（99）是说话人希望对方先吃点菜，然后再喝酒；例（100）说话人打算等自己先有钱了再盖房子；例（101）说话人表示今天先不去，等明天再去；例（102）说话人要求对方先走，自己打算等一会儿再走。

谈到这个先行义，我们前面还介绍了城东话出现在关于将来行动对话的答句末尾和祈使句末尾表先行的"着"。"再"和"着"都是用于句尾，两者在语义和语法功能方面是不是相同的呢？

首先从语义上来看，出现在句尾的"再"全部都含有先行义，而"着"在句尾有时并没有先行义，而是单纯表示祈使或希望。如：

（103）你傢啊等着。（你等他。）

（104）钱儿啊装好，小心丢掉着。（装好钱，小心丢了。）

（105）吵死了，你们安静着！（吵死了，你们安静！）

上述句子中的"着"虽然也是出现在了句尾，但只有祈使义，没有先行义，因此不能换做"再"。而且就算都是在句末表示先行义，"着"和"再"也存在差别。具体分析如下：

（106）你啥啊要做，我们家里来了着。（你什么都别做，我们回家了再说。）

（107）先要出去，作业写完了着。（先别出去，作业写完了再说。）

（108）——阿会儿看阿舅去俩？（什么时候去看舅舅？）
——过年了着。（过年了再说。）

（109）今儿热死了，我先把个主腰脱掉着。（今天热死了，我先脱了这件棉衣再说。）

（110）阿么了阿么哪，我们把饭先吃上着。（该咋样就咋样吧，我们先吃了饭再说。）

通过上面的例句我们发现，城东话的"着"相当于"再说"，其基本语义有二：一是先做某事，然后再做其他事情。"着"所在小句表示的事件需要先进行或出现，然后再做别的事，如例（106）—（108）。二是先做某事，其他事情暂且不予考虑。如例（109）先脱棉衣，别的事情暂缓考虑；例（110）先吃饭，其他事情不予考虑。

（111）门门先要安哪，墙墙刷完了再。（门先别安装，等墙刷完了再安。）

（112）你俩街上去，我先把黑饭做下了再。（你俩上街去吧，我做好晚饭了再去。）

（113）——十一点了，赶紧睡啊！（十一点了，赶快睡觉！）
——我电视看完了再。（我看完电视了再睡。）

（114）线还拆不成哪，一个星期了再。（线还不能拆，过一星期再拆。）

（115）学里先要去，下午了再。（先别去学校，等到下午了再去。）

"再"表示的是出现某种情况后再做其他事情，这里可以是发生某个行为，如例（111）先刷墙，例（112）先做好晚饭，或者是例（113）的先看完电视；也可以是达到某个时间，如例（114）的过一星期，例（115）的到了下午。因此，"再"所在小句表示的情况先出现，它出现了，其他事情才能进行。

表先行义的"着"和"再"的区别在于：如果句尾是"着"，表示的是先有事件 a 出现，再进行 b，或者是先出现 a，其他事件暂且不考虑；如果句尾是"再"，表示的则是先做 a，再做 b，它们是一前一后发生的两个事件。

其次从语法功能上来看，"着"和"再"都不仅可出现在"VP"后面，也可处于 NP 之后。且因二者都含有先行义，它们所在小句表示的行为往往先发生，故而在动词、名词前常会有"等""先""通达"等词，动词后多带"完""上""下""掉"等补语，"着""再"前常有"了"表完成和实现等。如：

（116）你等两分钟哪，我先把娃娃们安顿好了着。（你等几分钟吧，我先把孩子们安顿好再说。）

（117）大门要锁，等傢们来了再。（别锁大门，等他们来了再锁。）

（118）酸菜还没顾上腌哪，后天着。（酸菜还没顾上腌，后天了再说。）

（119）——酒席订下了没？（酒席订了吗？）
　　　　——明早儿了再。（明天了再订。）

"着"和"再"语法功能的不同之处则是：句尾用"再"时，句子一般要有前后相继的两个行为事件；而句尾是"着"时，句子则侧重于表达先行之事，故而可能只出现一个事件。如：

（120）带春丹单位上先来着。（让春丹先来单位再说。）

（121）你先火车站上去着。（你先去火车站再说。）

（122）我们先医院里看几个了着。（我们先去医院看看再说。）

（123）你先要吃，等大家来全了再。（你先别吃，等大家都来齐了再吃。）

（124）我还没结婚哪，通达我先寻下个对象了再。（我还没结婚呢，等我先找个对象了再结。）

还有"再"所处小句的事件要先发生，然后再进行其他事件，因此"再"前动词常会加"完""全""下""掉"等补语表完成、实现义，而用以表事态发生变化的事态助词"了"则是"再"前必不可少的成分，如例（123）和（124）。"着"因只关注其所在小句表示事件先发生，其他事件暂不考虑。因此，它并不要求事件具有实现完成性，故可直接出现在动词之后，如例（120）和（121）。

上面我们对"再"的七种用法进行了详细描述，最后要提到的是在城东人的对话中，"再"还会以这样的方式出现。如：

（125）——尕爸这两年把钱儿挣下了吧？（叔叔这两年挣了很多钱吧？）

——你再！

（126）——阿姐这会穿着洋呗。（姐姐现在穿得很洋气啊。）

——你再！

（127）——姨父给你买下了个房房哇？（姨父给你买了个房子吗？）

——再哪！

（128）——今年大队里一家发给了两千年钱哇？（今年大队给每家发了两千的压岁钱吗？）

——再哪！

前两个例句中"再"跟"你"组合在一起，直接成句，在回应对方的提问或赞美时有点肯定，又带点谦虚：如例（125）针对对方问是否挣了很多钱，用"你再"回答，表达出钱是挣了点，也不是很多；例（126）表达的是还行吧，也不是很洋气，隐含着"你就不要再这么说了"的意思。后两个例句"再"加语气词"哪"直接成句，针对提问者的疑问给出了否定回答：例（127）表示怎么可能呢，根本没买；例（128）表示没有这回事儿，根本没发钱，隐含着"你就不要再胡说了"的意思。这些地方的"再"比较特殊，因为它加上一个人称代词"你"或是语气词"哪"可以单独成句，用来直接回答对方的提问。但通过分析我们也发现，这个"再"仍然含有重复继续的意思，应该是由表重复的副词"再"发展而来的。

二 "再"语义的演变

城东话的"再"是个语义特别复杂、用法非常多样、出现频率极高的词，前面我们对它的用法进行了深入、细致的分析，发现它有时用在动词前面表动作行为的重复或继续，有时出现在名词或动词前表时间的推延，有时在动词或形容词性短语前表程度的增加，有时用来对不希望发生的事件进行假设，有时对依次发生的几个动作行为或相关的几个人事进行连接，有时对程度或语气加以强调，有时在祈使句或表愿望的陈述句句尾表先行义，有时还能和人称代词"你"或语气词"哪"结合作为谦虚或否定性答句。"再"有这么多的语义和用法，各语义之间是否有关联，它们是一种怎样的关系呢？其实城东话"再"的不少用法汉语史上都有迹可循，下面我们对汉语"再"的语义演变加以简单梳理，并尝试对上面问题进行解答。

《说文解字·冓部》指出："再，一举而二也。"段玉裁注曰："凡言再者，重复之词，一而又有加也。"也就是同一个动作发生两次为再。如：

（129）太保暨芮伯，咸进，相揖，皆再拜稽首。（西周《今文尚书·康王之诰》）①

（130）五岁再闰，故再扐而后挂。（西周《周易·系辞》上）②

（131）子闻之，曰："再，斯可矣。"（战国《论语·公冶长》）③

三句中的"再"皆为两次之义。既然两次为再，两次所发生的行为在本质上亦无区别，且言说者侧重于第二次，故而"第二次"成为"再"在古汉语中的常见用法。如：

（132）宫之奇谏曰："一之谓甚，其可再乎？"（春秋·左丘明《左传·僖公五年》）④

（133）一鼓作气，再而衰，三而竭。（春秋·左丘明《左传·庄公十年》）⑤

（134）韩厥曰："不可以再辱国君。"（春秋·左丘明《左传·成公十六年》）⑥

（135）一奏之，有玄鹤二八，道南方来，集于郎门之垝，再奏之，而列。（战国·韩非《韩非子·十过》）⑦

---

① （汉）孔安国传，（唐）孔颖达等正义：《〈十三经注疏〉之二黄侃经文句读：尚书正义》，上海古籍出版社1990年版，第285页。
② （西周）金永译解：《周易》，重庆出版集团、重庆出版社2016年版，第414页。
③ （宋）朱熹撰：《论语集注》，齐鲁社1992年版，第45页。
④ （春秋）左丘明著，蒋冀骋点校：《左传》，岳麓书社2006年版，第48页。
⑤ （春秋）左丘明著，蒋冀骋点校：《左传》，岳麓书社2006年版，第28页。
⑥ （春秋）左丘明著，蒋冀骋点校：《左传》，岳麓书社2006年版，第148页。
⑦ 《韩非子》校注组编写，周勋初修订：《韩非子校注》（修订本），凤凰出版社2009年版，第68—69页。

"再"先秦汉语中还可表示多次，主要出现在"再三"结构中，单独表示多次的情况较少。如：

（136）初筮告，再三渎，渎则不告。（西周《周易·蒙卦》）①

（137）再三问，不对。（春秋·左丘明《左传·昭公二十五年》）②

（138）如是者再三而敌不至。（战国·韩非《韩非子·外储说》）③

（139）善用兵者，役不再籍，粮不三载。（春秋·孙武《孙子·作战篇》）④

不管有多少次，相对于前一次来说都应算是第二次，因此，这里的多次自然是两次的延伸。无论"再"表示的是"两次""第二次"，还是"多次"，都是对相同动作的重复，也就是对"一次"或"第一次"的重复。因此，"再"表动作行为的重复，是其"两次""第二次"语义的引申。

六朝至唐五代时期，"再"表"第二次"的用法得到了发展，表现为"不再"可用于修饰具有持续性的动词。如：

（140）士为之伤心，痛悼虽甚，竟不再哭。（唐·李百药《北齐书·列传》）⑤

（141）一掩泉门不再开。（唐《敦煌变文集·大目乾连冥间救母变文》）⑥

一直到元代，"再"单独表持续、继续的用法产生，并沿用到了现代汉语。如：

（142）咱们到那里，或早或晚，可同宿了罢。若再过去，往前二十多里地，没有人家了。（元《老乞大新释》41C）⑦

---

① （西周）金永译解：《周易》，重庆出版集团、重庆出版社2016年版，第35页。
② （春秋）左丘明著，蒋冀骋点校：《左传》，岳麓书社2006年版，第301页。
③ 《韩非子》校注组编写，周勋初修订：《韩非子校注》（修订本），凤凰出版社2009年版，第329页。
④ 郭化若译著：《孙子译注》，上海古籍出版社2016年版，第14页。
⑤ 许嘉璐主编：《北齐书》，汉语大词典出版社2004年版，第367页。
⑥ （唐）王重民等编，周绍良批校：《敦煌变文集》（下），国家图书馆出版社2017年版，第577页。
⑦ 转引自李泰洙《〈老乞大〉四种版本语言研究》，博士学位论文，中国社会科学院研究生院，2002年，第136页。

(143) 天道明，夏侯惇望北再行。（元·佚名《三国志平话》卷中）①

例（143）的"再行"表示"继续往北走"，是"行"这一动作的持续、继续。在表持续、继续义的基础上，"再"又发展出了表示程度变化的用法。此时"再"一般出现在述补短语之前，中心语多为形容词，也偶有动词出现。如：

(144) 悟空又颠一颠道："再细些更好！"（明·吴承恩《西游记》第三回）②

(145) 悟空……手颠着道："再短细些更妙！"（明·吴承恩《西游记》第三回）③

(146) 宝玉在旁笑着说："撕的好，再撕响些！"（清·曹雪芹《红楼梦》第三十一回）④

我们知道持续、继续指一个行为在中断前后其质与量应该是没有变化的。所谓的程度变化是指一个事物或行为后来所呈现出的性状较之前而言在量上发生了变化，但二者在质上仍然是相同的。因此，表持续和表程度变化虽则在量上存在不同，但它们的本质是一致的。

"再"表第二次的用法还发展衍生出了另一个语义，那就是李秉震（2009）指出的在南北朝时期用来表连接。该用法隋唐时期出现较多，宋代用例丰富，但多用于叙述官职的语言之中。如：

(147) 举秀才，又为安息将军庾翼府功曹，再为江州别驾。（晋·陶潜《陶渊明集·晋故征西大将军长史孟府君传》）⑤

(148) 武定五年，除彭城太守、当郡督，再行东徐州刺史。（唐·李百药《北齐书·列传》）⑥

(149) 少帝乃出延广守洛，再为枢密使、弘文馆大学士，继封魏国

---

① 佚名：《三国志平话》，上海古典文学出版社1955年版，第70页。
② （明）吴承恩著，黄永年、黄寿成点校：《西游记》，中华书局1993年版，第27页。
③ （明）吴承恩著，黄永年、黄寿成点校：《西游记》，中华书局1993年版，第27页。
④ （清）曹雪芹著，周汝昌汇校：《红楼梦》（上），人民出版社2006年版，第308页。
⑤ （晋）陶潜：《陶渊明集》，广陵书社2016年版，第85页。
⑥ 许嘉璐主编：《北齐书》，汉语大词典出版社2004年版，第441页。

公。(宋·薛居正《旧五代史·晋书》第八十九卷)①

宋元前后,"再"在非官职叙述性的语言中也出现了表连接的用法,且在元明时期习见,并沿用到了现代汉语中。如:

(150)不若离了信州,再往别处去。(明·冯梦龙《警世通言·碾玉观音》第八卷)②

(151)再怎施展那个打鸳鸯抖擞的精神儿大。(元·关汉卿等《元刊杂剧三十种·诸宫调风月紫云亭》)③

(152)要见施行次第所以不了情节,再许务停一次。(元《通制条格》卷四)④

(153)赵正道:"我便挨身而入,到你床边,偷了包儿,再盘出窗外去。"(明·冯梦龙《喻世明言·宋四公大闹禁魂张》第三十六卷)⑤

表连接的"再"经常用来连接前后相继的几个事件,只是在城东话中又发展出了连接几个相关的人或事物的用法。"再"表连接,有"然后"之义,故而句中常含两个或两个以上有前后次序的事件,由此又引申出"再"的另一个语义——推延义。表推延义的"再"表示某个动作行为发生了再开始进行另一动作,或是到了某个时间点才能开始另一动作,这种用法在《红楼梦》中就曾出现。如:

(154)何不你老人家明日就走一趟,先试试风头再说。(清·曹雪芹《红楼梦》第六回)⑥

(155)凤姐道:"我这里陪着客呢,晚上再回。"(清·曹雪芹《红楼梦》第六回)⑦

这里的"再"往往涉及两个事件,因前一事件出现后另一事件再发生,后面事件的信息在语境中是明确的,使用"再"就是来突出该已知事件将要出现的时间或情况,前面的事件就成为了句子的焦点。后面要

---

① (宋)薛居正等撰:《旧五代史·晋书》,中华书局1976年版,第1167页。
② (明)冯梦龙编,严敦易校注:《警世通言》,人民文学出版社2018年版,第94页。
③ 宁希元校点:《元刊杂剧三十种新校》(上),兰州大学出版社1988年版,第201页。
④ (元)郭成伟点校:《大元通制条格》,法律出版社2000年版,第60页。
⑤ (明)冯梦龙编,许政扬校注:《喻世明言》,人民文学出版社2020年版,第529页。
⑥ (清)曹雪芹著,周汝昌汇校:《红楼梦》(上),人民出版社2006年版,第60页。
⑦ (清)曹雪芹著,周汝昌汇校:《红楼梦》(上),人民出版社2006年版,第65页。

出现的事件因语境中已明确，此时就显得可有可无，出于经济目的，口语中常常省略。这样一来，原本用以修饰动词表推延的"再"就因动词的省略而直接出现在了句尾，虚化为了表示先行意义的助词。

"再"表连接时，其连接的前后两个事件可能是已经发生或出现过的，也有可能是尚未发生的。如果"再"出现在未然句中，其后所连接的事件往往是违背说话人预期，是说话人不希望发生的行为。这时的"再"表示假设，是说话者的主观推测，该用法在清代小说中就大量出现。如：

（156）安心忍受，尚有满时，若再触焉，是坎已填而复掘之也。（清·蒲松龄《聊斋志异·邵九娘》）①

（157）如再过以炷香相吊，当得复会。（清·蒲松龄《聊斋志异·爱奴》）②

（158）再犯，当捉入大磨中细细研之！（清·蒲松龄《聊斋志异·席方平》）③

（159）再来，则鞭打立毙矣！（清·蒲松龄《聊斋志异·仙人岛》）④

（160）若管紧了，倘或再有个好歹。（清·曹雪芹《红楼梦》第三十四回）⑤

（161）倘或吃下这个去激在心里，再弄出大病来，可怎么样呢。（清·曹雪芹《红楼梦》第三十四回）⑥

这里的"再"常常跟"若""如""倘或"等假设连词共现来表示推测，如例（156）（157）（160），也有单独来表假设的，如例（158）和（159）。

---

① （清）蒲松龄著，张友鹤辑校：《聊斋志异会校会注会评本》，上海古籍出版社2011年版，第890页。
② （清）蒲松龄著，张友鹤辑校：《聊斋志异会校会注会评本》，上海古籍出版社2011年版，第1194页。
③ （清）蒲松龄著，张友鹤辑校：《聊斋志异会校会注会评本》，上海古籍出版社2011年版，第1344页。
④ （清）蒲松龄著，张友鹤辑校：《聊斋志异会校会注会评本》，上海古籍出版社2011年版，第954页。
⑤ （清）曹雪芹著，周汝昌汇校：《红楼梦》（上），人民出版社2006年版，第335页。
⑥ （清）曹雪芹著，周汝昌汇校：《红楼梦》（上），人民出版社2006年版，第334页。

通过上面的分析，我们可以对"再"的语义演变情况概括如下：

两次→第二次→多次→重复、继续→程度变化
　　　　　↓
　　　连接→推延→先行
　　　　　↓
　　　　假设

汉语史上"再"的语义经过了上述的发展演变，这种历时的语义变化在今天的城东话中得到了共时的体现：既可用以表示动作的重复、继续，程度的变化增加，还能表示行为的前后承继，时间的推延，事件的先行，或者是未然情况的假设。城东话的"再"有时还可用来强调程度或语气，甚至能跟人称代词或语气词结合独立成句，上述两种用法是汉语史未见的，我们认为这当是"再"在城东话中语法功能不断发展，臻于完善的表现。

小结

本节我们对城东话"再"的用法进行了全面、细致的分析，并对汉语史上"再"的语义演变加以了梳理。我们发现"再"在城东话里是个语义复杂、功能多样的高频词，它或于动词前表行为动作的重复，或于名词、动词前表时间的推延，或于动词、形容词前表程度的增加，或于句尾表示先行，或对未然事件进行假设，或对前后行为加以连接等。这种种用法在历代文献中都有迹可循。经过追溯，可以将"再"的语义演变概括为：

两次→第二次→多次→重复、继续→程度变化
　　　　　↓
　　　连接→推延→先行
　　　　　↓
　　　　假设

这些历时的语义变化在城东话中得到了共时的体现，甚至发展出了新的用法：可以对程度语气加以强调，有时还能结合人称代词或语气词作为回答。

第三章

特殊句式

第一节 "把"字句

"把"字句又名处置式,是汉语的一种重要句式。黎锦熙先生(1924)最早对其进行描述,认为介词"把"的语法功能是用来提前宾语。王力先生(1954)明确将其界定为:凡用助动词把目的位提到叙述词的前面以表示一种处置者,叫作处置式。汉语普通话中,处置式往往用介词"把"引出被处置对象,故通常被称为"把"字句。随着研究的深入,发现汉语中有一些"把"字句实际没有处置义,因此,为避免"处置句无处置义"的问题,不少学者更倾向于使用"把"字句的名称。本书针对城东话的语言实际,将这种句法结构称为"把"字句。

一 处置式的历时研究和"把"字句的共时呈现

为了对"把"字句的结构类型和句式特点有更为明晰的认识,这里我们首先对处置式的历时研究情况和其在现代汉语中的用法进行简单介绍。

(一)处置式的历时研究

王力先生曾指出:"处置式是汉语语法走向完善的标志之一。"[1] 因此,处置式的来源是其历时研究中讨论最多的一个问题。目前,关于该问题主要有以下四种观点:第一,处置式源自连动结构"将/把 + NP$_1$ + V$_2$"中动词"将/把"的语法化。祝敏彻(1957)最早提出该观点,贝罗贝

---

[1] 王力:《汉语史稿》,中华书局1980年版,第415页。

（1989）在此基础上进行了更深入的论证，王力先生（1980）也持这种看法。第二，处置式源于上古汉语中的具有提宾作用的"以"字结构，Bennett（1981）和陈初生（1983）等学者持此观点。第三，处置式分不同次类，不同次类其来源不同。叶友文（1988）最早注意到隋唐"将/把"处置式有不同的语义类型，根据语义关系他将此时期的"将/把"处置式分为纯处置、处置到和处置给三类。纯处置源于唐代伴随介词"将/把"二词用于诗句而产生，处置到和处置给则是来自于先秦到隋唐前的"以"字句和"於/于"字句。梅祖麟（1990）在叶文基础上对唐宋时的处置式作了更全面、细致的分类：A 类为双宾语结构：$V_B + O_1 + V$（+于/与）$+ O_2$，该类型处置式承继自先秦到汉的"以"字结构；B 类为动词前后带其他成分：$V_B + O + X + V$ 或 $V_B + O + V + Y$，该句型是受事主语句前加"将/把"而来；C 类为单纯动词居末位：$V_B + O + V$，该类型由连动式发展而来。自梅文开始，大家有了"处置式是一种多元性的句式，本身包括几小类，而且从历时的角度来看，产生的方法也是层层积累"[①]的认识，处置式的历时研究进入一新的阶段。这一观点目前已成为学界的主流观点，很多学者在此基础上进一步从不同角度探讨各类处置式的来源，如蒋绍愚（1994、1997、1999、2008），吴福祥（1996、2003），魏培泉（1997），曹广顺、遇笑容（2000），刘子瑜（2002）和郭浩瑜（2010）等。第四，处置式的不同类别是同一句式发展演变的结果，持这种观点的是冯春田（2000），杨平（2002）和吴福祥（2003）的观点与之类似。

处置式的类型是讨论处置式来源的重要成果。根据结构形式和语义功能，目前学界基本上将处置式分为三类：广义处置式、狭义处置式和致使义处置式。广义处置式一般是个双及物式，谓语动词表示的动作涉及两个域内论元，语义处置性较弱。其内部又分为处置（给）、处置（作）和处置（到）三种。狭义处置式是个及物式，谓语动词是及物动词，往往只涉及一个域内论元，语义处置性较强。致使义处置式产生时间较晚，大概形成于晚唐五代。其介词所引介的宾语不是动词的受事，而是施事或当事，整个句式有致使义。

[①] 梅祖麟：《唐宋处置式的来源》，《中国语文》1990 年第 3 期。

在不同的历史时期，处置句的处置标记在不断地发展变化之中。根据语义类型的不同，处置句所使用的标记也存在不同。大致而言，广义处置式常用"以""将""持""取""把""捉"等字，狭义处置式多用"将""取""把""捉"等字，而致使义处置式的标记则只见"将"和"把"两个字。

（二）"把"字句的共时呈现

现代汉语普通话的"把"字句研究一直是语法研究的热点问题，参与讨论的学者众多，研究成果也是层出不穷。其中吕叔湘先生在《现代汉语八百词》中对"把"字句的功能、语义特点及作用有细致深入的分析，他指出："把"的作用是跟名词组合，用在动词前。"把"后名词多为后边动词的宾语，由"把"提到动词前。其功能有表示处置、致使、动作的处所或范围、发生不如意的事情以及拿、对五种。用法特点首先是"把"后名词所指事物是有定、已知的，或者见于上文的，或者可以意会的，前面往往有"这""那"或其他限制的修饰语。如果是代表不确定事物的名词，则不能跟"把"组合。其次是"把"后面的动词需带其他成分，一般不用单个动词，特别是单音节动词，除非是有别的条件。然后是"把+名$_1$+动+名$_2$"结构分几种情况：第一，名$_2$是名$_1$的一部分或是属于名$_1$；第二，名$_1$是动作的对象或者受者，名$_2$是动作的结果；第三，名$_1$和名$_2$是双宾语；第四，名$_1$表动作的处所，名$_2$则是动作的结果或工具。再次，"把"后如果没有动词，表示的是责怪或无可奈何，只出现于口语。最后，否定词"不""没"等一般出现在"把"字前。李蓝、曹茜蕾（2013）将现代汉语普通话"把"字句句式结构方面的要求概括为以下三个方面：从处置标记看，一个单句只用一个处置标记"把"，且该标记不能叠用，不能带"着""了""过"等动态助词。如果处置标记为"把"，被动标记为"被"，二者没有共同来源。从处置宾语看，处置宾语必须有定，不能带数量词，且不能空置，必须位于处置标记之后。从句中谓语动词看，谓语动词不能为光杆动词，必须要有结果补语或动态助词；句中否定词必须在处置标记前，不能在谓语动词前；并非所有动词都能进入处置式，一些领属义、感知义动词与处置式不兼容；无处置结果的句子通常不用处置句。吕叔湘、李蓝等先生的上述观点对现代汉语方言的"把"字句研究具有重要的参考价值。

与普通话一样，汉语方言中的"把"字句研究也是学者们关注的重点所在。据李蓝、曹茜蕾（2013）统计，自1979年起，专题研究方言处置式的单篇论文已近100篇，结合各种调查报告，全国有近一千个县市级行政单位的处置句得到了详略不等的描述。目前汉语方言中使用的处置标记有113个，95个是汉字记音，18个是音标记音。根据各地方言实际，"把"字句的句法特点总结如下：带复指宾语，否定词后置，谓语可是光杆动词，感知义动词可作谓语动词，处置宾语可带数量词，宾语可空置，"把"字句是处置句其中一种，能愿动词、否定词置于"把"字介宾短语之后，"把"字在反复问句中可重叠，"把"字带"者"构成"把者"后用法与"把"相当，可构成"给＋O＋把＋O＋给给"的倒置式把字句，可构成"把O—V"句式等。上述特点各地方言根据自身情况可能具备其中一条或几条。

二　城东话"把"字句的句式类型及其功能

"把"字句在西北各地用法复杂多样，极具区域特点及显赫范畴地位，西宁城东话中也是如此。程祥徽先生在《青海口语语法散论》中最早对西宁方言的"把"字句进行研究，他认为"把"字句是SOV句式的特殊类型，并对其使用范围和分布作了细致分析。靳玉兰（1995）对青海方言"把"字句的若干特殊结构和用法加以描写。张成材先生（2001、2006）对"把"字句特殊使用范围进行了论述。随着功能语言学、语言类型学理论的引入，有学者开始尝试从新的角度对西宁方言的"把"字句进行探讨，较有代表性的是任碧生的《西宁话"把"字句的多样性》和杨静的《西宁方言把字句句法语义语用分析》。前者从功能主义背景出发，深入、详细地描写了"把"字句的语义特点，后者则运用结构主义和语言类型学理论，对西宁话"把"字句从句法和语义方面进行分类，对其结构特点、语义特征和语用功能作了深入论述。本节我们打算在现代汉语普通话"把"字句的研究成果和西宁方言"把"字句研究基础上，对城东话的"把"字句进行全面、深入、细致的讨论。

我们根据李蓝、曹茜蕾（2013）对汉语方言处置式的分类，并结合城东话"把"字句的句法结构和语义特点，将城东话"把"字句分为以下几类：

（一）处置义"把"字句

处置义"把"字句是城东话最常见的"把"字句类型，句式是：S（施事）+把+O（受事）+VP。其中主语是施事，"把"字宾语是受事，往往由表有定的名词短语充当，谓语动词一般是及物动词，且通常带有动态助词或补语。如：

(1) 你把桌桌抹给个去。（你把桌子去擦一下。）
(2) 傢把衣裳穿烂了。（他把衣服穿破了。）
(3) 老师把学生骂给了一顿哪。（老师把学生骂了一顿。）
(4) 你把老师看去了没？（你把老师去看了吗？）
(5) 你把面调下，我来了下。（你把面和好，等我回来了下面。）
(6) 黑来的冰雹把树上的果子一挂打着下来了。（昨夜的冰雹把树上的果子全部打下来了。）

有时在表示愿望或命令的祈使句中，施事主语并不出现，但主语跟宾语间的施受关系依然存在。如：

(7) 等一挂出门了把雨伞拿上。（等会出门了把雨伞拿上。）
(8) 明早儿赶紧给娃娃把防疫针打给。（明天早上赶快给孩子把预防针打上。）

我们知道，"把"字句最基本的语义是处置义。普通话要求"把"字句具备以下四方面的要求：第一是表处置；第二是施事和受事成分全部出现；第三是受事宾语须是有定、确指的信息；第四是动词后要有补足的成分。城东话的这类"把"字句完全符合上述要求。相对于普通的主动宾句，或者是城东话常见的前置宾语句，"把"字句更强调对受事宾语的处置，试比较下面句子：

(9) a. 傢把摩托买上了个。
    b. 傢摩托买上了个。
    c. 傢买上了个摩托。

三句话中 a 是"把"字句，强调动作处置的对象是"摩托"，处置结果是"买上了"；b 是宾语前置的 SOV 句，"摩托"处于谓语动词之前，成为叙述的话题或次话题，是强调的对象，但总体处置义不如"把"字句；c 是普通的 SVO 陈述句，"傢"是主语，即被陈述对象，谓语动词和动作对象不是陈述重点，因此没有体现出对受事宾语的处置。这种处置义的强弱不同在祈使句中表现得更为明显，请看下面句子：

（10）a. 你赶紧把作业写去。

b. 你赶紧作业啊写去。

c. 你赶紧写作业去。

这三个句子都是祈使句，表示施事"你"对受事"作业"要发出"写"的动作，但三句话所表现出的祈使语气的强弱和对处置对象影响力的大小是有区别的，其中 a "把"字句祈使语气最强，强调了施事主语对受事对象的处置性，b 前置宾语句次之，而 c 普通 SVO 句祈使语气最弱。

要注意的是城东话有些"把"字句虽然也是"S（施事）+把+O（受事）+VP"句式，但其处置义并不明显，"把"在这里只是充当了一个提宾标记。如：

（11）我把花儿浇给了。（我浇过花了。）

（12）你把傢没认得吗？（你没认出他吗？）

（13）你把饭吃上了去。（你吃了饭再去。）

（14）尕春丹把大夫问了一挂。（小春丹问了下大夫。）

上述这些句子的主语都是施事，"把"字宾语都是受事，但这里并没有强调施事对受事对象的处置，而是由介词"把"将宾语提到了谓语动词之前，以此与城东话的 SOV 句式保持了一致性。

在共同语中，处置句大概产生于七世纪到八世纪之间。产生初期，处置句多用"将"字，中、晚唐以后，用"把"表处置越来越普遍。直至今天，不管是普通话还是城东话，"把"字句最主要的用法仍然是表处置义。

（二）致使义"把"字句

致使义"把"字句是近代汉语中出现的一种特殊的"把"字句类型，它是处置义"把"字句功能扩展的结果。特别是元明以后，常用来表示一种不幸或是不愉快的事情，在近代的一些文学作品中有不少用例：

（15）偏又把凤丫头病了。（清·曹雪芹《红楼梦》第七十六回）[①]

（16）我老年不幸，把儿子、媳妇都亡了。（清·吴敬梓《儒林外

[①] （清）曹雪芹著，周汝昌汇校：《红楼梦》（上），人民出版社 2006 年版，第 752 页。

史》第二十一回)①

(17) 你两个如何把寺来废了！（明·施耐庵、罗贯中《水浒传》第五回）②

(18) 你那根簪子，前日因酒醉，跌下马来，把帽子落了。（明·兰陵笑笑生《金瓶梅词话》第八回）③

城东话的致使义"把"字句由"S + 把 + O（施事或当事）+ 动结式VP"构成，句子带有明显的致使义。如：

(19) 夜来的电影儿把大家笑死了。（昨天的电影把大家笑死了。）

(20) 今儿把你麻烦了。（今天麻烦你了。）

(21) 中午里的席把我没吃饱啊。（中午的酒席我没吃饱。）

(22) 外奶奶殁下着把我难心着没吃住。（姥姥去世把我伤心得受不了。）

(23) 这两天盖房着把我乏坏了。（这两天盖房子把我累坏了。）

(24) 尕明儿把娃娃丢掉了。（小明把孩子丢了。）

这类句子"把"字宾语大部分都是施事，往往由指人的名词或代词充当，指的是兼语式的对象，有时"把"字后面也会出现当事宾语，如例（24）。致使义"把"字句的谓语中心词大多是非行为动词，如不及物动词、心理动词等，甚至形容词都可进入其中，如例（19）（22）和（23）。故而该类"把"字句处置性较为淡薄，其语义同使役动词构成的兼语式更为接近，通常表示主语使"把"字宾语发生了谓语所表示的某种变化，产生了某种结果或是处于了某种状态，因此，"把"字宾语和后面的 VP 具有逻辑上的主谓关系。需要指出的是，这类"把"字句中的介词"把"本身并没有致使义，其与处置义"把"字句中的"把"在功能和语义方面并无差别，句子的致使义是由句式结构自身体现的。

致使义"把"字句的一大特点是很多时候其主语是零主语形式，也就是句子主语不明确出现，而是隐含在"把"字之前。如：

---

① （清）吴敬梓著，李汉秋辑校：《儒林外史汇校汇评》，上海世纪出版股份有限公司、上海古籍出版社 2010 年版，第 310 页。
② （明）施耐庵、罗贯中：《水浒传》（上），人民文学出版社 1975 年版，第 51 页。
③ （明）兰陵笑笑生著，陶慕宁校注：《金瓶梅词话》，人民文学出版社 2000 年版，第 92 页。

(25) 年时冬天冷哪，把阿妈感冒着罢不下。（去年冬天很冷，把妈妈感冒得没完没了的。）

(26) 下［çia²¹³］下［xa²¹］雪者，小心把你跘下。（下了雪了，小心把你摔倒。）

(27) 傢说下的个媳妇好啊，把党家们眼热着。（他找的媳妇很好，把本家美慕的呀。）

(28) 那个丫头秀着不听话，把他家大人给扎者。（那个姑娘皮得不听话，把她父母整坏了。）

上述"把"字句的主语虽然都没有明确出现，但"把"字前的分句往往是后面行为状态出现的动因，是构成致使义"把"字句的必要条件。

就语义来说，致使义"把"字句中"把"字宾语也有自己独具的特性，郭燕妮（2008）将其概括为非意志性、变化性和受动性三个特征。具体而言，致使义"把"字句中"把"的宾语大多为施事，施事最主要的特征是意志性，也就是可以通过施事人的主观愿望来控制行为动作。但考察"把"字的施事宾语发现其并不能由自己的主观愿望来控制行为，即施事人动作是否发出并不由自己的主观意志所决定，表现为一种非意志性。原型施事的特点是移位性，而原型受事的特点是变化性，致使义"把"字句中只有极个别"把"字宾语出现了空间上的移位，绝大部分宾语都是表现出一种状态的变化，其后的VP都是对该状态变化的描述。因为"把"字宾语的非意志性，使得其所呈现出来的状态变化往往由外因导致，也就是外在的人或事物致使"把"字宾语发生了某种变化，这样一来，"把"字宾语就具备了原型受事所有的受动性。综上，我们可将致使义"把"字句的语义概括为：出于某种外在原因致使特定对象不自主地发出了某个动作或表现出某种状态。

致使义"把"字句中还有种较为特殊的类别，其特点有二：一是无主句，且无法补充出某个具体的施事；二是表达了一种对叙述者而言是不如意、不幸或不期望的遭遇。城东话也有这类句子。如：

(29) 黑来把个羊羊跑掉了。（昨晚把一只羊给跑了。）

(30) 出去着把胳膊跘折了。（出去的时候把胳膊摔断了。）

(31) 这两天把娃娃病下者。（这两天孩子生病了。）

(32) 前年个儿爷儿把耳朵背下了。（前年爷爷的耳朵背了。）

(33) 尕玉儿把男人殁掉了。(小玉的丈夫去世了。)
(34) 洪森把二丫头跟上人着跑掉了。(洪森的二女儿跟人跑了。)

蒋冀骋、吴福祥等先生认为"由于施事的不存在，这类句子中的'把'的正常功能逐渐消失殆尽，发展到明清时期，这类处置式中的'把'似乎变成嵌在施事主语句之前的一种语意标记，表达一种不幸或不如意的语意色彩"[①]。郭浩瑜（2010）则将这类句子命名为"遭受义'把'字句"，认为它同致使义"把"字句存在不同：就主语而言，前者主语往往是事件的间接受害者，它和"把"字宾语是领属关系，后者若有主语，则为事件的致使者；就谓语而言，前者的动作行为通常是已经发生，不如意，且是说话人所不期望看到的，后者所陈述的则不一定是不如意或不幸的事件，如例（19）和（27），并且它描述的行为也可能是尚未发生的，如例（26）；就前后语境而言，前者常作为背景信息出现，指出该事件的发生对当前产生了怎样的影响，而后者多以后续分句的形式出现，表示前面的原因导致了该行为的发生。

我们知道遭受义"把"字句中"把"字宾语都是谓语动词的当事，而致使义"把"字句中一部分的"把"字宾语也是动词的当事，且致使义和遭受义句中主语都可不紧挨"把"字出现，都可用于表示不如意或不幸事件。在上述方面二者都具有共同点，因此，这里我们将遭受义"把"字句作为致使义"把"字句的一种。

（三）对待义"把"字句

对待义"把"字句的句式是：S（施事）+把+O（对象）+VP，这里的"把"相当于普通话的"对"，"把"字宾语表示主语所涉及的对象，往往由指人名词或代词充当，谓语多为形容词或疑问代词，有时也会出现动词。如：

(35) 姑爷儿把尕娃好，把丫头不当人哪。(姑爷爷对儿子好，对姑娘不好。)
(36) 他把我阿么下俩？(他能对我怎么样？)
(37) 你把娃娃们太好了，这么呵惯坏俩。(你对孩子们太好了，这样会惯坏的。)

---

① 蒋冀骋、吴福祥：《近代汉语纲要》，湖南教育出版社1997年版，第586页。

(38) 我把他还瓦不清哇？（我对他还不了解吗？）

(39) 我把他气大着很哪。（我对他很生气。）

对待义"把"字句和处置义"把"字句的相同点是主语都表示施事，谓语中心词后面多出现补语。不同点在于前者主语一般都会出现，而后者在祈使句中主语基本省略；前者"把"字宾语表示主语所涉及的对象，由指人名词或代词充当，后者"把"字宾语则是主语动作行为所处置的对象；前者谓语多为形容词或不及物动词，表示主语对"把"字宾语的态度或状态，后者谓语多为及物动词，表示主语对"把"字宾语所采取的动作行为。

（四）命名义"把"字句

命名义"把"字句的句型结构相对简单，是由"S（施事）+把+O（对象）+V+N"构成，是用来给处置对象命名的。这里的V是命名义动词，城东话中多为"叫"和"喊"，N后面通常会出现语气词"者"或者"俩"。如：

(40) 青海人把叔叔叫爸爸［$pa^{44}pa$］者。（青海人把叔叔叫爸爸呢。）

(41) 傢把我叫尕孃者。（他把我叫小姑呢。）

(42) 单位上的谁啊把傢喊老六者。（单位的人都把他叫老六呢。）

(43) 我们把蝴蝶儿叫打灯蛾儿者。（我们把蝴蝶叫打灯蛾儿呢。）

(44) 你再把不住呵我把你喊瓜婆娘俩。（你要再控制不住自己我就叫你瓜婆娘呢。）

上述处置义、致使义、对待义和命名义"把"字句不仅大量出现在城东话中，在现代汉语普通话和其他方言中也多有使用，只是在别的方言中处置标记就不一定是"把"，而有可能是其他词语。

（五）特殊"把"字句

下面我们要讨论的"把"字句结构较为特殊，可以说它们是城东话，至少是西北方言所特有的类型，具体而言有以下几种：

1. 把+O+VP

该句式最大的特点是主语根本不会出现，"把"字宾语是后面VP的施事或当事，所以有学者认为该名词是整个句子的主语，"把"是出现在主语前面对主语加以强调。我们认为"把"字宾语本身就可分为施事、受事、当事等类型,所以这里仍然将"把"后名词作为"把"的宾语。根据 VP 性质的不同将其分为两类,第一类中的 VP 由动词性短语充当。如:

(45)把你是个啥着!(你以为你是谁啊!)
(46)把他想了个美啊!(他想得美!)
(47)把凯凯有啥圈不下的俩?(凯凯有什么了不起的呢?)
(48)把我算个啥俩。(我算个什么呀。)
(49)把虫草有啥好的俩,还这么贵啊。(虫草有什么好的呢,还这么贵。)
(50)把你有啥不舒坦的哩?(你有什么不高兴的呢?)

这类句子中的"把"字宾语多为指人名词或代词,有时也会有其他名词出现。其后 VP 通常为动宾短语或动补短语,对前面名词进行陈述。

第二类的 VP 由形容词性短语充当。如:

(51)把你能着。(你能得很啊。)
(52)把你飞紧着。(你紧张得很啊。)
(53)把傢能行着罢不下呗。(他能干得不得了啊。)
(54)把你美着不成呗。(你乐得不行啊。)

这类句子中的"能""飞紧""能行""美"都是性质形容词,对前面的"把"字宾语进行描述。上述句子在"把"字之前都可以加上个"看",如例(51)说作"看把你能着",但这里的"看"并没有实际含义,有了它只是加强了句子的主观评价性。

不管句中 VP 是动词性短语还是形容词性短语,"把 + O + VP"类型的句子其主语都不会出现且无法补出,而且"把"字都可以删掉,去掉后句子仍能成立。区别在于加了"把"表示了说话者的一种主观评价,多带有批评、轻视、不以为然的色彩。为什么会有这样的语义效果呢?我们知道"把"字句又称处置句,沈家煊先生(2002)将"处置"分为了客观处置和主观处置两种,施事主语有意识地对受事宾语作出实在的处置,此乃客观处置;主语无法对宾语进行有意识的处置,只是说话人主观认为主语对宾语作了处置,此乃主观处置。主观处置更多的是体现了说话人的情感,表现了说话人的视角。这里在用"把"字介引宾语之时,其实是说话人有意识地将介引对象置于了"轻视""瞧不起""批评"的位置。因此,"把+O+VP"类句子都表达了对"把"字宾语的一种批评、不屑和不以为然的态度。

"把+O+VP"句式在《红楼梦》中就曾出现。如:

(55)贾母听了,笑道:"猴儿,把你乖的,拿着官中的钱你做人。"(清·曹雪芹《红楼梦》第三十五回)①

(56)倒把袭人不好意思的。(清·曹雪芹《红楼梦》第三十六回)②

(57)宝钗笑道:"偏这颦儿惯说这些白话,把你就伶俐的!"(清·曹雪芹《红楼梦》第五十二回)③

钱学烈先生指出这种句式"多表达某种贬意的感叹,或是用贬意的句子表达疼爱、喜欢的感情色彩。句中的'的',实际上是连接述语和补语的结构助词'得'"④。城东话的"把+O+VP"应该是对《红楼梦》这种用法的继承和发展,因为我们发现二者同样是多有贬意,且城东话该句式末尾多出现"着",城东话"着"的其中一种用法正是结构助词,用于连接谓语和补语,相当于"得"。

2. 无动词"把"字句

城东话有种较为特殊的"把"字句是其中没有谓语动词,根据"把"字后面成分的不同,我们可以将其分为两类:

第一类是:S+把+O。其中的S由第一人称单数"我"充当,O多为定中短语。如:

(58)我把你这个不胎害!(我把你这个不争气的孩子!)

(59)我把个瞎怂!(我把这个坏蛋!)

(60)把你这个不日歹!(把你这个没出息!)

(61)把你个笨怂!(把你这个笨蛋!)

(62)把个畜牲!(把这个畜牲!)

这类"把"字句的使用条件比较严格,结构形式较为固定,有以下特点:首先是主语经常不出现,如果出现则必须是第一人称单数"我";

---

① (清)曹雪芹著,周汝昌汇校:《红楼梦》(上),人民出版社2006年版,第345页。
② (清)曹雪芹著,周汝昌汇校:《红楼梦》(上),人民出版社2006年版,第357页。
③ (清)曹雪芹著,周汝昌汇校:《红楼梦》(上),人民出版社2006年版,第527页。
④ 钱学烈:《〈红楼梦〉把字句》,载胡竹安、杨耐思、蒋绍愚编《近代汉语研究》,商务印书馆1992年版,第283—292页。

其次是"把"字宾语一般表示贬义，多由第二人称代词"你"对其加以限定，此外之前还必须有近指代词"这个"或"个"；最后是该结构语义自足，句中谓语隐而不见，表达了"我"对"你"的一种主观评价，常常出现在责骂或是怪罪别人的场合。这种句子要受到语境制约并具有很强的主观性，其功能主要在于表达说话人在特定语境中的态度和感情，多针对不如意的人或事表达说话者的态度，故多用于指责或埋怨他人。此类句式主要是表达说话者的态度或感情，因此出现主语"我"相较于主语隐含所表达出的威胁、警告语气更为强烈。

城东话"S 把 O"句式是近代汉语"把"字句的遗留，这种句式在元明清时期的文献中出现了不少。如：

（63）我把你个生忿忤逆弟子孩儿。（元·关汉卿等《元刊杂剧三十种·剪发待宾》）[1]

（64）行者大怒，骂道："我把你这偷灯油的贼！"（明·吴承恩《西游记》第九十一回）[2]

（65）西门庆嘱咐道："我把你这起光棍，专一引诱人家子弟在院飘风，不守本分。"（明·兰陵笑笑生《金瓶梅词话》第六十九回）[3]

（66）只见贾琏冷笑道："好大胆，我把你这个混账东西！"（清·曹雪芹《红楼梦》第九十六回）[4]

"S 把 O"句式一直是学界所关注的。刁晏斌（1986）、钱学烈（1992）、王海棻（1992）等认为这是"把"字句的省略形式；王雪樵（1986）、孙占林（1991）、蒋绍愚（1997）等将其归为特殊句式；张美兰（2000）则认为它是个语义自足的特殊结构，口语化程度很高，当不是"把"字句的省略。我们同意张美兰先生的观点，因为该句式主要出现于人物对话中，它不强调动作的处置性，而是有说话者强烈的主观情绪，通过主语"我"对对方发出责骂，詈称对方，属于特殊的

---

[1] 宁希元校点：《元刊杂剧三十种新校》，兰州大学出版社 1988 年版，第 212 页。
[2] （明）吴承恩著，黄永年、黄寿成点校：《西游记》，中华书局 1993 年版，第 771 页。
[3] （明）兰陵笑笑生著，陶慕宁校注：《金瓶梅词话》，人民文学出版社 2000 年版，第 895 页。
[4] （清）曹雪芹著，俞平伯校订：《红楼梦后部四十回》，人民文学出版社 1993 年版，第 160 页。

称谓语。

"S 把 O"句式表称谓义不仅在城东话、新疆话、山西方言、内蒙古方言中存在大量例证，张美兰（2002）还从两个不同时期、不同来源的《西游记》版本中发现了极为有力的证明。她发现十余例在明"世德堂"本（A）中用"S 把 O"的句子，在清代的刻本（B）中直接用了"O"表示。如：

(67) a. 行者咄的一声道："我把你这些该死的畜生！"（A）
　　 b. 行者咄的一声道："你这些该死的畜生！"（B）

例不繁举。张先生指出两个版本中的异文用例属于"同质异构"，语义、语气方面均无不同，都用于称谓。"S 把 O"句式中谓语的空缺使句子丧失了原来的陈述功能，这就注定整个句式的功能不可避免地开始向指称方向发展。而在人们面对面对话的语言环境中，参与言语交谈的双方本身是明确的，因此"S 把 O"句式作为詈称对方的句子，其中"O"的指称性已经具备，不须再陈述，从而导致"S 把 O"成为一种特殊的称谓语。句中骂詈行为的发出者"S"和被骂詈的对象"O"因在对话的语言环境中已显示，这时再加以标示也显得多余，"S 把"成为冗余成分后省略，最终演变得只剩下了"O"，也就是从"S 把 O"结构变成了"O"式表示称谓。

第二类是：S + 把 + O + 数词 + 动量词。这种句式用于表示 S 对 O 实施了或将要实施某个动作。如：

(68) 阿大把我一脚。（爸爸踢了我一脚。）
(69) 我把芳芳一捶啊。（我打了芳芳一拳。）
(70) 我把你一哈饼哪。（我要扇你一巴掌。）
(71) 再犟嘴，我把你两脖颈哪。（再犟嘴我扇你两耳光。）

这里的 S 和 O 通常都是指人的名词或代词，就语义而言，S 表示施事，O 表示受事。动量词前面的数词基本上是"一"和"两"，"一"表示确指，"两"表示概数，其他数词和该句式不兼容。句中不出现谓语动词，"把"字宾语后面直接跟上数词和动量词，表示实施了某种打击或动作。动量词可以是实施打击的工具，如脚、捶、哈饼（巴掌）等，也可以是接受打击的部位，如脖颈。王景荣认为这里的"'把'与'给'一样，应该为动词，此句式为双宾语结构……此类句子具有'打击义'，

'打击义'是由结构体现出来的,为结构意义"①。我们认为这类句式中的"把"应该还是个介词,介引动作行为的对象,句子的打击动作义应该是由动量词表示。根据句中 S 和 O 所指的不同,可以将这类句子分为两类:如果 S 为第一人称单数"我",O 为对称的"你",如例(70)和(71),那么该句的动作行为尚未发生,用于表示说话人对对方的威胁和警告,隐含了"你要再……我就要……"的意思;如果 S 和 O 是表示其他人的名词或代词,如例(68)和(69),那么该句的动作行为已经发生,是说话人对过去发生动作的陈述。

3. 你(们)把你(们)V

还有一类"把"字句是普通话和其他汉语方言中都未见过的,是城东话所独有的类型,那就是祈使句"你(们)把你(们)V"。这类"把"字句句法结构特殊、主观性较强、语境化程度很高,主要用于口语对话中。如:

(72) a. 我们走了,你把你忙。(我们走了,你忙你的。)

(73) a. 你们把你们吃,把我覅管。(你们吃你们的,不要管我。)

(74) a. 你把你走,我们等一挂了着。(你走你的,我们等一会儿再说。)

(75) a. 你们把你们坐着,我先去啊。(你们坐你们的,我先走了。)

(76) a. 我把你看儿个就成俩,你把你躺着。(我看看你就行了,你睡你的。)

通过上面的例句我们发现,这类句子的特点是:主语和"把"字宾语是同一个词,要么都是第二人称单数的"你",要么都是复数的"你们";动词是自主动词,具有动作性和持续性的语义特点,多为光杆动词,没有后附成分,但有时也会在动词后面加上"着"表示动作的持续性,如例(75)和(76);"把"对其宾语不产生影响,没有"处置"功能,该"把"字句的信息焦点表现在动词上,强调了动作的继续性。这种句式是祈使句,表示请求或是商量,带有说话者强烈的主观性。该"把"字句不仅具有句法主语,同时还隐含着言者主语,因此强调了说话

---

① 王景荣:《新疆汉语方言的"把"字句》,《新疆大学学报》(哲学社会科学版)2002 年第 2 期。

者的一种视角和认识。

这种"把"字句因其特殊性引起了学者们的关注,任碧生指出"它是语义自足的固定格式,出现在强烈的祈使语境中,我们初步认定其中的'把'字不是真正意义上的介引受事的'把'"①,李蓝、曹茜蕾(2013)认为这里的"把"类似反身代词的用法,而更多的人意识到了此类句子同其他"把"字句相比具有明显不同,但其中"把"字的作用和该结构形成的机制究竟为何还不太清楚。我们发现"你(们)把你(们) V"祈使句在城东话中其实还有两种表现形式,了解它们的结构类型或许有助于我们认识"把"在其中的作用。第一种形式是:你(们)把你(们)+的+V,也就是在"把"字宾语后面加上"的",上述所有例句都可以加"的"。如:

(72) b. 我们走了,你把你的忙。

(73) b. 你们把你们的吃,把我要管。

(74) b. 你把你的走,我们等一挂了着。

(75) b. 你们把你们的坐着,我先去啊。

(76) b. 我把你看儿个就成俩,你把你的躺着。

a 句是"你(们)把你(们) V",b 句是"你(们)把你(们)+的+V",加了个"的",二者就语义而言完全等价,区别在于说话者语速较快时一般用前者,而语速较慢时则多用后者。

第二种形式是:你(们)把你(们)+的+N+V,就是在 b 句基础上,在"的"后面补充出 V 这个动作行为的承受者和对象。以上所有例句都可进行相应转换。如:

(72) c. 我们走了,你把你的事儿忙。

(73) c. 你们把你们的饭吃,把我要管。

(74) c. 你把你的路走,我们等一挂了着。

(75) c. 你们把你们的家里坐着,我先去啊。

(76) c. 我把你看儿个就成俩,你把你的床上躺着。

这里的 c 句就是我们最为常见的处置义"把"字句了:S(施事)+

---

① 任碧生:《西宁话"把"字句的多样性》,《青海民族学院学报》2005 年第 2 期。

把+O（受事）+V，主语表示动作行为的发出者，是施事，"把"字宾语是后面动作行为的承受者，是受事。此句式较一般的处置义"把"字句而言特殊的一点是，它往往用于祈使句，V 经常是光杆动词。比较 a、b、c 三种句式，它们三者应该是同一结构的三种变体，语义基本相同，差别在于 c 句因补充出了处置对象，句子的处置义最为明显，由此祈使语气最为强烈。

再举两个例子来看一下：

(77) 你把你的书看。（你看你的书。）

(78) 你把你的觉睡，再的啥要操心。（你睡你的觉，别的事情不要操心。）

"你（们）把你（们）+的+N+V"原本是很常见的处置义"把"字句"S（施事）+把+O（受事）+V"，它主要出现在面对面对话的祈使句中，表示说话人请求听话人或同听话人商量继续进行某个动作，因此主语是第二人称。该动作行为是听话人正在进行或正要进行的，动作的处置对象是听话人所有的，所以"把"字宾语由"你的 N"充当。在当时的语言环境中，参与言语活动的双方对此动作都很明确，清楚地知道动作的处置对象为何，此时再对句中的 N 加以标示就显得多余。这就导致句中的 N 成为了冗余成分，在日常对话中经常省略，人们常用"你的"来代替"你的 N"。这时，句式 c"你（们）把你（们）+的+N+V"就省减为句式 b"你（们）把你（们）+的+V"，例（77）就变成了"你把你的看"。前面我们曾提到，城东话的领格标记"的"在实际使用中常不出现，所以句式 b"你（们）把你（们）+的+V"就变成了句式 a"你（们）把你（们）+V"，例（77）就变作"你把你看"，成为城东话所特有的"把"字句了。

4."把"字比较句

我们知道比较句有四个基本构成要素，分别是：比较主体（A），比较标记（用汉字标注），基准，即比较对象（B）和比较结果（X）。普通话中的比较句通常是"A+比+B+X"，城东话的高频比较句式则是"A+B+啊+X"，也就是把作为比较标记的"啊"放在了基准之后。如：

(79) 傢的娃娃我啊大者。（他的孩子比我大。）

(80) 冰箱电视啊贵的多俩。（冰箱比电视贵得多。）

(81) 家里外前啊热的多。（家里比外面热得多。）

除此之外，城东话还有一种比较句，是由"把"来充当比较标记的，它就是"A+把+B+X"。因为"把"字在城东话中有提前宾语的作用，所以它可用来介引比较对象。如：

(82) 领兄儿把像阿妈上呵不如。（领兄不如她妈妈。）

(83) 这个把那个比不上。（这个比不上那个）

(84) 红红把像嫂子头上不到。（红红不如她嫂子。）

(85) 东东把像兄弟大的个没有。（东东没有他弟弟个子高。）

分析上述句子我们发现，"把"字比较句有以下特点：首先它一般用于否定句中，表示 A 不如 B，如果是肯定性的比较句，则不用比较标记"把"，而用"啊"。这可能跟"把"字句的语用功能有关，前面提到致使义"把"字句大多用以表达"不如意""不期望发生"的事情，特殊"把"字句"把+O+VP"多带有批评、轻视、不以为然的主观评价，"S+把+O"句式常出现在责骂或是怪罪别人的场合，相应的，"把"字比较句主要用于表达 A 不如 B 的否定含义。其次城东话"把"字比较句跟普通话相比也存在差异，普通话否定比较句句式是"A+比+X+B"，也就是比较结果出现在比较对象之前，而"把"字比较句则是"A+把+B+X"，比较结果出现在对象之后。

三 城东话"把"字句的句法特点

城东话的"把"字句不仅类型独特多样、功能复杂、使用范围广泛，其句法特点较普通话而言也多有不同。具体分述如下：

（一）动词泛化

在普通话里，并非所有的动词都可以进入"把"字句，受结构和语义等方面的限制，只有部分动词能在"把"字句使用。不少学者对此展开讨论。王政红（1994）认为动词的［+完成］［+持续］语义越强，进入"把"字句的自由度越大；反之，不具有［+完成］［+持续］义的心理活动动词、非自主动词很难用于"把"字句。崔希亮（1995）指出"把"字句中出现最多的是动作动词，且进入"把"字句的动词必须可带结果补语、趋向补语、动量补语，或重叠，或与介词共现，此类动词可表活动、动作、评价、感觉及生理活动。金立鑫（1997）认为能用于"把"字句的动词多为"自主动词"，不能用的则大部分是"非自主动词"。考察城东话的"把"字句，我们发现其中动词受到的限制要少很多，动词泛化现象很突出，很多不能用于普通话"把"字句的动词在城东话中都可使用。如：

（86）我把个尕肉儿罕稀着吃不住啊。（我把这个小孩子喜欢的不得了。）

（87）这两天把我泼烦着。（这两天我很发愁。）

（88）傢们把那个事儿没知道呗。（他们不知道那件事呀。）

（89）我把他的顾思瓦清者。（我明白他的心思。）

（90）黑来把巍巍阿大殁下了。（昨天夜里巍巍的父亲去世了。）

（91）把我病下着不受活着。（我病了，不舒服得很。）

（92）尕凤儿把傢阿姐像着包给。（小凤跟她姐姐特别像。）

（93）洗了一水着把个衣裳短下了。（洗了一次这个衣服短了。）

这里动词的范围较为广泛，表示心理活动的"罕稀""泼烦"，表示感知义的"知道""瓦清"以及其他一些非自主动词，如"殁""病""像"等都可进入"把"字句。金立鑫（1997）统计出了182个不能用于普通话"把"字句的动词，经过调查，我们发现其中有59个在城东话中可以使用，占了182的32.4%。它们分别是：死、伤、断、熄（灭）[①]、来、去、塌、懂（瓦清）、垮、等、拜、帮、爆、习惯、肯（愿意）、见、像、嫌、需要、应该、陷入（陷着）、破裂（烂）、发抖（抖）、害羞（羞）、感染、没有、缺少（缺）、死亡（殁）、着急（急）、以为（当成）、倒闭、瘫痪、误会、误解、错怪、溃散（烂散）、崩溃、相当（傍肩）、出产、脱销、脱落、痊愈、及格、知道、明白、原谅、批准、出嫁、离开（走掉）、记得、认得、懂得、梦见、碰见、瞅见（瞅下）、听见、看见、遇见（遇上）、出生（养下）。

除了大量动词可以进入"把"字句外，还有部分形容词也可充当"把"字句的谓语中心。如：

（94）今儿把我们乏死了。（今天把我们累死了。）

---

① 前面是金文中的词语，括号内的是城东话的用词。

（95）阑尾炎犯下着把人疼着没吃住。（得了阑尾炎疼得受不了。）
（96）一天没喝开水把我渴坏了。（一天没喝水渴死我了。）
（97）放给了两天假把傢们美扎了。（放了两天假他们高兴坏了。）
（98）北京去着把我热着啊。（去北京我热坏了。）

这种情况在普通话中也存在，总体使用频率不高，城东话由形容词来作谓语中心却是运用广泛。但要注意的是，"把"字句的谓语一般是由形容词和程度补语共同构成，有时形容词后面也会出现助词"着"，光杆形容词不能直接作谓语。

（二）谓语可以是光杆动词

城东话"把"字句的动词不仅范围广泛，大量动词都可加以使用，而且谓语形式多样，光杆动词就可以单独充当谓语。关于这一点，吕叔湘先生（1980）曾明确指出"把"后动词要带其他成分，单个动词一般不用，尤其是单音节动词，除非是有别的条件。城东话"把"字句的谓语可以是动词+结果补语，动词+趋向补语，动词+动量补语，也可以是动词的重叠式，或是动词+"着""了"等体貌标记，有时甚至就是个光杆动词。如：

（99）赶紧把衣裳洗。（赶快洗衣服。）
（100）你快点把作业写。（你快点写作业。）
（101）家里去了我把他说。（等回到家了我说他。）
（102）明早儿了我把傢问。（明天了我问他。）
（103）到时候了再把你央及。（到时候了再麻烦你。）
（104）我看你把我抓弄。（我看你为难我。）

上述句子中的谓语都是光杆动词，它们可以是单音节的"洗""写""说""问"，也可以是双音节的"央及""抓弄"。这些句子的共同点是动词所表示的动作行为都尚未发生，所以可以是对听话人的命令祈使，如例（99）和（100），也可以是对将要发生事件的陈述说明，如例（101）—（103），还可以是对听话人的警告威胁，如例（104）。

当然，在"你（们）把你（们）V"这种特殊句式中，光杆动词出现的频率就更高了。因为这里的V通常就是光杆动词，偶尔会在后面出现助词"着"。如：

（105）你把你吃。（你吃你的。）

（106）你把你看。（你看你的。）

（107）你们把你们耍着。（你们玩你们的。）

（108）你们把你们走。（你们走你们的。）

光杆动词单独充当"把"字句谓语的现象古已有之，王力先生曾指出："在处置式产生的初期，宾语后面可以只有一个单音节的动词，例如'把琴弄'，'把天摸'，'把卷看'等。这种结构一直沿用到现代的歌曲唱词里"①。古代文献中"把"字句的动词为光杆形式，前后没有其他成分的例子有：

（109）却思成外花台礼，不把庭前竹马骑。（唐《敦煌变文集·维摩诘经讲经文》）②

（110）大师把政上座耳拽。（南唐·静、筠二禅师《祖堂集》卷十五）③

发展到后来，动词由于带了补语，就比较适宜宾语前置，因此"把"字句的动词后面逐渐出现补语，至少也会出现个动态助词"着"或"了"。在现代汉语普通话中，除非出于押韵或其他方面的考虑，光杆动词直接作"把"字句谓语的情况反而很少见到了。

（三）"把"字宾语可表无定

普通话"把"字后面的名词所表示的事物是有定的或已知的，要么见于上文，要么可以意会，它的前面往往出现"这""那"以及其他限制性的修饰成分。如"把衣服拿来""衣服"表示的究竟是哪件衣服还是哪些衣服在这里肯定是已知的，在当时的语境中是很明确的信息。但在城东话，"把"字宾语可以是表示有定的名词，也可以是无定的、不确指的名词。有定的例子前面出现了很多，这里不再列举，表无定的例子有：

（111）索索车开上着把人碾下了。（索索开着车撞了人。）

（112）傢把几本子书拿上走了。（他拿走了几本书。）

（113）走着外前了把狗娃甭惹。（走在外面的时候不要惹狗。）

（114）做啥事儿了把人甭亏下。（不管干什么事都不要亏待了别人。）

---

① 王力：《汉语史稿》，中华书局1980年版，第412页。

② （唐）王重民等编，周绍良批校：《敦煌变文集》（下），国家图书馆出版社2017年版，第377页。

③ （南唐）静筠二禅师编撰，孙昌武、[日]衣川贤次、[日]西口芳男点校：《祖堂集》，中华书局2007年版，第563页。

（115）这两天把雨下下了。（这两天下了不少雨。）

例（111）的"人"前面没有任何修饰限定成分，究竟指的是一个人还是几个人，是什么人，都不得而知。例（112）的"书"虽然有数量短语"几本子"加以限定，但这里只是概数，具体情况也不明确。例（113）的"狗娃"不是指具体的某一只狗，而是类指，表狗这类动物。例（114）的"人"指相对于"自己"而言的"其他人"，自然也不是定指。例（115）的"雨"更不可能是定指，而是一种泛指。这里还要提到的是，例（111）句如果在"人"前面加上"个"字可能会造成歧义，我们可以根据重音所在的位置对其加以区分，具体为：

（116）a. 索索车开上着把个人碾下了。
　　　 b. 索索车开上着把个人碾下了。

a句的重音落在"人"上，这时的"个"是个量词，因前面数词是"一"故省略，"个人"就是"一个人"，具体是谁不明确，"把"字宾语表无定。b句重音在"个"上，这时"个"则是定指标记，表近指，"个人"就是"这个人"，"把"字宾语是有定的。因此，在这类"把"字句中，"个+名词"究竟是有定还是无定，要根据重音的位置进行判断。

（四）否定词后置

否定词"没""覅""不"等位于"把"字及其宾语之后，这也是城东话"把"字句的一大特色，与普通话将"把"字结构置于副词辖域之内，由副词对其加以否定不同。如：

（117）傢把钥匙给我没给。（他没把钥匙给我。）
（118）我把作业没写完哪。（我没把作业写完。）
（119）你把手机覅看了。（你别看手机了。）
（120）家里热着，把窗窗覅关给。（家里太热了，不要把窗户关上。）
（121）把奶子不滚下呵翻掉俩。（不把牛奶烧开的话会坏掉的。）

当然，否定词后置不仅在城东话，在其他汉语方言中也多有体现。王景荣（2002）在研究新疆汉语方言"把"字句时发现在当地方言中否定词也是置于"把"字之后，紧靠动词出现。他认为这种现象是受当地少数民族语言影响所致，因为维吾尔语表示否定就是在动词后加否定词来实现，而青海西宁话、甘肃兰州话、陕西渭南话也有此类现象，这很可能是受到阿尔泰语系语言的影响。在西北，的确有不少汉语方言存在

"把"字句否定词后置的情况,但将其归因于阿尔泰语系语言的影响我们认为可能不太妥当。因为除了西北,我国还有不少方言也将否定词置于"把"字之后。如:

(122) 把他没气死。(湖南常德)①

(123) 他把衣服没洗干净。(安徽庐江)

(124) 把酒不消喝多了。(四川西充)

(125) 你把鱼不吃干净。(湖北鄂东)

这些地方方言中"把"字句的否定词也后置,但它们跟阿尔泰语系语言的接触极为有限,所以我们对受少数民族语言影响导致"把"字句中否定词后置的观点持怀疑态度。具体是什么原因造成了这些方言中的否定词后置还需要进一步的调查研究。

(五)"把"和宾格标记"啊"共现

在名词的格标记部分我们曾提到城东话在表达格关系的时候,往往不用汉语所常见的"用""对""为""比""从"等前置介词,而是使用一系列表示不同关系的后置词作为语法标记。比如要表示谓语动作所关涉的对象时,往往会在该名词或代词后面加上宾格标记"啊"。本节我们指出城东话的"把"字句当其主语为施事,"把"字宾语为受事时,有时该句式的处置义并不明显,"把"在其中只是充当了一个提宾标记。在城东话中,提宾标记"把"和宾格标记"啊"有共现的情况。如:

(126) 你把我啊等一挂。(你等我一下。)

(127) 傢单位上价把缸缸们啊拿来的多啊。(他从单位拿回来很多杯子。)

(128) 我把嫂子啊劝给了半时天哪。(我劝了嫂子很长时间。)

(129) 老师把作业啊没改着。(老师没批改作业。)

上述句子中既出现了前置介词"把",又使用了后置格标记"啊"。"把"是汉语本身所固有的,"啊"的形式虽然是汉语自身的,但其语法功能是受蒙古语、土族语、撒拉语等阿尔泰语系语言影响而产生的。"把"和"啊"就功能而言在此处是相同的,二者同时出现应该是同一语

---

① 以下四个例句转引自李蓝、曹茜蕾《汉语方言中的处置式和"把"字句》(下),《方言》2013年第2期。

法功能而来源不同的两种语言现象在句子中的混用。

城东话的"把"字句不仅类型多样，而且较普通话而言具有鲜明的句法特征。动词方面，动词泛化现象严重，不少普通话"把"字句受限的动词可进入城东话"把"字句中，同时光杆动词单独作谓语也突破了普通话"把"字句的一般规律。宾语方面，"把"字宾语可表无定同普通话的用法也不一致。语序方面，否定词位于"把"字之后，紧邻动词出现不是普通话的惯用语序。最后，提宾标记"把"和宾格标记"啊"共现也是城东话特有的现象。

小结

本节我们对城东话的"把"字句进行了分析考察。首先对"把"字句和处置式两个名称的由来加以了说明，接着对处置式的历史研究和"把"字句在方言中的共时呈现情况作了介绍，然后分处置义"把"字句、致使义"把"字句、对待义"把"字句、命名义"把"字句和特殊"把"字句五种对城东话的"把"字句进行了分类论述。特殊"把"字句包括"把+O+VP"句式、无动词"把"字句、"你（们）把你（们）V"句式和"把"字比较句四类。"把+O+VP"类句子表达了对"把"字宾语的一种批评、不屑和不以为然的态度。无动词"把"字句的第一类"S+把+O"作为特殊称谓语，常通过主语"我"对对方发出责骂和詈称。上述两类特殊"把"字句是近代汉语"把"字句用法的保留。无动词"把"字句的第二类"S+把+O+数词+动量词"和"你（们）把你（们）V"是城东话对近代汉语"把"字句的进一步继承和发展。"把"字比较句则是极具地方特色的一种特殊类型。最后对城东话"把"字句的句法特点进行了描述，指出动词泛化现象严重，且光杆动词单独作谓语突破了普通话"把"字句的一般规律，是对处置式产生初期用法的一个继承。同时"把"字宾语可表无定，否定词位于"把"字之后，提宾标记"把"和宾格标记"啊"共现等也都是城东话特有的现象。

第二节 "给"字句

"给"在现代汉语中是一个高频词。作为动词,它表示"给予"的意思,但同时也有着非常丰富的虚词用法。"给"字及其"给"字句的研究成果已相当丰硕。关于"给"的历史演变,日本学者太田辰夫(1958)主张"给"是由近代以来表"给予"义的动词发展而来;志村良治(1984)则进一步指出"给"是"馈"的音变形式;张惠英(1989)认为在语音上"给"和"乞"有继承关系,二者属于词汇替换。蒋绍愚(2002)主张表被动的"给"是由"给予"动词"给"发展得来,中间经历了使役动词阶段。洪波(2004)从语义分析的角度提出"供给"义"给"引申出"给予"义,而表"给予"义的"给"在清代早期开始对同义词"与"进行替换由此提高了使用频率。石毓智(2004)认为表处置和被动标记的"给"是由"给予"义动词直接转化而来;王健(2004)和林素娥(2007)都主张表处置的"给"来源不同,王健指出一类来自受益格标记,一类源于使役动词。晁瑞(2013)认为被动标记和处置标记的"给"是多向语法化的结果,汉语的"给"是南方官话贡献字形、语法语义结构,北方官话贡献读音,属"南北和谐双赢型"的功能词。

另外,还有不少学者对现代汉语方言中的"给"和"给"字句进行讨论。徐丹(1992)对北京话中的语法标记词"给"进行考察,发现它既可以标记施事,又可以标记受事。周磊(2002)和沈明(2002)分别对乌鲁木齐话和太原话中的动词、介词"给"及"给"字句进行了细致、详尽的描写。李炜(2004)发现表被动的"给"20世纪90年代以前在北京话里是罕见用法,而之后则逐渐成为了常见用法,这可能是受到南方官话影响造成的。张安生(2006)描写了宁夏同心方言中的"给"字句,并指出这种特殊用法同近代汉语一脉相承。孙立新(2007)指出户县方言的"给"除了动词、介词外,还可用作衬字,并有大量动词可与"给"构成"V给"式。敏春芳(2018)从类型学角度对西北汉语方言的"给"字句进行考察,认为西北汉语方言中处于句末、用法复杂且功能发达的"给"是阿尔泰语系语言影响及渗透下出现的异质要素,是种具备语法功能的形态标记。

《现代汉语八百词》中对"给"的词性、功能和语义特点有着细致深入的描写分析,这对研究汉语方言中的"给"及"给"字句具有重要参考价值。下面摘录其中关于"给"的部分内容。

作为动词:①使对方得到,可带"了""过",可带双宾语。第二个名词宾语后可再加动词,该名词类似兼语:给我一壶开水沏茶。第二个名词宾语是其后动词的受事:给我一杯水喝。②使对方遭受。一般情况下必带双宾语,有时可只带第二个宾语,但不可只带第一个宾语。第二个宾语可为动词、形容词,但其后必有数量词:给你一点厉害。"给"可代替某些具体动作动词:给了他两脚。③容许、致使,用法与"叫""让"相似:你那本书给看不给看。

作为介词:①引进交付、传递的接受者。可在动词前:给我来封信。可在动词后:交给我一封信。②引进动作的受益者:给病人治病。③引进动作的受害者:对不起,这本书给你弄脏了。④"给我"加动词,用于命令句,有时义同"为我""替我":出去的时候给我把门关好。有时用来加强命令语气,表说话者的意志:你给我走开!⑤朝、向、对:给他道歉。⑥表示被动、被:门给风吹开了。

作为助词:口语中用于动词前。①主动句,可在"把"字句中:他把衣服给晾干了。可在非"把"字句中:水龙头坏了,我们给修。②被动句,可在"被"字句中:衣服让他给晾干了。可在非"被"字句中:杯子我给打碎了一个。

城东话"给"字句的语法系统较普通话而言要复杂得多,其类别、功能、来源等有不少值得我们关注和研究的地方。城东话的"给"主要用法如下:

一 动词"给"

"给",《广韵》:"居立切",见母入声缉韵。本义为丰足、富裕。《说文·系部》:"给,相足也。"如"春省耕而补不足,秋省敛而助不给。"(《孟子·梁惠王下》)后引申为"供应、供给"义,上古常见,如"贡之不入,寡君之罪也,敢不供给?"(《左传·僖公四年》)作"给予"义亦现于上古,如"若残竖子之类,恶能给若金!"(《吕氏春秋·权勋》）该义沿用至今，成为现代汉语动词"给"最常见的用法。

"给"在城东话读为［ki^{53}］，作为动词，其义项主要有以下几种：

（一）使某人得到某些东西

动词"给"最常见的用法就是使某人得到某些东西。如：

（1）我爷儿啊给掉了二百钱儿。（我给了爷爷二百块钱。）

（2）点儿新钱儿放下，过年了娃娃们啊给年钱儿。（这点新钱留下，等过年了给孩子们压岁钱。）

（3）姨奶奶亮亮啊耍耍儿给了。（姨奶奶给了亮亮个玩具。）

（4）傢我啊书给了。（他给我书了。）

（5）你把个片子大夫啊给掉。（你把拍的这个片子给大夫。）

上述句子中的"给"都表示使某人得到某些东西，如例（1）表示我使爷爷得到了二百块钱，例（5）表示你使大夫得到片子。"给"的动作可以是已然，已经发生的，此时"给"后往往要出现动态助词"了"，且"了"位于"给"及其补语之后，如例（1）。"给"的动作也可能是将然，将要发生的，这时"给"后仍然可以带补语"掉"，如例（5）。我们知道现代汉语普通话中动词"给"是个三价动词，可以支配三个论元，经常出现在双宾句中，如"他给了我一支笔"，其结构为"S + V + O$_R$ + O$_T$"，这里的O$_T$是直接宾语，表示得到的某些东西，O$_R$是间接宾语，表示接受者某人，但在城东话里却很少出现这种说法。城东话常见的表述是"S + O$_R$ + 啊 + 给 + O$_T$"，也就是将间接宾语O$_R$提到动词"给"之前，并用与格标记"啊"加以凸显，如例（1）—（2）。还有一种常见的表达是O$_T$和O$_R$都位于"给"前，动词出现在了句末，这时间接宾语O$_R$后带有格标记"啊"，即"S + O$_R$ + 啊 + O$_T$ + 给"，如例（3）和（4）。有时出于话题表达的需要，我们会把直接宾语提到主语之后充当次话题，这时通常会使用"把"字，构成"S + 把 + O$_T$ + O$_R$ + 啊 + 给"句式。该句式作为"S + O$_R$ + 啊 + O$_T$ + 给"的变式出现频率不是很高。

表示"给予"的双宾句除了可用上述两个句式外，城东话中还有一个使用频率比较高的结构，那就是"S + 给 + O$_R$ + 给 + O$_T$"用介词"给"引出与事宾语，即间接宾语，句子中出现两个"给"，一个是动词，一个是介词，来表达双宾句的内容。如：

（6）傢给我给了俩儿苹果啊。（他给了我两个苹果。）

(7) 我给嫂子给掉了个包包。(我给了嫂子一个包。)

(8) 你给那个要馍馍给掉点钱儿。(你给那个乞丐一点钱。)

有时这种句式还会和上面的"把"字句结合起来使用，成为"S + 把 + O_T + 给 + O_R + 给"。如：

(9) 你把那一本书给我给。(你把那本书给我。)

(10) 我们把不穿的衣裳给再的人给掉了。(我们把不穿的衣服给别人了。)

(11) 傢划把这给恶索给人给俩。(他净把这些垃圾给别人呢。)

通过上面的分析，我们发现城东话的动词"给"在表示使某人得到某些东西时，经常出现在以下四种结构中：

A. S + O_R + 啊 + 给 + O_T

B. S + O_R + 啊 + O_T + 给

C. S + 给 + O_R + 给 + O_T

D. S + 把 + O_T + 给 + O_R + 给

这四种句式跟普通话"S + V + O_R + O_T"的双宾句形式存在明显差别。王双成先生（2011）曾对西宁话中的给予类双及物结构进行考察，他认为 B 式和 D 式最显著的特征是动词居于句尾，直接宾语和间接宾语都位于动词之前，此语序同其他 SOV 语言的语序特征相一致。这里试将其与城东话周围的少数民族语言的双及物结构进行比较：

(12) 土族语：nenə var（ə）san-də-nə oɢo.（把这个给做活儿的人。）①

    这个   做   给

(13) 撒拉语：men aniɣi ana-si-nə χantar-nə bir ken al-ʤi.（我给他姑娘买了一件衬衣。）②

    我   他的   姑娘   衬衣   一件   买

(14) 蒙古语：nadăd taarmaarııg naaʃaã og-ootŏg!（请给我穿着合适的递过来吧!）③

---

① 出自照那斯图编著《土族语简志》，民族出版社 1981 年版，第 65 页。
② 出自林莲云编著《撒拉语简志》，民族出版社 1985 年版，第 38 页。
③ 出自道布编著《蒙古语简志》，民族出版社 1983 年版，第 49 页。

　　　　　　　　　　　我　　适合　　往这边　给
（15）藏　语：hdzͅon　mi　ŋa　çok hdək　zək wzͅən tha.（卓玛给了我一把雨伞。）①
　　　　　　　　　卓玛（具格）我　　雨伞　　一　　给了

通过比较，发现土族语、撒拉语、蒙古语和藏语双及物结构中的 O_R 和 O_T 都位于动词之前，动词居尾，间接宾语都带有格标记，这和城东话 B 式、D 式的语序特征完全一致。由此可以推断城东话这种有别于普通话的特殊句式可能跟周围 SOV 语言的影响有关。至于上面的 A 式和 C 式，王双成先生曾说"可以看成是与不同的语言在接触过程中语序类型转换的一种中间状态，也就是说，语序原来应该是 $V + O_R + O_T$，受 SOV 语言的影响，动词逐渐后移，同时由于间接宾语前置于动词，根据可别度原则，间接宾语要有标记以和施事相区别，因此在间接宾语后使用了标记'哈'"②。

（二）使某人受到某种遭遇

"给"表得到某些东西时，往往凸显了积极、正面的语义，同时也可以用来表示受到某种遭遇，这时常表现出消极、负面的色彩。例如：

（16）傢给我一脚啊。（他踢了我一脚。）

（17）我给你一哈饼哪。（我扇你一巴掌。）

（18）你再犟，我给掉一脖颈哪。（你再犟嘴，我扇你一耳光。）

当"给"表示使某人得到某些东西时，很少使用双宾句，但当它表示使某人受到某种遭遇时，则经常用双宾句表达，如例（16）和（17），这里的"给"可以替换为"把"。用"给"还是"把"，句子意思无别。有时还能在"给"后面加上结果补语"掉"来表达遭受义，如例（18）。

（三）表致使、容许

"给"还可用来表示致使和容许的意思，这时"给"后面必须要带指人的宾语，且宾语之后须出现动词。例如：

（19）我今儿烙上个韭盒儿了给姨娘们吃。（我今天做上个韭菜盒子了叫姨姨他们吃。）

---

① 出自周毛草《玛曲藏语研究》，民族出版社 2003 年版，第 227 页。
② 王双成：《青海西宁方言的给予类双及物结构》，《方言》2011 年第 1 期。

（20）哥哥我啊借给了十万着给我们盖房房者。（哥哥借给我十万块钱叫我们盖房子呢。）

（21）再两天呵冻死俩，赶紧做上个主腰了给娃娃穿上。（过两天会特别冷，赶快做个棉衣叫孩子穿。）

（22）你耍啥者？给我看儿个。（你玩什么呢？让我看看吧。）

（23）我校长跟前办儿个事儿去俩，你给我进给个。（我找校长去办点事，你让我进去一下吧。）

根据语义，这里的"给"可以分为两类：一是使某人做某事，表示致使，对应普通话的"叫"，如例（19）—（21）；二是让某人做某种动作，表示容许，对应普通话的"让"，如例（22）和（23）。

表致使、容许的"给"在《红楼梦》中就已出现，在后来的《花月痕》中使用已相当普遍。如：

（24）为听了傍话，无故给平儿没脸。（清·曹雪芹《红楼梦》第四十四回）[1]

（25）紫鹃这话原给黛玉开心，不料这几句话更提起黛玉初来时和宝玉的旧事来。（清·曹雪芹《红楼梦》第八十七回）[2]

（26）碧桃笑道："你再老二十岁，我也不给你走。"（清·魏秀仁《花月痕》第二十六回）[3]

（27）也好替刘姑娘明明心迹，给钱同秀臊臊脾呢！（清·魏秀仁《花月痕》第四十二回）[4]

城东话的该用法当是由此沿用发展而来。

（四）表父母将女儿许配、嫁人

城东话的动词"给"还有父母把女儿许配、嫁人的意思，这个义项在西北方言中广泛使用。例如：

（28）丫头你耍害，我把你给着沈家寨。（姑娘你别厉害，我要把你嫁到沈家寨。）

---

[1] （清）曹雪芹著，周汝昌汇校：《红楼梦》（上），人民出版社2006年版，第443页。
[2] （清）曹雪芹著，俞平伯校订：《红楼梦后部四十回》，人民文学出版社1993年版，第73页。
[3] （清）魏秀仁著，杜维沫校点：《花月痕》，人民文学出版社1982年版，第211页。
[4] （清）魏秀仁著，杜维沫校点：《花月痕》，人民文学出版社1982年版，第336页。

（29）给出去的丫头，泼出去的水啊。（嫁出去的姑娘，泼出去的水。）

（30）傢妹子给掉人者，你再要胡介绍。（他妹妹已经许配给人了，你不要再胡乱介绍。）

（31）我的丫头给你不给啊。（我的女儿不嫁给你。）

上述例句中的"给"都当许配、嫁人讲，其后往往带有补语，如例（28）的介宾短语作补语，例（29）的趋向补语，例（30）的结果补语等，当然，也有"给"直接充当谓语的情况，如例（31）。

二 介词"给"

作为介词，城东话的"给"用法复杂、功能多样、使用频率很高，主要可以分为以下几类：

（一）引介与事对象

"给"引入交付、传递的接受者，后面须出现指人名词或代词，二者一同位于动词前。如：

（32）你明早儿给傢们送着去一袋袋洋芋。（你明天给他们送去一袋子土豆。）

（33）你家里到了给我打儿个电话。（你回到家了给我打个电话。）

（34）我给老师寄给了两瓶互助大曲啊。（我给老师寄了两瓶互助大曲。）

（35）单位上给我发给了一套儿衣裳。（单位给我发了套衣服。）

引介与事对象是介词"给"在城东话和普通话中共有的用法，但二者在使用上仍然存在差别：普通话的介词"给"可以出现在动词前，如"给我写封信"，也可以出现在动词后，如"送给我一本书"；但在城东话中，介词"给"带上宾语只能出现在动词前，不能位于动词后。

从动词"给予"到介词引入动作行为的接受者，这是受事宾语功能扩展导致的结果。通过《醒世姻缘传》中的两个例子我们可明显地看出其语法化的过程："送菜给你"和"趁着光腔上打顿鞋底给你"，前者表示给予事物转移并使其达到某个终点，里面包含了"送"和"给"两个分离的动作过程，因此"给"是动词；后者"鞋底"并不是所给予之物，而是"打"的工具，因此"给"是介词，用以引入动作的接受者。这种用法最早出现于《太平广记》，清以后的文献中较为常见。如：

(36) 得钱一千贯，悉将分给五妹为资装。（宋·李昉等《太平广记》卷一百五十七）①

(37) 宝玉道："我不信。既是他这么念我，为什么临死都把诗稿烧了，不留给我作个纪念。"（清·曹雪芹《红楼梦》第一百四回）②

(38) 等明天访明实在，有回信再给他送去。（清·李宝嘉《官场现形记》第十七回）③

(39) 如今既是这样说定了，把华忠给玉格留下。（清·文康《儿女英雄传》第二回）④

从上述例句可以看出，自《太平广记》以来，"给"在引介与事对象时，其位置可以在动词之后，也可以在动词之前。

（二）引介受益对象

"给"由引进与事对象开始，其语义进一步扩展，逐渐演变为引介受益对象，我们可以通过《醒世姻缘传》中的两个例子分析一下：

(40) 我想给你娶个妾也罢。（清·西周生《醒世姻缘传》第五十三回）⑤

(41) 他嫂子给他揭了盖头，送他到了房内。（清·西周生《醒世姻缘传》第二十八回）⑥

例（40）中的"给"可以有两种解释：可看作是引介与事对象，"妾"是娶给"你"的；但也可看作为引介受益对象，"娶妾"是有益于你的。而例（41）的"给"则只能是引介受益对象了，因为"揭盖头"是有益于"他"，"盖头"本身并非是给"他"的。由此我们可以得出，"给"由"给予"义动词发展为了引介与事的介词，又进一步扩展为了引出受益格的介词。

---

① （宋）李昉等编：《太平广记》，中华书局2003年版，第1128页。
② （清）曹雪芹著，俞平伯校订：《红楼梦后部四十回》，人民文学出版社1993年版，第249页。
③ （清）李宝嘉：《官场现形记》，中华书局2013年版，第169页。
④ （清）文康著，弥松颐校注：《儿女英雄传》，人民文学出版社2014年版，第27页。
⑤ （清）西周生辑著，袁世硕、邹宗良校注：《醒世姻缘传》，人民文学出版社2015年版，第706页。
⑥ （清）西周生辑著，袁世硕、邹宗良校注：《醒世姻缘传》，人民文学出版社2015年版，第371页。

城东话的"给"充当受益格介词的用法也较为多见，由"给"来引进受益者，因为句中动词或动词性短语所表示的动作行为在言者主语看来对"给"的宾语是有益、积极的。如：

（42）成学给我们当给了两年的书记啊。（成学给我们当了两年的书记。）

（43）你给锁锁上膏给点油。（你给锁子膏点油。）

（44）威儿北京给傢阿妈看病去了。（威儿去北京为他妈妈看病了。）

（45）阿舅给青章湟中说下了个媳妇。（阿舅为青章在湟中说好了个媳妇。）

（46）你一天啥手啊不伸哪，你给我们把日本打下了哇？（你整天啥都不干，你为我们打日本有功了吗？）

（47）后天了你给我看儿个娃娃，我出去一挂。（后天你替我看看孩子，我出去一下。）

这里"给"的宾语在言者主语看来是动作行为的受益者，"给"对应于普通话的"给""为"或者是"替"。

在引介受益对象时，"给"有个特殊情况需要注意一下，那就是"给我"结构。我们先来看一些例子：

（48）你给我把门关上个。（你替我关一下门。）

（49）傢给我帮下着个忙。（他给我帮了个忙。）

（50）张老师给我当了三年的班主任哪。（张老师给我当了三年班主任。）

（51）你给我滚！（你给我滚！）

（52）你给我小心着！（你给我小心点儿！）

（53）你把一脸盆水一挂泼着各家身上了，赶紧给我把衣裳脱掉。（一盆水全部倒你自己身上了，赶紧给我把衣服脱了！）

上述句子中的"给我"虽然形式一致，但从用法来说可以分为两类：其一"给我"是个介宾短语，介词"给"为受益格标记，"我"是"给"引介出的动作行为的受益者，如例（48）表示你关门对我来说是有好处的，例（49）和（50）也是一样的情况。这类"给我"主要出现在祈使句中，也可以出现在陈述句中。其二"给我"用于有强烈命令语气的祈使句，表达说话人的意志，"给我"没有实际含义，如例（53）句中并不是给我、替我脱我的衣服，而是脱"你自己"的衣服，例（51）和（52）同此。洪波先生认为这里的"给我""由于语用上的主观化而成为一个只表示命令语气的情态副词"①，沈明先生（2002）则认为"给"是表示某种语气的虚用。我们认为将此类"给我"看作一个固定结构更为合适，"给"和"我"在这里已经没有了具体的词汇意义，主要是表达语法意义，也就是加强祈使语气。同时要指出的是固定结构的"给我"是由表受益的介宾短语"给我"发展而来，我们来看看明清小说中的两个例子：

（54）你只把那银子给我拿了去！（清·西周生《醒世姻缘传》第六十七回）②

（55）你快快给我闭了那张口！（清·文康《儿女英雄传》第七回）③

例（54）中"给"表示为和替，其受益格标记的特征很明显，但在例（55）中"给我"已经虚化，没有实在含义，只用以强化语气了。我们认为"给我"的"给"最初就是一个引入受益对象的介词，但它经常出现在面对面的祈使句中，久而久之，这类表祈使的句式义就逐渐附着其上，"给"和"我"的词汇义渐次虚化消失，最后就凝固为一个固定结构"给我"，用来强调祈使语气了。

（三）引介受损对象

介词"给"还可用来引入受害者，这时句中动词或动词性短语所表示的动作行为对"给"的宾语来说是有损的、消极的、无益的。如：

（56）我没小心着把书给你扯掉了。（我不小心把书给你撕破了。）

（57）花女儿把自行车给我丢掉了。（花女把自行车给我丢了。）

（58）我把阿妈的花儿给傢养死了。（我把妈妈的花给她养死了。）

（59）你阿么给我把碗碗打烂了？（你怎么把碗给我打破了？）

"给"在充当受损格标记时，其句式主要有以下特点：一是句中必须出现动作行为所关涉的对象，城东话一般用"把"字加以引介，该"把"

---

① 洪波：《汉语历史语法研究》，商务印书馆2010年版，第447—461页。

② （清）西周生辑著，袁世硕、邹宗良校注：《醒世姻缘传》，人民文学出版社2015年版，第894页。

③ （清）文康著，弥松颐校注：《儿女英雄传》，人民文学出版社2014年版，第113页。

字介宾短语往往位于"给"字之前,有时也会用于"给"后,如例(59);二是句中谓语不能由光杆动词充当,通常是动补短语,由补语来补充说明动作行为的结果,如上面例句中的"掉""死""烂"等;三是"给"在引介受益对象时,其所在句子可以是已然句,也可以是将然句,即动作行为可以是已经发生的,也可以是即将要发生的,当"给"引介受损对象时,该句肯定都是已然句,也就是动作行为已经发生且造成了一定的后果。

(四)引介关涉对象

作为介词,"给"可以引出动作行为关涉的对象,这时它对应于普通话的"朝""向""对"等。如:

(60)我们家里过年呵给阿大阿妈了要磕头俩。(在我们家过年的时候要朝爸爸和妈妈磕头呢。)

(61)傢给我使给了个眼色,带我再甭说说。(他对我使了个眼色,让我不要再说了。)

(62)个事儿给你说哎丢人着很哪。(这件事情对你说起来真是很丢人啊。)

(63)老大给你认错了没?(老大向你承认错误了吗?)

上述句子中的"给"和"朝""向""对"在语法意义上具有一致性,都用来指示动作涉及的对象或是与动作有关的对方,但要注意的是每句话中"给"只能和"朝""向""对"三个介词的其中一个语义相当。

用来引进关涉对象的"给"最早见于《醒世姻缘传》,在以后的清代小说中开始广泛使用。如:

(64)这只是给嫂子磕头就是了!(清·西周生《醒世姻缘传》第二十二回)[①]

(65)当日给阳伯谈到了官经。(清·曾朴《孽海花》第二十一回)[②]

(66)说蓉哥儿媳妇请老太太安,给老太太磕头。(清·曹雪芹《红

[①] (清)西周生辑著,袁世硕、邹宗良校注:《醒世姻缘传》,人民文学出版社2015年版,第298页。

[②] (清)曾朴著,张明高校注:《孽海花》,人民文学出版社2006年版,第296页。

楼梦》第十一回)①

以上我们对介词"给"进行了分析,发现在城东话它主要有引介与事对象、受益对象、受损对象及关涉对象四种用法。

三 助词"给"

城东话的"给"还可作为助词,直接出现在句中谓语动词前面,来加强语气。根据句子类型的不同,我们可以分为两种情况:一是出现在处置句中。如:

(67)外头冷着不成哪,出来进去得把门门给关严个。(外面很冷,进进出出得把门关严。)

(68)过年俩,赶紧把要买的一挂给买下。(要过年了,赶快把要买的东西全部买好。)

(69)傢把个手机给跸成碎渣渣了。(他把这个手机摔成碎片了。)

在处置句中,"给"往往都是和"把"连用,由"把"来引出受事对象,这里的"给"只是加强了语气,如果省略并不影响句意的表达。这类"给"可以用于动作将要发生的祈使句,也可以用于动作已经完成的陈述句。

二是出现在被动句中。如:

(70)太阳大着把我给晒坏了。(太阳很厉害把我给晒坏了。)

(71)黑来个儿把个羊羊给跑掉了。(昨晚有只羊给跑了。)

(72)家里的房房带雨给泡塌了。(房子被雨给泡塌了。)

(73)今儿出去着带贼娃把钱儿给偷掉了。(今天出去让小偷把钱给偷了。)

被动句中的"给"可以和"把"连用,如例(70)和(71);也可以和"带"连用,这个"带"引出动作行为的施事,相当于普通话的"被""让",如例(72);还可以"带""把""给"三个词共同使用,构成"带……把……给 V"句式,由"带"引出施事,"把"引出受事,"给"加强语气,表达一种非自主的情态语义,如例(73)。需要指出的是,当"带"和"把"共现时,二者连同其宾语的位置比较随意,"带"

---

① (清)曹雪芹著,周汝昌汇校:《红楼梦》(上),人民出版社2006年版,第114页。

可以在"把"之前,也可在其后,位置的变化并不影响句意的表达。这里的"给"要留意一下,虽然它在句中只是加强了某种语气,但如果省略它,句意还是会有些微变化,试比较以下两句:

(74) a. 把娃娃给锁着门外前了。
     b. 把娃娃锁着门外前了。

通过比较,我们发现这两句话的意思都是"孩子被锁到门外面了",但是 a 句有个"给"字,整个句子就带有了非自愿、不自主的色彩,也就是"孩子被锁到门外"这个结果并非主语出于自己的主观愿望所造成的,而是其他不可控的外因所致;b 句删除"给",句子的这种非自主义就没有了,说明"孩子被锁到门外"可能是主语有意为之。

联系"给"的其他用法,我们认为这种强调非自主情态的助词"给"应该跟引介受损对象的介词"给"有渊源关系。大家知道使某人受损,通常都不是有意为之,而是由其他不可控的莫名的外因所致,因此该类句子中"给"所引介的受损对象总是习惯性省略,如例(56)的"我没小心着把书给你扯掉了"经常省略为"我没小心着把书给扯掉了"。介词"给"因其宾语经常省略不出现,"给"就常常单独位于动词之前,这样一来,它就由原来的介词演变为了助词。而作为介词时"给"是个受损格标记,常表达一种不自愿的色彩,当它成为助词后也就用以强调非自主的情态了。

四 "V 给"结构

"V 给"结构在我国不少方言中都普遍存在,如甘肃兰州话、山西太原话、山西平定话、新疆乌鲁木齐方言、陕西户县方言、河南罗山方言等。西北方言中"V 给"结构更是大量使用,其用法的复杂、功能的多样引起了专家学者的关注。公望(1986)认为这个"给"虽词义虚化,但仍然保留了"给予""施加于"的附加义,并明显表达了已然或是将然的语法作用。宋金兰(1990)认为"V 给"的"给"作为助动词,其语法功能是表示"式"范畴,出现于祈使式和陈述式中,在语法功能和语音形式方面,它都和阿尔泰语有着密切关系。王森(2003)对"V 给"句式进行了深入细致地分析,列举了它所分布的 18 种格式,并认为它是动词"给"在共时条件下的泛化用法。张安生(2006)指出该"给"虽用法特殊，但同近代汉语的"馈"有直接的渊源关系，当是由近代汉语发展而来。

（一）"V给"结构的分类

同其他西北方言一样，城东话中也存在大量的"V给"结构，这里我们打算从结构类型、语义特征等方面对城东话的"V给"句式进行全面、细致的考察。

1. 表给予

表给予的"V给"句根据"给"前动词的不同可以分为以下两种类型：第一类"给"前动词为给予义动词。我们知道给予义动词是典型的一类双及物动词，给予义是该类动词本身所固有的。具体的例子如：

（75）傢把摩托给党家的借给了。（他把摩托车借给了本家人。）

（76）哥哥给我寄给了二百斤棉花啊。（哥哥寄给我二百斤棉花。）

（77）我傢啊送给了一本书。（我送给他一本书。）

（78）傢夜来给我把火车票给给了。（他昨天把火车票给我了。）

上述句子中的 V 都是给予义动词，如"借""寄""送"等，它们都可以和"给"构成"V给"结构，甚至动词"给"都可以出现在此类结构中，如例（78）。表给予的"V给"句用来表示与者（即施事主语）主动地将所与之物由与者转移至受者，句子含有所与之物和受者两个关涉对象，现代汉语普通话中常用"$S + V + O_R + O_T$"的双宾句加以表述。但前文已述，双宾句在城东话中很少出现，城东话的常用表达是将受者用介词"给"或与格标记"啊"提到动词之前，而所与之物则单独出现在"V给"结构之后，如例（76）和（77），有时所与之物会和"把"构成介宾短语放在动词前，该介宾短语既可位于"介词给+受者"前，如例（75），也可位于"介词给+受者"后，如例（78）。这里要注意的是该句式的给予义主要是由"给"前的动词 V 承担，"给"所含有的给予义很弱，尤其是例（78）中，因此以上句子"V给"中的"给"都可以删去，删去后句义不变。

第二类"给"前动词为非给予义动词，这时该"V给"句式用来表达施事主语给某人、为某人实施某个动作或行为。如：

（79）凤儿带姐姐给傢买给个手机。（凤儿让姐姐给她买个手机。）

（80）你给我再舀给一碗面片。（你给我再舀一碗面片。）

(81) 阿妈给外奶奶做给了个主腰。（妈妈给姥姥做了个棉衣。）
(82) 你给娃娃画给两个火车。（你给孩子画两个火车。）
(83) 我去了给牛牛啥们喂给？（我去了给牛喂什么呢？）

上述句子中的动词都是非给予义动词，本身不含有给予义，当它同"给"构成"V给"结构后，句式的给予义更多地由"给"来承担。这里根据给予情况的不同又可以将"V给"再分为两种：一是其中的V是方式和手段，是前期的预备阶段，"给"是目的和结果，是最终的实施后果。只有完成V的动作，"给"才得以顺利实施，"V给"实际包含了先后顺序不同的两个阶段。如例（79）中就必须先有姐姐买手机的动作，其次才能出现姐姐给凤儿手机的结果，例（80）和（81）的情况也是如此。二是V和"给"的动作在同一个阶段完成，也就是说在实施动作V的同时，"给"的结果也实现了，如例（83）我在给牛喂的过程中，所喂的东西也同时"给"牛了，例（82）也是这类情况。跟第一类的V是给予义动词一样，当V是非给予义动词时，"V给"句式一般也会出现所与之物和受者两个关涉对象，如例（80）的所与之物是"一碗面片"，而受者为"我"。疑问句中所与之物可以不出现，我们会用疑问代词对其加以指称，如例（83）。这里受者通常会用介词"给"引介出来位于动词之前，如上述例句中的"给傢""给我""给外奶奶""给娃娃""给牛牛"等。所与之物在这类句式中以位于动词后面为常，且往往在它前面会出现数量短语①，例（79）—（82）都是如此。有时所与之物也可以用于动词之前，如例（81）可以说成是"阿妈给外奶奶主腰做给了个"，例（82）可说为"你给娃娃把火车画给两个"，但我们发现，所与之物可直接前置或由"把"字提到动词之前，但对其进行修饰的数量短语则一般仍位于动词之后。

城东话中不管V是给予义动词还是非给予义动词，"V给"结构在表达形式上都是一致的，但对应到普通话中二者可以说是泾渭分明：当V是给予义动词时，城东话的"V给"在普通话中用双宾句来表述；当V是非给予义动词时，城东话的"V给"普通话中则用"给+N_1+V+N_2"句式表达。

---

① 例（79）和（81）中的"个"当是数量短语"一个"的省略，因数词为"一"。

2. 表施加

"V 给"结构当其表给予义时，句中动词所涉及的对象有所与之物和受者两个，所与之物通常都是可见可感的具体之物，且都要出现。如果"V 给"结构中动词的关涉对象只有受者一个时，该句式则表示施加义。如：

（84）我今儿把学生收拾给了一顿哪。（今天我把学生收拾了一顿。）
（85）傢黑来把我骂给的个狠哪。（他昨晚把我骂得很厉害。）
（86）我阿大啊劝给了个。（我把爸爸劝了一下。）
（87）你出去了把护士啊喊给。（你出去了喊一下护士。）
（88）个尕娃你要管给一挂俩。（这个男孩你要管一下。）

表施加的"V 给"结构具有如下特点：其一是动词的关涉对象只有一个，表示动作行为的被施加者，如（84）"收拾"的对象是"学生"，（85）"骂"的对象是"我"，（86）"劝"的对象是"阿大"，（87）"喊"的对象是"护士"，（88）"管"的对象是"个尕娃"。该对象一般不出现在动词之后，而是由介词"把"或格标记"啊"介引于动词前面，有时也可以直接作话题主语，如例（88）。其二，该结构可用于陈述句，对已然的事件加以陈述说明，如例（84）—（86）；也可用于祈使句，表示对将然事件的命令要求，如例（87）和（88）。其三，这类结构的"V 给"后面常出现补语，如例（84）和（88）的数量补语，（85）的程度补语等。

3. 强调非自主情态

前面在讨论助词"给"时，我们提到"给"可以出现在谓语动词的前面，用来加强语气，表达一种非自主的情态。其实这个"给"还可以出现在动词后面，构成"V 给"结构，这时它的作用不变，还是用来强调一种非自主的情态。如：

（89）夜来把人难受坏给了。（昨天把我给难受坏了。）
（90）这两天把傢扇风坏给者。（这两天把他给气坏了。）
（91）娃娃关着门外前给了。（孩子被关到门外面了。）
（92）红红出嫁着把我喝醉给了。（红红出嫁的时候我给喝醉了。）
（93）赶紧把衣裳穿上，要带感冒下给。（快点穿上衣服，别给感冒了。）

（94）庄庄上去了小心耍带狗娃扯下给。（去村子里的时候小心别让狗给咬了。）

（95）慢慢走，耍带跸下给。（慢慢走，别让摔下了。）

这种"V给"结构有以下特点：一是"给"前的V大多为动词，但有时形容词也会出现在"V给"结构中，如例（89）。二是"V给"结构中的V并不是直接由光杆动词或形容词充当，而是在动词、形容词和"给"之间要出现补语，可以是例（89）和（90）的程度补语，可以是例（91）的方位补语，也可以是结果补语，如例（92）—（95）。三是该"V给"句式可用于陈述句，陈述已然的动作行为，如例（89）—（92），也可用于祈使句，希望未然的动作行为不要发生，如例（93）—（95）。四是句中V所关涉的对象通常只有一个，此对象往往是V表示动作行为或状态的实施者、所有者，如例（89）（90），有时也可能是动作行为的承受者，用于被动，如例（91）。该关涉对象都出现在"V给"之前，很多情况下是和"把"构成介宾短语，有时也会作为话题主语直接出现，如例（91）。祈使句中V的关涉对象对言语双方来说都是明确、清楚的，因此常常省略不出现。最后无论是陈述句还是祈使句，"V给"所表示的动作行为都不是其关涉对象，也就是该动作行为的发出者或承受者主动、自愿发出或是承受的，且大多表示一种不好、不积极、不期待出现的行为或状态。这种非自主、不自愿的情态就是由"给"来表示。

4. 强调结果

有时"给"可以出现在V之后，对V这个动作行为所产生的结果或状态加以强调。具体如：

（96）灯忘掉着没拉灭，着给了一晚夕。（灯忘了关，亮了一晚上。）

（97）个路修给了没数儿。（这条路修了无数次。）

（98）捣动给了半天着啥啊没做下。（拨弄了半天什么也没干成。）

（99）三十晚夕的熬饭吃给了三天着没吃完哪。（三十晚上的熬饭吃了三天都没吃完。）

（100）傢打麻将着输给了八千哇？（他打麻将输了八千块钱吗？）

（101）今年辰儿长着歹啊，长给了半截子。（今年辰儿长得厉害，长高了半截子。）

（102）斌斌把拉面吃给了五碗哇？（斌斌吃了五碗拉面吗？）

这类句子中的"给"紧接动词出现，用来强调动作行为产生的结果或状态，一般都是极言其数量之多、时间之长或程度之甚。其特点有三：一是该"V给"结构基本只用于对已经发生或出现的已然事件的陈述或是疑问，因此"V给"后面会有动态助词"了"。二是在"V给了"后面都会出现数量短语充当补语，补充说明V表示动作的数量之多或持续的时间之长。三是这里的V很多都是不及物动词，后面不带宾语，如例（96）的"着"，（98）的"捣动"，（100）的"输"和（101）的"长"等；V也可以是及物动词，这时它的受事宾语通常也不会出现在V之后，而是直接出现在句首作话题主语，如例（97）和（99），或者是由"把"引介到V之前，如例（102）。上述例句中的"给"都可以删掉，删掉后并不影响句子的成立，但强调结果或状态，极言数量之多的含义就消失了，试比较下面两个句子：

（103）a. 尕存儿高考着考了五百多分儿。

　　　　b. 尕存儿高考着考给了五百多分儿。

例（103）的两句话都是陈述句，都陈述了小存儿高考考了五百多分这样一个事实，区别在于：a句只是一个简单的陈述，没有体现出说话人任何的褒贬、好恶等主观感情；而b句多了一个"给"字，就表现了说话人认为"考五百多分"对"尕存儿高考"来说真是太高了，超出了他的想象，有种"竟然"的语义在其中，而这种语义都是"给"所承担的。

5. 表祈使

前面讨论了给予义的"V给"结构，知道这种句式会运用于祈使句，其中动词关涉的所与对象可位于动词前，也可出现于动词后。如：

（104）a. 你给我买给个衣裳。

　　　　b. 你给我衣裳啊买给个。

两句话意思完全一致，只是直接宾语，即所与之物出现的位置不同罢了。这里的"给"表给予义，"个"是数量短语"一个"的省略。句子的祈使义是整个构式所表达的，"给个"虽然连在一起出现，但这里的"给"有一定的给予义，"个"是名量词，"给个"并不含有祈使义。

在论述施加义的"V给"结构时指出，该句式也会在祈使句中使用，其中动词V所表示动作行为的施加对象通常会由"把"介引于动词之前。如：

(105) 你把芳芳喊给个。

句中"给"表示动作行为施加于某个人或事物，"个"是城东话的动量词，相当于"一下"。此时句子的祈使义仍然是构式所表达的，"给个"虽连用位于句末，但并没有表示祈使义。

通过以上分析，我们发现给予义和施加义的"V给"句式在用于祈使句后，句末都可能出现"给个"结构，该结构在两种祈使句中都有具体、不同的含义，且均不表示祈使。但"给个"在祈使句中大量、频繁地出现为其类推演变提供了条件，调查发现在有些祈使句中，"给"既没有给予义，也没有施加义，句末仍然会出现"给个"结构。如：

(106) 外头啥呵响者，你出去了看给个。（外面什么声音在响，你出去看一下。）

(107) 领兄儿家出月了你去给个。（领兄家过满月的时候你去一下。）

(108) 再两天了我们北京走一趟，你先准备给个。（过两天了我们去一趟北京，你先准备一下。）

(109) 这会了饭还没做，赶紧做给个！（这会儿了还没做饭，快点做吧！）

这里以（106）句为例，我们分析一下，该句"V给"结构中的V是动词"看"，句中没有所与之物和受者两个关涉对象，因此这个"给"不具有给予义。而"看"本身也不是施加义动词，且"看"的对象也未在句中出现，所以"给"也没有施加义。那这里的"给个"究竟表达了怎样的意义呢？我们认为该"给个"结构在句中并没有具体的词汇意义，只是表达了一定的语法意义，那就是表现了一种商量、祈使的语气，而这正是给予义和施加义"V给"在祈使句末的"给个"类推衍化的结果。因为"给"在表给予义和施加义时，它经常会跟"个"组成"给个"结构出现在祈使句末，虽然起初"给"和"个"都有各自具体的词汇意义，但久而久之，表祈使的这种句式意义就逐渐附着到了"给个"上，"给个"就成为一个表商量、请求等祈使语气的固定结构了。试比较以下两个句子：

(110) a. 你明早儿来。
　　　 b. 你明早儿来给个。

两句话都是祈使句，但语气上存在明显不同：a 句是直接的命令、要求，而 b 句则表现了一种请求和希望，语气较 a 句而言委婉很多。

6. 表致使

"给"在城东话还有一种较为特殊的用法，那就是跟在动词后面表示致使义，也就是允许、希望、让、使某人做某事。如：

(111) 爷儿把手机娃娃啊耍给俩。（爷爷同意孩子玩手机。）

(112) 外奶奶想我家里坐两天来，阿舅不来给。（姥姥想来我家住两天，舅舅不让来。）

(113) 黑来我走俩，姨娘们不走给。（昨晚我要走，姨姨她们不让我走。）

(114) 我进给俩，傢不进给。（我让人进，他不让人进。）

(115) 尕建儿谋着休假者，害怕单位上不休给。（小建想休假，担心单位不让休。）

(116) 骡子犁给了半天的地，你缓给个。（骡子犁地犁了半天了，你让它休息一下吧。）

(117) 你把书傢啊看给一挂个。（你把书让他看一下吧。）

(118) 军军想北京打工去，你去给唦。（军军想去北京打工，你让他去吧。）

上述句子中的"V 给"表示允许、致使某人做某事，V 表示的动作行为不是句子主语所发出，而是主语让或使某人发出。这里的致使义由"给"承担，试比较以下句子：

(119) a. 我电影院里价出俩，傢们不出。

b. 我电影院里价出俩，傢们不出给。

两句都是陈述句，唯一的区别是 b 句相对于 a 句在"出"后面多了个"给"，但表达出的意思完全不同：a 句表示"我打算从电影院出去，他们不打算出"，"不出"动作的发出者是主语"傢们"；b 句则是"我打算从电影院出去，他们不让我出"，"不出"这个动作不是"傢们"发出的，而是"傢们"让"我"发出的。

"V 给"表致使时，它可以出现在陈述句，也可以用在祈使句。陈述句中，"V 给"能在肯定句中对现有的情况进行叙述说明，如例（111）；也能在其前面加上否定副词"不"变为否定句，用以陈述过去的否定事件，如例（112）和（113），或是对尚未发生的事情加以否定性的假设，如例（115）。祈使句中，有时也会有"给"和"个"相连出现的情况，如例（116），但这里的"给"表示致使，跟上面表示请求、希望等祈使语气的"给"还是存在明显不同。如何区分祈使句末的"给"是表祈使还是表致使呢？我们可以用省略法进行判断，试将祈使句动词后面的"给"省略，如果句意发生变化，那"给"应该表致使；如果句意没有变化，只是语气略有不同，那"给"应该表祈使。例（116）删去"给"，就是"骡子犁给了半天的地，你缓个"，表示的是"你休息一会儿"，而不是原意"你让骡子休息一会儿"，因此这个"给"表致使。而例（107）删去"给"，变成"领兄儿家出月了你去个"，表示的还是"你去一下"，只是语气更为直接、强烈，因此这里的"给"表祈使。

表致使的"V给"结构中，句子的主语并不是V这个动作行为的发出者，V的发出者或因上下文而省略，不出现，如上面的大多数例子；或是后面加上"啊"位于"V给"之前，如例（111）和（117）。城东话中有时也可以用其他句式对这类"V给"结构进行相应转化。如：

（120）a. 娃娃眼睛没长好，电视雯看给。

b. 娃娃眼睛没长好，电视雯带他们看。

这里两句话的意思都是"孩子眼睛还没发育好，不要让他们看电视"，a句用了致使义的"V给"结构，而b句则用了兼语句。上述所有表致使的"V给"例句都可以用兼语句表述，但要注意的是，如果用兼语句，V后面一定不能出现"给"，而V动作的发出者"他们"则可以省略。如：

（120）c. 娃娃眼睛没长好，电视雯带看。

就是说，在表致使义时，"给"和"带（让）"这两个词互相具有排斥性，要么用有"给"的"V给"结构，要么用有"带"的句式，而"带"的宾语出现与否并不影响句意的表达。

城东话中表致使义的"V给"结构还形成了一个固定词组，那就是"去给"。"去给"主要用于动词后面，表示对现有状况的继续或是对将要发生情况的不干预。如：

（121）那个花盆有去给，雯撂掉。（那个花盆继续放着吧，不要扔了。）

（122）你带他溜瓦去给，我们把我们的吃。（你让他继续客气吧，我们吃我们的。）

（123）新衣裳带傢穿着去给。（新衣服让他继续穿着吧。）

（124）索儿睡着去给，起来呵也没干头。（让索儿继续睡吧，起来也没事可干。）

（125）傢们外前想耍了耍去给。（他们想在外面玩就让他们去玩吧。）

（126）先后们要来了来去给。（妯娌们要来就让她们来吧。）

（127）那个瞎怂想做啥了做去给。（那个坏蛋想干啥就去干啥吧。）

当"去"和"给"凝结为一个固定词组时，"去给"并不是二者意义的简单相加，而是引申发展出了新的含义，用来表示希望、听凭某个事件的发生或是某种状态的持续。"去给"一般直接出现在光杆动词之后，动词可以是单音节动词，如例（121），也可以是双音节动词，如例（122），用来表示任由某种状态持续下去。要注意的是，这时动作已经发生，状态已经出现，"V+去给"只是希望该状态继续保持，不要改变。如例（121）中的花盆已经放在那里了，"有+去给"表示说话者希望花盆继续放在那里，不要移动。有时为了凸显这种持续义，还可以在动词后面加上持续体标记"着"，如例（123）表示他穿新衣服的动作已经发生，言者希望穿着新衣服的状态继续下去。例（124）表示索儿睡觉的动作已经发出，这里希望睡觉的状态继续保持。"去给"还能出现在"V了V"结构的后面，表示听凭某个事件的发生，这时V往往尚未发生，说话者任由其发生而不加干预。如例（126）的妯娌们还没有来，说话者对她们来这个行为不加干预，任其发生。还要提到的一点是，前面指出表致使义的"V给"结构和"带"不兼容，一个句子只能具备其中之一，不能两者兼具，但是"去给"是个例外，如果句末出现了固定词组"去给"，那么动词前还可以有"带"及其宾语。

（二）"V给"结构的来源

以上我们对城东话的"V给"结构进行了分析，发现"给"出现的范围广泛，语义复杂，功能多样，它不仅可以表给予、表施加、表祈使、表致使，还可以强调非自主情态以及结果。其实普通话中也存在"V给"结构，只是普通话的"给"只能出现在给予义动词之后。那为什么城东话会出现如此复杂多样的"V给"结构呢？下面我们尝试对该问题进行解释：

前面在讨论城东话"给"的用法时，我们指出作为动词，"给"可以表给予，也就是使某人得到某些东西，使某人受到某种遭遇以及表致使、容许等意思；作为介词，"给"可引介与事对象、受益对象、受损对象以及关涉对象等；作为助词，"给"可在处置句中加强语气，可在被动句中强调非自主情态等。上述种种用法应该都是由动词义"供给"发展演变而来。

"给"，《广韵》："居立切"，折合今音当为jǐ。本义为丰足、富裕，后引申为供应、供给，上古习见。"给"表给予上古就有，但出现频率较低，隋唐时期也是偶有用例。中古以来，由"给"构成不少并列式词组，如"分给""配给""赐给""出给""支给""散给"等，当时这些动词词组跟现代汉语不同之处在于其后不能出现双宾语。具体使用如：

（128）凡是田桑废宅没入者，公刱之外，悉以分给贫民。（宋·薛居正《旧五代史·梁书》第六卷）①

（129）居家以俭约自处，所得俸禄，散给宗亲。（唐·刘肃《大唐新语》第三卷）②

（130）日本国僧圆仁、惟正等二人，京兆府赐给长牒，转各一通。（日·圆仁《入唐求法巡礼行记》卷四）③

在明代，"给"表给予义虽仍属于低频词，但还是得到了一定的发展，其后出现了完整的双宾语，这为"给"的进一步语法化提供了条件。清代以降，给予义"给"大量出现，读音为gěi。如：

（131）老爹给了他二钱四分低银子。（清·吴敬梓《儒林外史》第六回）④

（132）你两个谁带我到山里找他去，我再给你几文钱。（清·文康

---

① （宋）薛居正等撰：《旧五代史·梁书》，中华书局1976年版，第99页。
② （唐）刘肃等撰，恒鹤等校点：《大唐新语》，上海古籍出版社2012年版，第31页。
③ ［日］圆仁撰，顾承甫、何泉达点校：《入唐求法巡礼行记》，上海古籍出版社1986年版，第194页。
④ （清）吴敬梓著，李汉秋辑校：《儒林外史汇校汇评》，上海世纪出版股份有限公司、上海古籍出版社2010年版，第81页。

《儿女英雄传》第十七回)①

关于给予义"给"的来源，大家说法不一：志村良治（1984）明确指出"给"来源于"馈"；张惠英（1989）认为"给"继承了"乞"的用法，代替"乞"而来；洪波（2004）主张"给"表给予是自身发展演变的结果，清初因取代给予义"与"而高频出现；李炜（2004）认为"给"是受到南方官话影响而形成；晁瑞（2013）则主张北方官话提供了"gěi"这个读音，南方官话提供了"给"的字形和用法，二者结合形成了给予义"给"。我们认为"给"表给予义应该是其自身"供给"义发展而来，因为上古时期"给"就有当给予的用例，以后历代虽使用频率不高，但这种用法一直没有消失。

自清代开始，在给予义的基础上，"给"的各种介词及助词用法也逐渐形成。如：

(133) 无故给平儿没脸。（清·曹雪芹《红楼梦》第四十四回)②

(134) 只听得那人口里抱怨道："白白给他打了一顿，却是没有伤，喊不得冤。"（清·吴敬梓《儒林外史》第十三回)③

(135) 命人盛两盘子给赵姨娘送去。（清·曹雪芹《红楼梦》第三十八回)④

(136) 我说再没有不借与我的，谁想就不借给我哩！（清·西周生《醒世姻缘传》第八十回)⑤

(137) 他嫂子给他揭了盖头。（清·西周生《醒世姻缘传》第二十八回)⑥

(138) 你有本事给他搁下，他在上头就把你干下来了。（清·文康

---

① （清）文康著，弥松颐校注：《儿女英雄传》，人民文学出版社2014年版，第297页。
② （清）曹雪芹著，周汝昌汇校：《红楼梦》（上），人民出版社2006年版，第443页。
③ （清）吴敬梓著，李汉秋辑校：《儒林外史汇校汇评》，上海世纪出版股份有限公司、上海古籍出版社2010年版，第177页。
④ （清）曹雪芹著，周汝昌汇校：《红楼梦》（上），人民出版社2006年版，第376页。
⑤ （清）西周生辑著，袁世硕、邹宗良校注：《醒世姻缘传》，人民文学出版社2015年版，第1060页。
⑥ （清）西周生辑著，袁世硕、邹宗良校注：《醒世姻缘传》，人民文学出版社2015年版，第371页。

《儿女英雄传》第三十四回)①

（139）与事安老爷、安太太是第一肯作方便事的，便作主给他留下。（清·文康《儿女英雄传》第三十二回)②

（140）这只是给嫂子磕头就是了！（清·西周生《醒世姻缘传》第二十二回)③

（141）宝钗忙一把拉住，笑道："你又发疯了，还不给我坐下呢！"（清·曹雪芹《红楼梦》第五十七回)④

（142）这一忙，把长姐儿的一个安也给耽搁了。（清·文康《儿女英雄传》第三十五回)⑤

我们知道汉语语法化的一条规律是由给予义发展出致使义，并进而发展出被动义，冯春田（2000）、蒋绍愚（2002）两位先生就"教""与""让""交"等给予义动词的语法化过程进行过论证。"给"也经历了同样的语法化路径，由给予义动词演变为致使义动词，如例（133），再进一步发展表被动，如例（134）。同时，动词"给"还发展出其他介词用法：可以引介动作的与事对象，这里的"给"可出现在动词之前，如例（135），也可位于动词之后，如例（136）；可以引介动作的受益对象，如例（137），也可以引介动作的受损对象，如例（138）；可以引介动作的处置对象，如例（139）；可以引介动作的关涉对象，如例（140）。在介引受益对象时，"给"和"我"构成了一个固定结构"给我"，用来表示祈使，如例（141）；而在介引受损对象时，受损对象常常省略，"给"便成为了一个强调非自主情态的助词，如例（142）。

通过以上例子，我们发现"给"的种种用法中，除了在引进与事对象时"给"可在动词之后外，其他情况下"给"都出现在动词之前。那为什么城东话表给予、表施加、表结果、表祈使、表致使以及强调非自主情态的"给"会放在动词之后构成"V 给"结构呢？

---

① （清）文康著，弥松颐校注：《儿女英雄传》，人民文学出版社2014年版，第688页。
② （清）文康著，弥松颐校注：《儿女英雄传》，人民文学出版社2014年版，第641页。
③ （清）西周生辑著，袁世硕、邹宗良校注：《醒世姻缘传》，人民文学出版社2015年版，第298页。
④ （清）曹雪芹著，周汝昌汇校：《红楼梦》（上），人民出版社2006年版，第594页。
⑤ （清）文康著，弥松颐校注：《儿女英雄传》，人民文学出版社2014年版，第703页。

我们认为这和城东周围少数民族语言的影响密不可分。西宁市城东区是一个多民族聚居地区，除汉族外，还居住有回、藏、蒙古、撒拉、土、保安、东乡等少数民族。其中的藏语、土族语、撒拉语、蒙古语、保安语以及东乡语都是 SOV 语序的语言，在这些语言中，给予义动词同其他所有动词一样都位于句末。汉语中由动词"给"语法化而产生的各种介词和助词的用法在这些少数民族语言中都由相应的助词或后置词表示，在城东话中多采用"V 给"结构表达。如：

（143）撒拉语：u ana-niɤi jaʃ goz-i-nə sala be（r）-miʃ.（他把姑娘的眼泪给擦了。）①

    他 姑娘 眼泪 眼睛 擦 给

  城东话：傢姑娘的眼泪啊擦掉给了。

（144）土族语：tɕə kəl（e）-ee oɢo.（你给说。）②

    你 说   给

  城东话：你说给。

（145）东乡语：maɤaʂɯ bi dʐipʐə ətʂɯ-tala tʂɯ madə xantani ɕidʐiədʐɯ ogi!③

    明天 我集去 你 我 汗褟 缝 给

  （明天我上集去以前，你给我把汗褟儿缝好！）

  城东话：明早儿通达我集上去了你我汗褟啊缝给。

（146）藏语：tɕhə rgot kə tshə len waŋ taŋ zək.（用开水泡湿了那件衣服。）④

    开水（具格）衬衣 泡   了

  城东话：开水俩那个衣裳啊泡给了。

撒拉语动词后面会出现助动词"ber"（给），用来补充说明某些情貌意义；土族语动词后用"oɢo"表示祈使；东乡语动词后使用"ogi"表示给予和施加；藏语则用助词"taŋ"补充说明动作的结果如何。比较撒

---

① 出自林莲云编著《撒拉语简志》，民族出版社 1985 年版，第 81 页。
② 出自照那斯图编著《土族语简志》，民族出版社 1981 年版，第 46 页。
③ 出自刘照雄编著《东乡语简志》，民族出版社 1981 年版，第 70 页。
④ 出自周毛草《玛曲藏语研究》，民族出版社 2003 年版，第 164 页。

拉语的"ber"、土族语的"oɢo"、东乡语的"ogi"、藏语的"taŋ"和城东话"V给"中"给",我们发现它们的位置一致,都出现在动词之后;语义和语法功能很多情况下吻合,都可用来表示给予、施加、祈使、结果或情貌意义;甚至有的读音,如"oɢo""ogi"和"gěi"都较为相似。由此应该可以说城东话大量的"V给"结构和周围少数民族的语言之间存在一定的联系。

如果说上述表给予、施加、结果、祈使或情貌意义的"V给"结构或多或少受到了周围少数民族语言影响的话,那么城东话表致使义的"V给"跟少数民族语言之间的联系则更为直接、更为密切。请看下面的例子:

(147) 土族语:te　ntəraa-gə!(让他睡吧!)①
　　　　　　　他　睡
　　　城东话:傢睡给!

(148) 撒拉语:u　et-gi.(让他做吧。)②
　　　　　　　他　做
　　　城东话:傢做给。

(149) 保安语:ndʐasə natə-gə!(让他们玩吧!)③
　　　　　　　他们　玩
　　　城东话:傢们耍给!

(150) 东乡语:hə ənə uiliəni giə-giə!(让他做这件事情吧!)④
　　　　　　　他 这 事 做
　　　城东话:他个事啊做给!

(151) 蒙古语:dəg ʊntărbǎl ʊntăr-(ǎ)g.(灯如果要灭就让它灭吧。)⑤
　　　　　　　灯　熄　　熄
　　　城东话:灯灭了灭去给。

---

① 出自照那斯图编著《土族语简志》,民族出版社1981年版,第35页。
② 出自林莲云编著《撒拉语简志》,民族出版社1985年版,第62页。
③ 出自布和、刘照雄《保安语简志》,民族出版社1982年版,第41页。
④ 出自刘照雄编著《东乡语简志》,民族出版社1981年版,第62页。
⑤ 出自道布编著《蒙古语简志》,民族出版社1983年版,第50页。

(152) 藏　语：ndʐo ʁa tɕhək.（让走。）①
　　　　　　 走（助）使、让

　　城东话：走给。

在表示允许、致使某人进行某个动作行为时，各语言所使用的形态标记如表3–1所示：

表3–1　　　　城东话及周围少数民族语言致使式形态标记表

语言	土族语	撒拉语	保安语	东乡语	蒙古语	藏语	城东话
形态标记	-gə	-gi	-gə	-giə	-g	tɕhək	给

根据表3–1可以看出，城东话表致使义的"V给"结构中的"给"无论其语音形式、位置还是语法功能都和周围少数民族语言的致使式形态标记具有很强的一致性，因此说城东话致使义"V给"结构受到了少数民族语言的影响应该是没有问题的。

综上，我们认为城东话语义复杂、功能多样的"V给"结构是内因和外因共同作用的结果，也就是汉语自身发展和周围民族语言影响共同导致的。就内因而言，"给"由本义丰足引申为供给，继而引申为给予。在给予义的基础上，明清时期产生了一系列用法，分别为表致使、表被动、引介与事、引介受益、引介受损、引介处置、引介关涉、表祈使、表非自主情态等。这些义项都是"给"自身语法化的产物，在语义方面，城东话的"给"与之基本一致。城东话"给"的独特之处在于它的位置。汉语普通话"给"在表示上述义项时，只有引介与事对象时情况比较特殊，可在动词前，亦可在动词后，除此以外都出现在动词前；而城东话的"给"很多时候都是在动词后与之形成"V给"结构。"给"的位置由动词前移动到了动词后，这应该是外因所致。城东周围的少数民族语言，如藏语、土族语、撒拉语、东乡语等在表示给予、施加、祈使、结果或情貌意义时，都会在动词后面加上相应的助词或后置词，尤其是在表致使义时，各少数民族语言的形态标记不管是位置、语音、语义还是

---

① 出自周毛草《玛曲藏语研究》，民族出版社2003年版，第156页。

语法，都和"给"有很强的一致性，受此影响，城东话出现了大量语义复杂的"V给"结构。还要提到的一点是，汉语普通话中的"给"虽然基本位于动词之前，但当它作介词引介与事对象时也可现于动词之后，这也为城东话"给"由动词前移至动词后提供了类化的基础和条件。

小结

本节我们考察了城东话中的"给"字句。"给"在城东话中是一个高频词，且具有动词、介词和助词等词性。较有特点的是，在表使某人得到某物的给予义时，普通话常用"S + V + O_R + O_T"的双宾句，而城东话基本不用双宾句，取而代之的是"S + O_R + 啊 + 给 + O_T""S + 给 + O_R + 给 + O_T""S + O_R + 啊 + O_T + 给""S + 把 + O_T + 给 + O_R + 给"四种句式。后两种句式跟土族语、撒拉语、蒙古语和藏语双及物结构的语序特征完全一致，我们认为这跟周围 SOV 语言的影响有关，而前两种句式则应是不同语言在接触过程中语序类型转换的中间状态。城东话中还存在大量特殊的"V给"结构。根据语义类型和语法功能的不同，可分为表给予、表施加、强调非自主情态、强调结果、表祈使、表致使六种。我们认为城东话的"V给"结构是汉语自身发展的内因和周围民族语言影响的外因共同作用的结果。内因是汉语"给"由本义丰足引申为供给、给予，再进一步语法化产生了表致使、表被动、引介与事、引介受益、引介受损、引介处置、引介关涉、表祈使、表非自主情态等义项。这些义项也是城东话"给"所有的。外因是藏语、土族语、撒拉语、东乡语等城东周围的少数民族语言在表示给予、施加、祈使、结果或情貌意时，都会在动词后面加上相应的助词或后置词，尤其是在表致使义时，各少数民族语言的形态标记不管是位置、语音、语义还是语法，都和"给"具有很强的一致性。受此影响，城东话的"给"用在了动词之后，构成了大量复杂多样的"V给"结构。

第三节 选择问句

城东话的疑问句跟汉语大多数方言一样，可分为特指问、是非问和选择问三大类型。特指问和是非问除疑问词（包括疑问代词和疑问语气词）跟普通话略有不同外，其余方面大体一致。选择问句因其句式的独特性引起了不少学者的关注，成为西北方言研究的热点问题。最早对此进行研究的是谢晓安、张淑敏（1990），他们详细描写了甘肃临夏方言中的疑问句，并对其中的选择问句加以了重点讨论。宋金兰（1993）扩大了考察范围，将整个甘青汉语方言中的选择问句作为研究对象，她认为甘青地区的"A 吗 B"这种以语气词为句法标志的选择问句跟汉语普通话以连词为句法标志的选择问句相去甚远，它应该是汉语式和藏缅语式两种不同类型选择问句求同存异的混合形式。随后，宋金兰（1996）指出汉藏语的选择问句有"A-part，B-part"和"A-conj-B"两种类型，二者是选择问句发展的不同历史阶段，而由前者向后者的演变大体表现为由南到北的地域推移。张安生（2003）对宁夏同心的选择问句进行了细致考察，她认为"A 吗 B"句式的源头是近代金元系白话选择问句式，西北方言特殊的选择问是汉语疑问句地域性演变的结果。张邱林（2009）从陕县方言出发，论述了西北方言选择问句中的"曼"类助词，他认为"曼"作为语气词应该是表陈述的肯定语气，而不是学界普遍认为的疑问语气。张洋（2011）则将关注点放在了哈密汉语方言，发现当地的选择问句同西北其他地区具有一致性。

上述成果对西北汉语方言中的选择问句作了较为深入的探讨，但具体方言点选择问句式的描写还不够细致、全面，同时这种特殊句式的来源问题也有进一步探究的空间。因此，本节我们打算对城东话的正反选择问句、列项选择问及选择问的来源等进行详细考察。

一　正反选择问

根据选择肢性质和作用的不同，我们可以将选择问句分作正反选择问和列项选择问两类。我们先来看正反选择问。正反选择问，即反复问句，就是将谓语的肯定和否定两种形式并列出现，作为选项，要求对方选择其中一项来回答。城东话反复问句只有"VP – Neg – VP"和"VP – Neg"（Neg 为否定词）两种形式，没有"可 VP"式的反复问句。

（一）"VP – Neg – VP"式反复问句

现代汉语反复问的基本格式是：VP – Neg – VP。城东话的情况也是如此，"VP – Neg – VP"是最基本的反复问句式。我们根据否定词

"Neg"的不同,可以将这类反复问句分为两种:

1. VP – 不 – VP

在"VP – 不 – VP"反复问句中,"不"与其后面的 VP 构成反项选肢。如:

(1) 我们医院里看儿个去哩吗不去?(我们去不去医院看一下?)
(2) 今晚夕黑饭阿大吃哩吗是不吃?(今晚的晚饭爸爸吃不吃?)
(3) 过年呵哥哥嫂子们家里来哩吗不来?(过年的时候哥哥嫂子他们回不回家?)
(4) 个尕娃不胎害,新买上的车车傢啊给哩吗不给吵?(这个男孩子不争气,新买的车子给不给他?)
(5) 傢们跑上着海边耍去了,游泳会哩吗不会着?(他们跑去海边玩了,会不会游泳啊?)
(6) 后阿妈把那个没娘娃抓弄哩吗不抓弄哪?(后妈故意刁难不刁难那个没娘的孩子?)
(7) 这一次考试没及格啊,家里去呵你阿大你啊收拾哩吗不收拾啊?(这一次考试没及格,回到家你爸爸收拾不收拾你?)
(8) 你这么大了,坐着家里呵啥啊不做去,带人笑话哩吗是不笑话吵?(你这么大了,待在家里什么都不出去干,让人笑话不笑话?)

通过上面的例子可以看出,"VP – 不 – VP"中的 V 可以是单音节动词,如例(1)—(5),也可以是双音节动词,如例(6)—(8)。如果 VP 是光杆动词,城东话和其他汉语方言基本一致,都是"V – 不 – V"。而如果 V 带有宾语,汉语方言就有完整式"VO – 不 – VO",后省式"VO – 不 – V"以及前省式"V – 不 – VO"三种类型;城东话则因为是 SOV 和 SVO 两种语序并存,且在该句式中 SOV 语序占优势,因此宾语要么由"把"引介,要么由宾格"啊"标记,全部位于动词之前,依然是"V – 不 – V"处于句末。城东话"VP – 不 – VP"与汉语普通话相比最明显的区别是,在"VP"和"不 – VP"这两个正反项之间可以没有关联词加以连接,但必须要有语气词。当"VP – 不 – VP"中的 V 是动词时,语气词通常是"哩"和"吗"连用,构成"VP 哩吗不 VP"句式,用来对未然事件进行询问,如例(1)—(4)和(7);有时也可以询问主观的能力或偶然性的活动等,如例(5)(6)和(8)。这里的语气词

"吗"是必不可少的，城东人也会用"哇"对其进行替换，也就是在"VP–不–VP"句式中，"吗"和"哇"是自由变体。而语气词"哩"在句中则不是必需的，很多时候"哩"都可以省略且对句意的表达不产生任何影响。除了句中必须要用语气词外，"VP–不–VP"句式的句尾也可以出现语气词，如例（4）和（6），但这里的语气词也不是必需的。

要注意的一点是受普通话影响，城东话有时在"VP"和"不–VP"之间也会使用关联词"还是"，但这种句子出现的频率很低。如：

（9）这给西红柿害烂着不成哪，你买哩哇还是不买？（这些西红柿烂得不行，你买还是不买？）

（10）礼拜天呵下雪俩，你湟中上哩哇还是不上？（星期天下雪呢，你去不去湟中？）

城东话更为常见的一种表达是在"VP"和"不–VP"之间出现"是"，很多选择问句中都可以使用"是"，如例（2）和（8）。

城东话不仅动词可出现在"VP–不–VP"句式，形容词也可出现在该句式构成反复问句。如：

（11）雨下着大吗不大？（雨下得大不大？）

（12）西把头儿的房房冬天呵冷吗不冷哪？（最西面的房子到了冬天冷不冷？）

（13）这一起儿外奶奶身体历练吗是不历练哪？（这一段时间姥姥身体好不好？）

（14）你央及下的那个人做啥呵干散吗不干散？（你请下的这个人做事痛快不痛快？）

（15）点钱儿盖房房呵够哩吗是不够？（这点钱盖房子的话够不够？）

形容词性的反复问句正反项之间也必须使用语气词，因该句式常用来询问是否具有某种情状，该情状往往是现有的、静态的，故而一般只用语气词"吗"，如例（11）—（14）；只有在询问将来可能出现的性状时，才会将"哩"和"吗"两个语气词连用，如例（15）。

"VP"在城东话中还可以是述补结构，由述补结构形成的反复问句式则是"VP–V不P"，此时在正反项"VP"和"V不P"之间必须使用语气词"哩吗"。如：

（16）俫们娶上的尕媳妇是个拉猴儿，青海话听懂哩吗听不懂哪？

(他们娶的小媳妇是个外地人,青海话听得懂听不懂?)

(17) 你坐着最后着,黑板上的字儿看见哩吗看不见哪?(你坐到最后,黑板上的字看得见看不见?)

(18) 舅母的病好下哩吗是好不下吵?(舅妈的病好得了好不了啊?)

城东话的这类反复问句和普通话相比除了句中要用语气词外,在具体表达上也存在不同:普通话述语和补语之间要出现结构助词"得",由"述语 + 得 + 补语"构成正项选肢,如"听得懂""看得见""好得了"等;而城东话则直接是"述语 + 补语",中间不用结构助词,如"听懂""看见""好下"等。

还要指出的是,城东话"VP‑不‑VP"还有一种变式,那就是"VP‑夓‑VP",这里的"夓"相当于普通话的"不要"。如:

(19) 五一上了我北京去吗是夓去?(五一了我要不要去北京?)

(20) 过年乔呵把招儿姐姐傢们叫吗夓叫?(过年请客的时候要不要叫招儿姐姐他们。)

如果说"VP‑不‑VP"用于询问未然事件是否会发生,那么"VP‑夓‑VP"则用于询问听话者的态度,是不是想让该动作行为发生。试比较以下句子:

(21) a. 明早儿亲戚们家里来吗不来?
　　　b. 明早儿亲戚们家里来吗夓来?

这两句话表达出的意思完全不同:a 句是对明天亲戚们来不来家里进行询问,问的是未然的事件;而 b 句则是对听话者想不想让亲戚们明天到家里来进行询问,问的是听话者的态度。且 a 句是对未然事件的询问,因此我们还可以在句中出现语气词"哩",成为"明早儿亲戚们家里来哩吗不来?"而 b 句则一定不能用"哩"。

2. VP‑没‑VP

在"VP‑没‑VP"反复问句中,由"没"与其后面的 VP 构成反项选肢,整个句式用来对已然的事件或惯常性的活动进行询问。如:

(22) 尕胖儿夜来来了吗没来?(小胖昨天来没来?)

(23) 傢们麻眼儿姑舅哥跟前看儿个去了吗是没看去?(他们去没去瞎眼姑舅哥那儿看一下?)

(24) 你把炉炉架给了吗没架给啊?(你生没生炉子?)

（25）军军新疆走哩着，你们傢啊栽扎了吗没栽扎？（军军去新疆的时候，你们有没有叮嘱他。）

（26）傢们单位上礼拜六呵假放者吗没放着？（他们单位星期六放不放假？）

（27）初三呵坟上去者吗是没去着？（初三去不去上坟？）

（28）那个㞗丫头的病好了吗没好？（那个小姑娘的病好没好？）

（29）你这两天爽快了吗没爽快？（你这两天舒服没舒服？）

（30）黑来你们这么些人傢家里睡下了吗是没睡下？（昨晚你们这么多人在他家住下了没住下？）

（31）哥哥湖南价寄上来的柚子通达到呵坏完了吗没坏完哪？（哥哥从湖南寄来的柚子等到的时候坏完没坏完？）

通过上述例子，我们发现城东话的"VP－没－VP"句式有以下特点：首先是在正反选肢之间肯定会有语气词"吗"。其次是在语气词"吗"之前会出现"了""者"等虚词：如果询问的是已然事件，就用"了"，如例（22）—（25）；如果询问的是惯常的活动或习惯，就用"者"，如例（26）和（27）。再次，单音节动词、双音节动词、形容词等都可进入"VP－没－VP"句式构成反复问句。然后，如果动词带有宾语，宾语可由"把"引介到动词之前，如例（24），也可提至动词前由宾格"啊"予以标记，如例（25）；如果述语后有补语，助词和语气词"吗"出现在述补结构之后。最后，"VP－没－VP"句末也可以出现语气词，如例（24）和（31），这些语气词没有强制性，省略后不影响句子表达。

（二）"VP－Neg"式反复问句

"VP－Neg"反复问句是由 VP 和否定副词组合而形成的一种选择问句。其来源究竟是由"VP－Neg－VP"省略而来，还是本身就是一独立格式，历来各家意见不一。我们同意邵敬敏先生（2014）的观点，认为"VP－Neg"句式来源于两个方面：一部分是"VP－Neg－VP"省略得来，因为二者有着内在的联系；另一部分则是西周铭文中就已出现的"VP－Neg"句式历代沿用的结果。考察历史文献发现，"VP－Neg"是先秦至南北朝时期唯一的反复问形式，之后也是汉语反复问的常用格式。即使今天，很多汉语方言都选择"VP－Neg"作为反复问句式。在我们所考察的城东话中，虽然"VP – Neg – VP"是反复问句的基本格式，但"VP – Neg"相较而言使用频率更高。

城东话的"VP – Neg"句式同样根据否定副词的不同而分为两类：一是"VP 不"，二是"VP 没"。

1. VP 不

无论是句法意义还是语法功能，"VP 不"和"VP – 不 – VP"很多情况下都是一致的，都可以对未然的事件进行询问。如：

（32）后早甚呵你去哩吗不？（后天早上你去不？）

（33）通达黑呵麦子割完哩吗不？（等到天黑麦子能割完不？）

（34）六月六呵大通唱花儿者，你们去哩啵？（六月六在大通唱花儿呢，你们去不？）

（35）腊八了麦仁吃儿个哩啵？（腊八了吃不吃麦仁粥？）

要提到的是，跟"VP – 不 – VP"一样，"VP 不"的"VP"和"不"之间必须使用语气词对二者加以连接，构成"VP 吗不"句式。这里的语气词"吗"和否定副词"不"在口语中经常连读音变为"啵 [pɔ]"，如例（34）和（35）。且"VP 啵"在日常交流中占绝对优势，只有在极个别的情况，像老年人说话或是语气非常舒缓的状态下才会使用"VP 吗不"句式。"VP 啵"句式还有一个特点是其中的语气词"哩"可以省略，省略后意义不变。

2. VP 没

"VP 没"句式和"VP – 没 – VP"具有一致性，常用以询问已然或惯常的事件。如：

（36）夜来检查的来了吗没？（昨天检查的人来了没？）

（37）团结桥那扎的路口上过路费收者没？（团结桥那的路口收不收过路费？）

（38）你看清楚了没？（你看清楚没？）

（39）这两天舒坦给了个没？（这两天舒服一点没？）

在"VP 没"句式的"VP"和"没"之间会出现两个成分：一是必须要有助词，若询问已然事件，用"了"，如例（36），若询问习惯性事件，用"者"，如例（37）。要注意的是，有时"VP"是个述补结构，补语已经补充说明了结果，这时仍然要在补语后加"了"，如例（38）。一是可以出现语气词"吗"。前面在分析"VP－没－VP"句式时我们指出，在正反选肢之间城东话肯定要有语气词"吗"，但是在"VP没"中，语气词"吗"却不是必需的，很多时候都可以省略，且以不用为常。

下面我们通过"VP啵"和"VP没"的对比，来讨论二者语义上的差别：

（40）a. 傢去哩啵？（他去不去？）
　　　b. 傢去了没？（他去没去？）
（41）a. 箱箱你抬动哩啵？（箱子你搬得动吗？）
　　　b. 箱箱你抬动了没？（箱子你搬动没？）
（42）a. 你烟吃哩啵？（你现在抽烟吗？）
　　　b. 你烟吃者没？（你平常抽不抽烟？）

通过上述三组句子可以发现：首先"VP啵"是对未实现的未然情况的询问，而"VP没"则是对已实现的已然情况的询问，如例（40）；其次"VP啵"是对主观愿望或能力的询问，而"VP没"则是对客观结果或状态的询问，如例（41）；再次"VP啵"是对偶然性行为的询问，而"VP没"则是对惯常性行为的询问，如例（42）。

跟"VP－Neg－VP"不同的是，"VP－Neg"句式不管否定词是"啵"还是"没"，它们都直接处于句末，其后都不会再出现任何语气词。

3. "啵"和"没"的虚化

"VP－Neg"句式在城东话中出现频率极高，一个重要原因是城东话很少使用句末有疑问语气词的是非问句，而是大量使用反复问句式"VP－Neg"来表达是非问的含义。邵敬敏先生（2003）曾对陕北话中的"VP－Neg"句式进行考察，认为这是一种特殊的正反是非问，其中句尾的"不"和"没"正处于由否定词向语气词虚化的过程之中。我们认为城东话"VP－Neg"反复问句尾的"啵"和"没"，其虚化程度较陕北话而言应该更为深入，更为彻底。理由如下：

第一，从语义表达来看，城东话"VP－Neg"句式的问句和答语同普通话是非问的问句和答语基本一致。如：

（43）城东话：——明早儿去啵？
　　　　　　——去俩。／不去。
　　　普通话：——明天早上去吗？

——去呢。/不去。

(44) 城东话：——你们假放了没？

——放了。/没放。

普通话：——你们放假了吗？

——放了。/没放。

上述例句说明"VP–Neg"句末的否定词"啵"和"没"词义已虚化，与普通话疑问语气词"吗"作用大体相当。

第二，不少时候，城东话"VP–Neg"句末的"啵"和"没"可以互相替换，且句意不变。例如：

(45) a. 个衣裳好看者啵？（这件衣服好看吗？）

b. 个衣裳好看者没？（这件衣服好看吗？）

(46) a. 老师的话你听懂了啵？（老师的话你听懂了吗？）

b. 老师的话你听懂了没？（老师的话你听懂了吗？）

(47) a. 夜来你去呵阿妈家里有哩啵？（昨天你去的时候妈妈在家吗？）

b. 夜来你去呵阿妈家里有哩没？（昨天你去的时候妈妈在家吗？）

作为否定词，"啵"和"没"存在着明显的差别，但在以上句子中二者互换并不影响句意的表达，说明它们的否定语义已经基本消失，更多的表现为在句末成句和表达语气。

第三，城东话的判断句在转换为是非问句时，一般不出现判断动词"是"，而是直接在句末加"啵"或"没"。如：

(48) 你互助人啵？（你是互助人吗？）

(49) 傢们下边人啵？（他们是外地人吗？）

(50) 今儿礼拜天没？（今天是星期天吗？）

(51) 黑来十月一没？（昨晚是十月初一吗？）

以上情况说明，城东话的"VP–Neg"句式就形式而言，它属于反复问，是"VP–Neg–VP"的省略格式；就意义而言却是是非问，即表达了是非问的语义内容。黄国营先生曾指出："'吗'字是从正反问句末表示'反'（否定）的那一部分虚化而来的"①，也就是说是非问句是由反复问句发展演变而来，其句末语气词"吗"当由否定词虚化产生。且从语音形式来看，"啵"和"没"都是双唇音，这跟"吗"也相当接近。因此，我们可将城东话"VP 啵"和"VP 没"中的"啵"和"没"的虚化轨迹推导如下：

你走哩吗不走？ → 你走哩啵？ → 你走啵？
　　　　　　　　　　　　　　　　　　↘ 你走吗？
你走了吗没走？ → 你走了没？ → 你走没？ ↗

城东话"啵"和"没"的语法化过程也为汉语是非问句的产生提供了一种可能，那就是：

VP – Neg – VP→VP – Neg→VP 吗

当然，这里必须要指出的是，城东话反复问句末的"啵"和"没"目前来说还处于由否定词向语气词过渡的阶段，二者并未彻底虚化为语气词。因为正如前面分析所说，不少情况下，"VP 啵"和"VP 没"在语义上还存在差异。

二　列项选择问

列项选择问又称并列选择问，它是提供两个或两个以上的选项，由听话人选择其中之一作为回答。城东话的列项问通常只有两个选项。我们根据选项形式的不同，将城东话的列项问分为两类：

（一）一般列项问

一般列项问是由形式相同、意义相对的两个选项构成。具体情况如下：

（52）尕九养下的丫头吗尕娃啊？（小九生的是男孩还是女孩？）

（53）个凳凳学校里的吗你家里的？（这个凳子是学校的还是你家的？）

（54）傢穿着的毛衣买上的吗傢阿妈挽给的？（他穿得毛衣是买的还是他妈织的？）

---

① 黄国营:《"吗"字句用法初探》,《语言研究》1986 年第 2 期。

(55) 毛笔字儿你阿哥写着好吗你写着好啊？（毛笔字是你哥哥写得好还是你写得好？）

(56) 黑军军的黑世下的吗晒下的？（黑军军的黑是生下就黑还是晒黑的？）

列项问的两个选肢可以是结构相同的名词性词组，也可以是动词性词组。这两个选肢之间必须使用语气词"吗"，有时根据询问内容的不同，还可以在"吗"前面加上不同的虚词。如：

(57) 拜年去阿傢们走上去者吗坐车者？（去拜年的时候他们走着去还是坐车去？）

(58) 你娘家里晚甚里吃面者吗吃米者？（你娘家晚上吃面还是吃米呢？）

(59) 那些洋芋你撂掉了吗吃上了？（那些土豆你是扔了还是吃了？）

(60) 头一天你走了吗坐下了？（前一天你是走了还是住下了？）

(61) 你们吃炮仗哩吗吃干拌俩？（你们是吃炮仗还是吃干拌呢？）

(62) 放下假阿娃娃家里耍着哩吗送着爷儿奶奶家俩？（放假了孩子在家里玩呢还是送到爷爷奶奶家？）

如果是对惯常性的活动进行询问，一般在"吗"前面加上"者"；如果对已发生、实现的事件进行询问，往往在"吗"前加上"了"；如果对尚未发生的行为进行提问，则在"吗"前加上"哩"。而且这里的"者""了""哩"都是成对出现①，也就是在第一选肢和第二选肢后面都要使用。

与反复问相一致，城东话的列项问句中语气词也是必需的，而关联词则不具有强制性。如：

(63) 国庆了我们是西安走哩吗还是长沙走俩？（国庆节了我们是去西安呢还是去长沙？）

(64) 梅儿你亲戚吗还是同学啊？（梅儿是你的亲戚还是同学啊？）

(65) 今晚夕吃儿个拉面哩吗是面片俩？（今天晚上是吃拉面还是面片呢？）

---

① 需要说明的是，在表示未然体时，第一选肢后会出现"哩"，而第二选肢后会出现"俩"，"俩"是"哩"的音变形式，因此这里应该也是成对使用。

(66) 你我啊买上的衣裳红的吗是黑的？（你给我买的衣服是红色的还是黑色的？）

列项选择问中关联词的出现形式可以是成对出现，如例（63）中的"是……还是"；也可以是单独使用于后选肢前，如例（64）的"还是"和（65）（66）中的"是"。其中，"是……还是"和"还是"的使用频率都比较低，"是"单独使用的频率比较高，反复问和列项问中习用。但不管是哪种形式，这些关联词都可以省略而不影响句意。

（二）特殊列项问

城东话中还有一类较为特殊的选择问句，其特点是前选肢的内容是确定的，而后选肢则由疑问代词构成，具有开放性。例如：

(67) 傢俩两口吗啥啊？（他俩是夫妻还是什么？）

(68) 孃孃手里拿的倒头献子吗是啥啊？（姑姑手里拿的是倒头献子还是什么？）

(69) 娟娟脸脑皱下着，没舒坦着吗还是阿么了？（娟娟皱着脸，是不舒服还是怎么了？）

(70) 你这会儿不好好学习，长大呵挖大粪哩吗阿么俩？（你现在不好好学习，长大了难道你去挖大粪吗？）

(71) 你把傢的羊羊啊丢掉了，你赔给哩吗是阿么俩？（你把他的羊给丢了，你是赔给他还是怎么办？）

上述句子后选肢的疑问代词一般有"啥""阿么"等，整个选择问表达的意思相当于普通话的"是NP还是什么？"或者"是VP还是怎样？"的意思。在这里，前选肢的NP或VP是说话人预测的，而后选肢的"什么"和"怎样"则是未知的。说话者对前选肢把握较大，但又不能完全确定，不能排除其他可能。至于其他可能性，说话者或完全不知，或只猜测到部分内容，与前选肢相比，其成为现实的几率相对较小。因此，在表达时后选肢选择了"啥"和"阿么"等疑问代词，而没有采用实指性词语。有时，这种句式所表达的并非询问，而是反问，带有质问和责备之意，如例（70）。出于功能上的考虑，有学者将该句式看作反问句。我们知道现代汉语疑问句分是非问、选择问和特指问三大类，其分类标准就是结构形式：是非问由陈述句加疑问语调构成，特指问必须有疑问代词，选择问则必有可供选择的并列项目。且这三大类疑问句在具体运用中都可以表示反问。由此，我们依然将其归为选择问中的列项问。

城东话中，特殊列项问前后选肢之间必须使用语气词"吗"加以连接，构成"NP 吗啥"或"VP 吗阿么"等句式进行询问。此外，这类问句句末还需出现"啊""了""俩"等词，它们既可表达相应的语气，同时也有成句作用，是必不可少的成分。还要提到的一点是，该句式前后选肢间可以有关联词语"还是"或"是"，其中以出现"是"为常。

这类特殊列项问是一种似知和未知，似确定和不确定的组合，其前后选肢在语义上轻重有别，呈现出一种前重后轻的不均衡状态。由于后选肢语义较轻，出于语言经济性的考虑，日常交际中经常会出现疑问代词省略的情况。如：

（72）搅下的酵头俩蒸馍馍哩吗是？（用搅的酵头蒸馍馍还是？）
（73）你阿大工人吗是？（你爸爸是工人还是？）
（74）明早儿天晴者吗是？（明天天晴还是？）
（75）等一挂了我俩走上去哩吗是？（等一会了我俩是走着去还是？）

通过上面的句子，我们发现特殊列项问中后选肢疑问代词省略的必要条件是一定要有关联词"是"，且以此煞尾。上面提到"还是"也能用于特殊列项问的前后选肢之间，但如果疑问代词省略的话，只能用"是"而不能用"还是"。此时，"是"后面虽然没有疑问代词与前选肢构成两个并列的选项，但整个句子却不是一个是非问，而是隐含了一种选择在其中。试比较以下句子：

（76）a. ——你喝开水哩吗？
　　　　——喝俩。／不喝。

　　　b. ——你喝开水哩吗是？
　　　　——喝开水俩。／喝儿点茶俩。／啥啊不喝。

a 句是个一般是非问，询问对方是否喝开水，回答要么是肯定的"喝俩"，要么是否定的"不喝"。b 句虽然省略了疑问代词构成的后选肢，但有关联词"是"，表明它仍然是列项选择问，回答可以是"喝开水"，也可以是"喝点别的什么"，甚至是"什么也不喝"。

现代汉语方言中，这种由疑问代词充当后选肢的列项问也不少见，像内蒙古西部方言，江西丰城话、高安话，湖北孝感方言中就不乏此类用例。如：

(77) 你是跟上鬼了是咋的？（你是撞上鬼了还是怎的？）
(78) 你两人是同学还什哩啊？（你们两个人是同学还是什么啊？）
(79) 你是去还是嘛沙？（你是去还是怎么样？）①

其实现代汉语方言中的这类特殊列项问并不是无源之水，无本之木，它在历史上还是有迹可循的。关于它的来源，我们在下面进行详细论述。

三　选择问句的来源

以上我们从正反选择问和列项选择问两个方面对城东话的选择问句进行了介绍。在正反选择问中，有"VP – Neg – VP"式和"VP – Neg"式两种类型。前者根据否定词的不同可分为"VP – 不 – VP"和"VP – 没 – VP"两类，后者"VP – Neg"同样可作"VP 不"和"VP 没"二分。城东话的列项选择问分一般列项问和特殊列项问两类。

通过上面两部分的论述可知，不管是正反选择问还是列项选择问，其前后选肢之间都会出现语气词"吗"，有时甚至会有"哩"和"吗"连用的情况。因此，我们在这里可以将城东话的选择问句概括为"X 吗 Y"句式。"X 吗 Y"句式的来源是本节要讨论的第一个问题。城东话选择问句不同于普通话，很少在句中使用关联词"还是"，但"是"单独出现在后选肢的频率却比较高。"X 吗是 Y"句式的来源是我们要讨论的第二个问题。此外，由疑问代词充当后选肢的列项选择问也是城东话选择问句的独特之处，特殊列项问的来源是我们要讨论的第三个问题。

（一）"X 吗 Y"句式的来源

选择问句前后选肢间使用语气词的情况古已有之。我们先来看列项问，先秦两汉时，列项问的两小句句末几乎必用疑问语气词，如"与""乎""邪"等，且大多会有"抑""意""将""且""其"等关系词嵌入其中。如：

(80) 求之与？抑与之与？（战国《论语·学而》)②

---

① 以上三个例句转引自丁勇《古本〈老乞大〉的选择问句》，《湖北教育学院学报》2007年第4期。

② （宋）朱熹撰：《论语集注》，齐鲁书社1992年版，第5页。

(81) 事齐乎？事楚乎？（战国·孟子等《孟子·梁惠王下》）①

(82) 岂吾相不当侯邪？且固命也？（汉·司马迁《史记·李将军列传》）②

这一特点自后汉始有松动，语气词逐渐从前一小句末脱落，至唐五代时期，前一小句末带语气词的数量遽减。宋元明时期，因时代、文体、地域的不同，语气词使用的情况比较复杂。《西游记》共有列项问 25 例，无 1 例使用语气词；《水浒全传》共有列项问、正反问 76 例，列项问无 1 例使用语气词。而《元典章》《元刊杂剧三十种》《老乞大》《朴通事》等文献中列项问出现语气词的情况则较为多见。另外据傅惠钧（2000）对《儿女英雄传》的调查，其中列项问 49 例，使用语气词的有 29 例，占 59.2%。上述文献使用语气词的具体情况如：

(83) 这言语是实那是虚？（元《元典章·史部》）③

(84) 这是冬天那春天？（元·关汉卿等《元刊杂剧三十种·相国寺公孙汗衫记》）④

(85) 恁这马是一主儿那，是各自的？（元·古本《老乞大》368A）⑤

(86) 做干饭那水饭？（元《朴通事》卷中）⑥

(87) 客人吃饭哪，还等人啊？（清·文康《儿女英雄传》第四回）⑦

上述句子前选肢末尾都使用了语气词，且这里的语气词出现频率最高的是"那"。

再来看正反问。唐以前反复问句式有三种，分别为"VP – Neg – Prt""VP – Neg"和"VP – Neg – VP"（Prt 为语气词）。"VP – Neg – Prt"是先秦的主要句式，六朝时以"VP – Neg"为主，"VP – Neg –

---

① （宋）朱熹撰：《孟子集注》，齐鲁书社 1992 年版，第 29 页。
② （西汉）司马迁撰：《史记》，中华书局 1982 年版，第 2868 页。
③ （元）陈高华、张帆、刘晓、党宝海点校：《元典章》，中华书局、天津古籍出版社 2011 年版，第 489 页。
④ 宁希元校点：《元刊杂剧三十种新校》（上），兰州大学出版社 1988 年版，第 211 页。
⑤ 转引自李泰洙《〈老乞大〉四种版本语言研究》，博士学位论文，中国社会科学院研究生院，2002 年，第 187 页。
⑥ 刘坚、蒋绍愚主编：《近代汉语语法资料汇编》（元代明代卷），商务印书馆 1995 年版，第 313 页。
⑦ （清）文康著，弥松颐校注：《儿女英雄传》，人民文学出版社 2014 年版，第 57 页。

VP"先秦两汉不见于中土文人作品。我们发现上古反复问中就有使用语气词的情况，但语气词"乎""也"位于句末，而不是出现在否定词之前。如：

（88）遂使寡人得相见否乎？（战国·孟子等《孟子·公孙丑下》）①

（89）乃解索，视口鼻喟然不也？（秦《睡虎地秦墓竹简》）②

唐五代时，"VP – Neg – Prt"句式消失，"VP – Neg"和"VP – Neg – VP"成为反复问主要形式。此时，"VP"和"Neg"之间开始出现两类语气词，一是"已（以）"，二是"也"。如：

（90）前者既言不堪，此园堪住已不？（唐《敦煌变文集·降魔变文》）③

（91）从城排一大阵，识也不识？（唐《敦煌变文集·韩擒虎话本》）④

（92）师曰："吃饭也未？"（南唐·静、筠二禅师《祖堂集》卷四）⑤

这里的"已"和"也"都是起延缓语气的作用。宋元明清时期，反复问的优势句式是"VP – Neg – VP"，此时，正反选肢间出现语气词非常普遍。在原有语气词的基础上，元代后出现了新的语气词"那""也那"。如：

（93）你招也不招？（元《元曲选》关汉卿《窦娥冤》）⑥

（94）姐姐每会也那不会？（元《元曲选》关汉卿《谢天香》）⑦

（95）韵那不韵？俏那不俏？（金·董解元《西厢记诸宫调》卷五）⑧

通过以上分析可知，宋元明时期的选择问句不管是列项问还是反复

---

① （宋）朱熹撰：《孟子集注》，齐鲁书社1992年版，第50页。
② 转引自冯春田《秦墓竹简选择问句分析》，《语文研究》1987年第1期。
③ （唐）王重民等编，周绍良批校：《敦煌变文集》（上），国家图书馆出版社2017年版，第477页。
④ （唐）王重民等编，周绍良批校：《敦煌变文集》（上），国家图书馆出版社2017年版，第268页。
⑤ （南唐）静筠二禅师编撰，孙昌武、［日］衣川贤次、［日］西口芳男点校：《祖堂集》，中华书局2007年版，第82页。
⑥ 王季思主编：《全元戏曲》，人民文学出版社1990年版，第196页。
⑦ 王季思主编：《全元戏曲》，人民文学出版社1990年版，第226页。
⑧ （金）董解元著，朱平楚注译：《西厢记诸宫调注译》，甘肃人民出版社1982年版，第216页。

问，其前后选肢之间都可出现语气词"那"，"那"在这里起舒缓语气之用，我们将该选择问句式概括为"X 那 Y"。应该说，宋元明时期的"X 那 Y"句式是今天城东话"X 吗 Y"的直接来源。

"X 那 Y"句式是如何演变为"X 吗 Y"的呢？蒋绍愚、曹广顺先生（2005）曾说，汉语选择问句的基本结构框架先秦时期就已具备，后代只是具体填充的语法成分有所变化。语法成分的一个方面就是语气词。语气词在先秦至六朝主要有"与""乎""也""耶"，唐宋基本沿用，元明发展为"那""也""耶""哩""呵"，其中以"那"为常，清代则主要为"呢"。元明时期在大量使用"那"的同时，其他语气词也在逐渐地发展成熟之中，如语气词"麼"。"麼"是汉魏六朝后由反复问句"VP－Neg"句末的否定词"不/否"虚化产生的疑问语气词，唐宋时期分别有"无""磨""摩""麼"等不同写法，清代始多写作"吗"。在"麼"产生之初，其主要功能是传疑，常出现在是非问句句末表示疑问语气。发展到后来，也会位于选择问句两选肢之间，这时的"麼"应该是对语气词"那"的替换。我们从《老乞大》四种语言的对比中可清晰地看出二者的对应关系，请看[①]：

(96) a. 恁这月尽头到的大都那，到不得？（古本《老乞大》6A）
   b. 你这月尽头到的北京麼到不得？（《老乞大谚解》6B）
   c. 你这个月底能到北京麼到不得呢？（《老乞大新释》6C）
   d. 你这个月底能到北京麼到不得？（《重刊老乞大谚解》6D）

(97) a. 这三个伴当是你亲眷那，是相合来的？（古本《老乞大》54A）
   b. 这三个火伴是你亲眷那，是相合来的？（《老乞大谚解》54B）
   c. 这三个火伴是你亲眷麼，与你同来的啊？（《老乞大新释》54C）
   d. 这三个火伴是你亲眷麼，与你同来的啊？（《重刊老乞大谚解》54D）

---

① 下面两组例子均出自李泰洙《〈老乞大〉四种版本语言研究》，博士学位论文，中国社会科学院研究生院，2002 年，第 131、139 页。

例（96）a句古本《老乞大》前后两选肢间用的是语气词"那"，而在b、c、d的《老乞大谚解》《老乞大新释》和《重刊老乞大谚解》中则用的是语气词"麼"；例（97）a、b句中用的是"那"，c、d句中则是"麼"。我们知道古本《老乞大》编著于元代，《老乞大谚解》是明初修改本，《老乞大新释》和《重刊老乞大谚解》分别刊行于清乾隆二十六年和乾隆六十年。通过比较四个版本的不同，发现元代时选择问句间的语气词多用"那"，而在明清时期"那"多被"麼"代替。

这个替换"那"的"麼"和城东话"X吗Y"中的"吗"就功能而言，都是出现在选择问句前后选肢之间的语气词，都起到舒缓语气的作用。就读音而言，"麼"自形成之初就有歌韵的"麼$_1$"和麻韵的"麼$_2$"两个读音，元明清时的语气词"麼"读音当为"麼$_2$"［ma］。对此，我们可用青海人的一种面食"土土麻食儿"加以证明。北京人所谓的"猫耳朵"，青海人称之为"土土麻食儿"，读作［tutumaʂɻɛ］。"土土麻食儿"，又写作"秃秃麻失"或"脱脱麻食"，本是中古时突厥人的面食，后随元军西征，此面食连同突厥语的［tutmaq］一同入华。《老乞大谚解》中将其写作"脱脱麻食"，而《朴通事》则记为"秃秃麼思"，由此可知，元代的"麼"应读作［ma］，和城东话"X吗Y"中的"吗"读音是一致的。

综上所述，城东话的"X吗Y"选择问句应该是由宋元明时期的"X那Y"句式发展演变而来。"X那Y"句式是元明时北方汉语受蒙古语影响后出现的，其中的"那"后来被"麼"所取代。随着蒙古语影响的式微，"X麼Y"句式最终在汉语共同语中消失，但它为什么会在西北方言尤其是城东话中沿用至今呢？我们认为城东话的选择问句之所以没有和普通话一样以选择连词为标志，而是以疑问语气词为标志，这跟它周围民族语言长期的影响渗透密不可分。因为西宁城东周围的少数民族语言像藏语、蒙古语、土族语、东乡语等的选择问句都是以疑问语气词为句法标志的。请比较以下句子：

（98）藏语：mo²˧ mo²˧ sa˧ ka tʂɛ²˧ sa˧ ka?（吃馍馍还是吃米饭？）①

---

① 出自金鹏主编《藏语简志》，民族出版社1983年版，第102页。

　　　　　馍　馍　吃 吗　米饭 吃 吗
（99）土族语：tɕəmu seer ii jiuu, guii jiuu?（你有没有钱？）①
　　　　　你　钱 有 吗　没有 吗
（100）蒙古语：tər bus sɛɛn ʊʊ, mʊʊ jʊʊ?（那种布好不好？）②
　　　　　那 布 好 吗 坏　吗
（101）东乡语：mini kiəliə tʂɯ tʂənliən u, uliə tʂənliənə?（我说的你听不听？）③
　　　　　我　说　你　听 吗 不　听

可以看出，汉语的"X 麽（吗）Y"句式与上述语言选择问句的结构类型非常相似，西北各族人民在选择问句的表达方式上可以说是不谋而合。因此，"X 麽（吗）Y"就成为大家都容易理解和接受的选择问句式，从而在西北地区保留沿用至今。

（二）"X 吗是 Y"句式的来源

了解了"X 吗 Y"句式的来源，我们再来看看关联词"是"的情况。在列项问中，先秦两汉时大多会出现选择问记号，如"抑""将""意""其""且""妄其"等，其作用是把两个是非问小句连在一起，从而构成选择问。这些选择问记号当时还很驳杂，有语气副词，也有连词。如：

（102）曰："诚病乎？意亦思乎？"（战国《战国策·秦策》）④

（103）求牧与刍而不得，则反诸其人乎？抑亦立而视其死与？（战国·孟子等《孟子·公孙丑下》）⑤

（104）知其巧佞而用之邪，将以为贤也？（东汉·班固《汉书·眭两夏侯京翼李传》）⑥

南北朝隋唐时期，系词"为"开始用作选择问记号，并进一步复词化，出现了"为是""为当""为复"等关联词，且可成对使用。用例有：

---

① 出自照那斯图编著《土族语简志》，民族出版社 1981 年版，第 57 页。
② 出自道布编著《蒙古语简志》，民族出版社 1983 年版，第 99 页。
③ 出自刘照雄编著《东乡语简志》，民族出版社 1981 年版，第 105 页。
④ 屈进、胡建华译注：《战国策》，广州出版社 2001 年版，第 35 页。
⑤ （宋）朱熹撰：《孟子集注》，齐鲁书社 1992 年版，第 53 页。
⑥ （东汉）班固：《汉书》（精装本），太白文艺出版社 2006 年版，第 599 页。

（105）未知即是《通俗文》，为当有异？（北齐·颜之推《颜氏家训》）①

（106）为尘务经心，为天分有限？（唐·房玄龄等《晋书·王凝之书谢氏传》）②

（107）师曰：为当求佛？为复问道？（南唐·释静、筠《祖堂集》卷三）③

唐五代时期，"是"替代"为"进入列项问句，以配对使用为常。宋代以来，"是"的出现频率继续增多，并出现了新的关联词"还是"，元明后"是"和"还是"成为列项问的主要关联词。如：

（108）师云："云居与摩道，是你与摩道？"（南唐·静、筠二禅师《祖堂集》卷十九）④

（109）师曰："一机之绢，是一段是两段？"（宋·普济《五灯会元》卷五）⑤

（110）你是做买卖经商？是探故人亲旧？（元·关汉卿等《元刊杂剧三十种·陈季卿悟道竹叶舟》）⑥

（111）行者道："这妖精在山前住，是山后住？"（明·吴承恩《西游记》第四十回）⑦

（112）这人还不知是有哇是没了呢？（清·文康《儿女英雄传》第十七回）⑧

尤其是在古本《老乞大》中，语气词"那"紧接关联词"是"一同出现在前后选肢间的情况较为普遍。如：

---

① 王利器撰：《颜氏家训集解》（增补本），中华书局1993年版，第545页。
② （唐）房玄龄等撰：《晋书》，中华书局1974年版，第1369页。
③ （南唐）静筠二禅师编撰，孙昌武、[日]衣川贤次、[日]西口芳男点校：《祖堂集》，中华书局2007年版，第124页。
④ （南唐）静筠二禅师编撰，孙昌武、[日]衣川贤次、[日]西口芳男点校：《祖堂集》，中华书局2007年版，第721页。
⑤ （宋）普济著，苏渊雷点校：《五灯会元》，中华书局1984年版，第241页。
⑥ 宁希元校点：《元刊杂剧三十种新校》（下），兰州大学出版社1988年版，第190页。
⑦ （明）吴承恩著，黄永年、黄寿成点校：《西游记》，中华书局1993年版，第334页。
⑧ （清）文康著，弥松颐校注：《儿女英雄传》，人民文学出版社2014年版，第292页。

(113) 这三个伴当是你亲眷那，是相合来的？（元·古本《老乞大》54A）①

(114) 恁两姨弟兄，是亲两姨那，是房亲两姨？（元·古本《老乞大》56A）②

(115) 恁这马是一主那，是各自的？（元·古本《老乞大》368A）③

元代这种"那"和"是"连用的情况和今天城东话的"X 吗是 Y"句式应该有着一定的渊源关系。正如当时列项问句中的关联词"是"不具有强制性一样，城东话的"是"也并非列项问句所必需的。

反复问的正反选肢间自古以来就基本不用关联词，虽然现代汉语部分方言和普通话反复问中有时会出现关联词"还是"或"是"，但总体而言使用频率不高。城东话的反复问句则比较特别，不管是"VP–Neg–VP"还是"VP–Neg"句式，否定词前出现"是"的情况非常普遍。如：

(116) 你青海人就是吗是不是啊？（你是不是青海人？）

(117) 娃娃黑饭吃了吗是没？（孩子晚饭吃没吃？）

(118) 明早儿我们去哩吗是不？（明天我们去不去？）

要说明的是，首先，"是"的使用不是任意的，它往往要以"吗"的出现为前提，也就是必须要和"吗"共现，城东人一般不会单独用"是"。其次，城东话选择问句中的"是"也并非必需的，大多情况下"是"可以省略且不影响句意表达。至于城东话的选择问，尤其是反复问中为何会大量使用关联词"是"，还需要我们更进一步地深入调查和研究。

（三）特殊列项问句的来源

前文提到，城东话存在一种"NP/VP + 吗 + 疑问代词"的特殊列项问，这里我们尝试对其来源进行讨论。曹广顺先生（1998）认为这种特殊问句是唐五代时的"~那？作摩？"句式发展演变来的。"那"和"作

---

① 转引自李泰洙《〈老乞大〉四种版本语言研究》，博士学位论文，中国社会科学院研究生院，2002 年，第 139 页。

② 转引自李泰洙《〈老乞大〉四种版本语言研究》，博士学位论文，中国社会科学院研究生院，2002 年，第 140 页。

③ 转引自李泰洙《〈老乞大〉四种版本语言研究》，博士学位论文，中国社会科学院研究生院，2002 年，第 187 页。

摩"都是产生于近代汉语的新兴疑问词。"作摩"早期书写形式有"作勿"和"作没",表示"做什么"之意,后发展为询问目的或原因的疑问词。"那"和"作摩"连用出现在疑问句中表示反问语气,该用法最早见于晚唐五代的禅宗典籍《祖堂集》。如:

(119) 答曰:"怕烂却那?作摩?"(南唐·静、筠二禅师《祖堂集》卷十四)①

(120) 师谓众曰:"是你诸人患颠那?作摩?"(南唐·静、筠二禅师《祖堂集》卷十六)②

(121) 师云:"岂是有纹彩那?作摩?"(南唐·静、筠二禅师《祖堂集》卷十一)③

到了宋代,在禅宗典籍《景德传灯录》《五灯会元》中,句子的形式发生了一些变化,"作摩"写为了"作麽",原来的两句紧缩为一句,且语气词"那"省略不见。如:

(122) 西堂云:"怕烂却作麽?"(宋·释道原《景德传灯录》卷六)④

(123) 师曰:"欺这里无人作麽?"(宋·普济《五灯会元》卷十三)⑤

没有了语气词"那",句子结构更为紧凑,反问语气也更为强烈。要提到的是,宋代"作麽"合音演变为了"怎",晚唐的另一个疑问词"什摩"也由"甚"和"甚么"取代。唐五代的"~那?作摩?"句式在宋代文献中均未见使用,后来则以新的形式大量出现在元代文献之中。具体用例如:

(124) 这五件若都完备了呵,孝顺的勾当不有那?甚麽?(元《元本

---

① (南唐)静筠二禅师编撰,孙昌武、[日]衣川贤次、[日]西口芳男点校:《祖堂集》,中华书局2007年版,第209页。

② (南唐)静筠二禅师编撰,孙昌武、[日]衣川贤次、[日]西口芳男点校:《祖堂集》,中华书局2007年版,第613页。

③ (南唐)静筠二禅师编撰,孙昌武、[日]衣川贤次、[日]西口芳男点校:《祖堂集》,中华书局2007年版,第446页。

④ 《中华大藏经》编辑局编:《中华大藏经·景德传灯录》,中华书局1984年版,第250页。

⑤ (宋)普济著,苏渊雷点校:《五灯会元》,中华书局1984年版,第818页。

孝经注疏》卷六)①

(125) 已后怎么，可怜见咱每不识那甚麽？(元《元典章·刑部》)②

(126) 行呵，他每不怕那？甚麽？(元《元代白话碑集录·一二六一年林州宝严寺圣旨碑》)③

(127) 若不救呵，傍人不唾骂那甚麽？(元·古本《老乞大》499A)④

(128) 你高丽地面没有井阿？怎麽？(元《老乞大谚解》135B)⑤

(129) 尸首葬了那？怎的？(元《朴通事》卷下)⑥

元代的新形式可以分为两类：一是"那？甚麽？"句式，一是"阿？怎麽？""那？怎的？"句式，它们既可用以表达反诘和质问语气，也可用于选择疑问句中表示询问，但表反问是其主要用法。到了明代，该句式又有了新的发展，它在白话小说《金瓶梅》中以"～也怎的"的形式出现了19例，清代《儒林外史》中也有用例。如：

(130) 如今惯的你这奴才们，想有些折儿也怎的？(明·兰陵笑笑生《金瓶梅词话》第四十六回)⑦

(131) 这两日作死也怎的，自从养了这种子，恰似他生了太子一般。(明·兰陵笑笑生《金瓶梅词话》第三十一回)⑧

(132) 这两日春气发也怎的，只害这边腰腿疼。(明·兰陵笑笑生《金瓶梅词话》第七十八回)⑨

---

① (唐)李隆基注，(宋)邢昺疏：《元本孝经注疏》，国家图书馆出版社2018年版，第91页。

② (元)陈高华、张帆、刘晓、党宝海点校：《元典章》，中华书局、天津古籍出版社2011年版，第1256页。

③ 蔡美彪编著：《元代白话碑集录》(修订版)，中国社会科学出版社2017年版，第58页。

④ 转引自李泰洙《〈老乞大〉四种版本语言研究》，博士学位论文，中国社会科学院研究生院，2002年，第209页。

⑤ 转引自李泰洙《〈老乞大〉四种版本语言研究》，博士学位论文，中国社会科学院研究生院，2002年，第152页。

⑥ 刘坚、蒋绍愚主编：《近代汉语语法资料汇编》(元代明代卷)，商务印书图馆1995年版，第336页。

⑦ (明)兰陵笑笑生著，陶慕宁校注：《金瓶梅词话》，人民文学出版社2000年版，第544页。

⑧ (明)兰陵笑笑生著，陶慕宁校注：《金瓶梅词话》，人民文学出版社2000年版，第360页。

⑨ (明)兰陵笑笑生著，陶慕宁校注：《金瓶梅词话》，人民文学出版社2000年版，第1080页。

(133) 有我这贤婿，还怕后半世靠不着也怎的？（清·吴敬梓《儒林外史》第三回）①

(134) 你将来发达了，愁为不着我的情也怎的？（清·吴敬梓《儒林外史》第十九回）②

上述句子中的"～也怎的"既有表示无疑而问的反问的，也有表示语义前重后轻的列项选择问的。后来，"～也怎的"这种句式在书面作品中慢慢消失不用了，但在现代汉语普通话中还有一个"～还是怎（么）的"句式与之相对应，二者所不同的是，"～也怎的"主要表反问，而"～还是怎（么）的"更多表询问。

城东话至今还在使用"～也怎的"这种选择问句式，只是句中的语气词"也"由"吗"取代，而"怎的"也对应为了城东话的"啥""阿么"等疑问代词。至于唐五代的"～那？作摩？"，元代的"那？甚麼""阿？怎麼"和"那？怎的"，以及明清时期的"～也怎的"主要表反问，而城东话的"～吗啥/阿么"主要表选择询问，二者为什么会存在这种区别，还需要进一步调查研究。

小结

本节我们考察了城东话的选择问句，分正反选择问（反复问）和列项选择问两类展开描述。城东话选择问句的特点有三：一是前后选肢间必须出现语气词"吗"或"哇"；二是关联词"是"常单独用于后选肢前，但不具有强制性；三是句末可用语气词。特别要指出的是，"VP 啵"和"VP 没"形式虽是反复问，城东话却常用来作是非之问。通过三方面的考察，我们认为反复问句末的"啵"和"没"正处于由否定词向语气词虚化的过程之中。城东话"啵"和"没"的语法化过程也为汉语是非问句的产生提供了一种可能，那就是：VP – Neg – VP→VP – Neg→VP 吗。最后对选择问句的来源进行了讨论，认为城东话的"X 吗 Y"问句

---

① （清）吴敬梓著，李汉秋辑校：《儒林外史汇校汇评》，上海世纪出版股份有限公司、上海古籍出版社 2010 年版，第 42 页。

② （清）吴敬梓著，李汉秋辑校：《儒林外史汇校汇评》，上海世纪出版股份有限公司、上海古籍出版社 2010 年版，第 246 页。

应该和宋元明时期的"X那Y"句式有着直接的渊源，因"X那Y"与西宁城东周围的藏语、蒙古语、土族语、东乡语等少数民族语言的选择问句结构类型极为相似，从而保留沿用至今；城东话"X吗是Y"句式和元代"那""是"连用的情况应该有一定的关联；而特殊列项问"NP/VP+吗+疑问代词"是由唐五代的"~那？作摩？"句式发展得来。

第 四 章

语序类型

　　语序是当代语言类型学的出发点及重点关注的中心议题，因其是会影响整个句法系统的特征，特别是对汉语这种形态并不发达的语言来说。类型学中的"word order"直译过来是"词序"，但显然当代类型学所关注的并不只是词与词之间的顺序，它还涉及了短语和短语，小句和小句，以及词语内部各成分间的顺序。Greenberg（1963/1984）最早对语序类型进行研究，他考察了世界上30种语言的语序，并由此归纳出"以SOV为正常语序的语言，使用后置词的远在半数以上"等45条语序类型共性。"蕴涵共性"作为其核心内容，包含了和谐性和优势语序两个重要概念。此后，语言学家对这些语序类型共性不断加以增补和修正。Dryer（2007）通过对625种语言材料建立的语序关联模型的考察，经过不断地修正调整，最终确立了包括小句基本成分的语序、名词与冠词的语序、名词与附置词的语序、动词与附置词的语序、动词与方式副词的语序以及形容词与比较标准的语序等在内的16种语序关联。

　　关于汉语的语序，虽然学界一般认为它是SVO语序类型，但其中呈现出的诸多不和谐现象还是引起了众多学者的关注。桥本万太郎（1985）从地域着眼，将北方汉语跟阿尔泰语联系起来，将南方汉语跟南亚语联系起来，发现汉语从南到北存在语言结构的类型推移。刘丹青（2003）从语序类型的重要参项——介词入手，指出汉语介词的位置与联系项居中的语序类型学共性原则相背离，这种表面的"不和谐"背后实则有"和谐"之处。

　　西北方言因长期与藏缅语族的藏语及阿尔泰语系诸语言接触，拥有大量独特的语言现象和丰富的语言资源，近些年逐渐成为了语言学家关注的重点，而西北方言的类型学研究又成为其中的主要内容。王双成（2012）认为西宁话惯用后置介词是与其 SOV 的语序类型相和谐的，而这也和周围少数民族语言的接触影响密切相关。徐丹（2013）考察了唐汪话的语序，指出因其被阿尔泰语系语言包围，故而唐汪话语序以 OV 为主。刘丹青（2015）将西北方言和吴语这两个受事前置语序大量出现、在语序类型上偏离 VO 最为严重的方言进行对比，分析它们在类型学方面的重要差异，指出西北方言受相邻语言的影响，其受事前置是真正的 OV 语序，而吴语则是受事型话题结构的扩展用法。杨永龙（2015）讨论了民和甘沟话语序类型的有关参项，发现绝大多数参项显示出 OV 语序的特征，甘沟话和土族语、安多藏语具有很高的同构性。

作为一个多民族聚居的地区，西宁城东是一个多种语言交融混杂的区域，城东汉语方言在语序类型上存在不少有别于普通话的独特之处。对此，以往的研究虽多少有所涉及，但缺乏系统的分析探讨。本章我们将以 Dryer（2007）的语序关联作为参照，对城东话的语序类型进行较为系统、深入的考察。

第一节　小句基本成分的语序及系词与表语的语序

小句基本成分的语序是语序类型学最重要的参项之一。一般情况下，当我们讨论一种语言的基本语序时，通常指的就是小句基本成分间的语序。从跨语言的角度来看，系词并不仅限于动词，系表结构并非都是动宾关系。因此，本节分小句基本成分的语序和系词与表语的语序两个方面展开讨论。

一　小句基本成分的语序

小句最基本的成分是主语（Subject）、动词（Verb）和宾语（Object）。从逻辑上来说，主、动、宾三者的位置关系有六种，分别是 SVO、SOV、VSO、VOS、OSV 和 OVS。这六种语序人类语言中都存在，但分布并不均衡：SVO、SOV 和 VSO 是三种主要的语序类型，据 Tomlin（1986）统计，这三种语序的语言占语言总数的 96%；OSV 和 OVS 语序则较为罕见。

城东话是 SVO 和 SOV 两种语序共存的语言。在动词不带体标记，名词没有指称成分的静态情况下，城东话的动宾结构一般都是 VO 语序。如：

(1) 我们下午里看电影走。（我们下午去看电影吧。）
(2) 像一天就知道打游戏啊。（他一天到晚只知道打游戏。）
(3) 爷儿罕稀娃娃啊。（爷爷喜欢小孩子。）
(4) 明早儿学校里包饺子俩。（明天要在学校包饺子。）

这种静态的动宾结构在短语层面表现得尤为突出。城东话动宾短语的语序特别稳定，即便是常常以 OV 语序出现在小句中的成分，在短语层面依然保持 VO 语序，如"行事情""走亲戚""做黑饭""务劳庄稼"等。关于这点我们赞同王双成先生的看法，他认为"短语是不易受到语用影响的单位，所以说西宁方言的底层结构是 VO 型的"[①]。

虽然城东话静态的动宾结构以 VO 为主，但在具体的语用环境中，OV 语序运用得也非常普遍。以下我们从两个方面对城东话的 OV 语序进行分析。

（一）一般的 SOV 句式

在城东人日常的对话交流中存在大量的 SOV 句式。刘丹青先生（2015）认为句子的交际功能类别和肯定否定取值的不同是触发语序变异的敏感因素，且 Greenberg（1963/1984）在其语序共性的第一条中就明确指出"带有名词性主语和宾语的陈述句中，优势语序几乎总是主语处于宾语之前"[②]。因此我们在举例时如无特殊情况，全部使用陈述句的肯定句。如：

(5) 阿妈黑饭做下着浪去了。（妈妈做好晚饭后去玩了。）
(6) 国国明早儿作业写完下俩。（国国明天能写完作业。）
(7) 像个熬茶喝上的多啊。（他喝了很多这个熬茶。）
(8) 尕明那个车车开上着出了。（小明开着那辆车出去了。）
(9) 哥哥尕的时候五碗拉面吃上者。（哥哥小的时候能吃五碗拉面。）

[①] 王双成：《西宁方言的介词类型》，《中国语文》2012 年第 5 期。
[②] Joseph H. Greenberg、陆丙甫、陆致极：《某些主要跟语序有关的语法普遍现象》，《国外语言学》1984 年第 2 期。

上述句子中的宾语全部位于动词之前，主语之后，整个句子的语序是 SOV。有时句中宾语甚至能提到主语之前，如例（6）可改为"作业明早儿国国写完下俩"，例（8）改为"那个车车尕明开上着出去了"，这些句子在城东话都能成立，且使用频率也很高，只是较原句而言话题焦点发生了变化。以上句子的宾语"黑饭""作业""个熬茶""那个车车"和"五碗拉面"都是无生命的名词或名词性短语，不管是低指称性的"黑饭""作业"和"五碗拉面"，还是高指称性的"个熬茶"和"那个车车"，在城东话中都可位于动词之前且不会影响句意的表达和理解。我们知道低生命度的成分往往同及物句的受事宾语构成无标记匹配，因此城东话有定和无定的名词或名词性短语，只要它是无生命的，当其出现在动词前时一般不会带宾格标记。如果动词的宾语是有生命的名词或代词时，则需要带宾格标记，因为高生命度的成分通常和施事主语构成无标记匹配，如果它充当了宾语出现在动词之前，就容易和施事主语造成混淆。请看下面例句：

（10）夜来万邦丫头啊打发掉了。（昨天万邦出嫁了姑娘了。）

（11）我亮儿啊收拾给了一顿哪。（我收拾了亮儿一顿。）

（12）狗娃个尕扎儿啊扯下了。（狗咬了这个小孩子。）

（13）阿大我啊蹦给了一脚。（爸爸踢了我一脚。）

（14）后日我你啊看儿个来。（后天我来看看你。）

（15）老师傢们啊领上着外头耍去了。（老师带着他们去外面玩了。）

以上例句的宾语或为指人名词，或为人称代词，当它们充当宾语位于动词之前时，无一例外都带有格标记"啊"。而我们知道，一种语言具备宾格标记，是其成为真正 SOV 语序的关键。

城东周围的藏语、土族语、蒙古语和撒拉语的基本语序也都是 SOV，请看下面的例句：

（16）土族语：bu mulaa-nə avuja, tɕɿ ʂge-nə avu.（我要小的，你要大的。）[①]

    我 小（宾语） 要 你 大（宾语）要

---

① 出自照那斯图编著《土族语简志》，民族出版社 1981 年版，第 63 页。

(17) 蒙古语：bii ən mœr-ɪɪg ɯnǎn.（我骑这匹马。）①
　　　　　我 这 马 骑

(18) 撒拉语：men jol-də ni（niɣi）ɑmɑ-m-nə guj-bər.（我在路上等着我的母亲。）②
　　　　　我 路 我的 母亲 等

(19) 藏 语：tshe raŋ ngə jə ɣe mdzə ɣot khə.（才让在写信。）③
　　　　　才 让（具格） 信 写（正在）

通过上面例句可以看出，以上四种语言都是 SOV 语序，宾语都位于动词之前。区别在于，土族语、蒙古语和撒拉语都是宾格系统语言，宾语后面要带宾格标记，土族语和撒拉语的宾格标记都是-nə，蒙古语的是-ɪɪg。藏语则是作格系统语言，要在主语后面加作格标记，又称具格标记。就这方面而言，城东话和土族语、蒙古语和撒拉语等阿尔泰系语言更为接近。

还要提到的是，城东话 SOV 句式中的宾语有时会带宾格标记，而有时会由"把"字介引，这里的"把"充当的就是提宾标记。如：

(20) 傢街上去了一趟着把身上的点钱儿一挂花完了。（他上了一趟街，花光了身上所有的钱。）

(21) 这两天天爷冷下的扎，傢可价把主腰穿上者。（这两天天冷得厉害，他已经穿上棉衣了。）

(22) 礼拜六医院里没人哪，凤儿们去着把大夫寻给了半时天哪。（星期六医院没人，凤儿他们去了医院找大夫找了好长时间。）

(23) 个尕娃阿么办俩，你把傢骂去傢不听哪，打去打不过啊。（这个男孩子怎么办啊，你骂他吧，他不听，打吧，打不过。）

上述句中宾语全部由"把"字提到了动词之前，而且不管是无生命的"钱""主腰"，还是有生命的"大夫""傢"，它们都不带宾格标记"啊"。但城东话中也有例外的情况，那就是有时宾语前面既有"把"，后面也有"啊"。如：

---

① 出自道布编著《蒙古语简志》，民族出版社 1983 年版，第 25 页。
② 出自林莲云编著《撒拉语简志》，民族出版社 1985 年版，第 102 页。
③ 出自周毛草《玛曲藏语研究》，民族出版社 2003 年版，第 259 页。

(24) 我把自行车啊借好者，到时候直接走就对了。（我借好自行车了，到时直接走就可以了。）

(25) 傢把我啊颠抓死了，我再一天哪没心扎坐啊。（他折磨死我了，我一天都不想再待在这了。）

(26) 老师把全林啊骂下的个阵势大啊。（老师骂全林骂得很厉害。）

这些句子中的宾语都位于动词之前，它们前面既有提宾标记"把"，而且不论生命度高低，后面还带有宾格标记"啊"。这种情况的出现，我们认为是同一语法功能而来源不同的两种语言现象在句子中混用的结果。因为"把"是汉语本身所固有的，而"啊"应该是受蒙古语、土族语、撒拉语等阿尔泰语系语言影响而产生的一个格标记，二者就功能而言在此是相同的，只是来源不同罢了。

（二）给予类双及物结构

在给予类双及物结构中，也就是动词既带有指人的间接宾语（O_R），同时还有指物的直接宾语（O_T）时，城东话这两个宾语出现的位置主要有两种：一是两个宾语都位于动词之前，动词居尾。如：

(27) 当上爷儿了，过年啊娃娃们啊年钱儿给俩。（当上爷爷了，过年了要给孩子们压岁钱。）

(28) 晌午里开家长会着，我老师啊学费给掉了。（中午开家长会的时候，我给老师学费了。）

(29) 斌斌家今儿宰羊者，傢把两截儿装上的血肠给我们给了。（斌斌家今天在宰羊，他给了我们两截儿做好的血肠。）

(30) 阿妈把几朵儿酸菜给舅母捞给了。（妈妈捞给舅妈几朵酸菜。）

这里的直接宾语和间接宾语都出现在动词前，根据表达方式的不同可分为两类：其一是直接宾语零标记位于动词前，间接宾语带与格标记"啊"位于直接宾语前，即"$O_R + 啊 + O_T + V$"，如例（27）和（28）；其二是直接宾语由"把"介引，间接宾语由"给"介引，构成两个介宾短语出现在动词前，如例（29）和（30）。当然，这种情况下直接宾语和间接宾语的前后次序并不固定，很多时候二者交换位置在城东人的语感中也是可以接受的，如例（30）可以说成"阿妈给舅母把几朵儿酸菜捞给了"。

城东话双宾语全部位于动词之前和周围民族语言双及物结构的语序类型具有一致性,请比较下列句子:

(31) 土族语:tɕə taraanə ʂejuensge-də xɢuaadʐə oɢo.(你把粮食分给社员们。)①

　　　你　粮食　社员们　　　分　　给

(32) 撒拉语:men aniɣi ana-si-nə χantar-nə bir ken al-ʤi.(我给他姑娘买了一件衬衣。)②

　　　我　他的　姑娘　　衬衣　一 件　买

(33) 东乡语:tʂɯ ənə ɕinni duidʐan-də ogi!(你把这封信交给队长)③

　　　你　这　信　队长　　　给

(34) 藏　语:ŋɛʔ˩ naŋ˥khaŋ ʎa tep˩ tɕi tʂɛʔ˩ pa j˩.(我给南岗一个本子。)④

　　　我　人名（表间接宾语的助词）本子 一 给

比较土族语、撒拉语、东乡语和藏语这些 SOV 语言的给予类双及物句式可以发现,这四种语言的双宾语全部出现在动词前,直接宾语多为零标记,而间接宾语带有格标记。土族语和东乡语的与格标记是-də,撒拉语的是-nə,藏语则由 la 标记间接宾语。因为凡是一种语言的受事和与事相区别,那么受事和动词关系更为直接,是更无标记的论元,而与事和动词关系更为疏远,是更有标记的论元。

二是两个宾语中只有间接宾语位于动词前,而直接宾语依然位于动词后。具体情况如:

(35) 春兰姐姐我们啊给了一袋袋将磨下的面哪。(春兰姐给了我们一袋刚磨好的面。)

(36) 我要馍馍啊给掉了一块钱儿。(我给了乞丐一块钱。)

(37) 单行坐哩着,二爷给生会大大给了三间房房。(分家单过的时

---

① 出自照那斯图编著《土族语简志》,民族出版社 1981 年版,第 20 页。
② 出自林莲云编著《撒拉语简志》,民族出版社 1985 年版,第 38 页。
③ 出自刘照雄编著《东乡语简志》,民族出版社 1981 年版,第 38 页。
④ 出自金鹏主编《藏语简志》,民族出版社 1983 年版,第 78 页。

候，二爷爷给了生会伯伯三间房子。）

（38）外后日回门去了，我给傢阿大阿妈给掉个枕头啊。（大后天去回门的时候，我要给她爸妈一个枕巾。）

上述句子中的直接宾语仍然处于动词后，使用 VO 语序，而间接宾语或带有与格标记"啊"，或由"给"介引出现在了动词前。关于间接宾语前置，而直接宾语仍居动词之后，刘丹青先生曾说："间接宾语多指人，生命度高于通常指物的直接宾语。间接宾语以有定为常，往往取人称代词、人名一类形式。而直接宾语以无定为常。在生命度和有定性两方面都是间接宾语的话题性更强。"① 因此，城东话的间接宾语往往位于主语后充当次话题。

二　系词与表语的语序

在 VO 语序语言中，系词和表语的位置一般是"系词+表语"，而在 OV 语序语言中，系词和表语的位置则是"表语+系词"。英语的"I am a student"和现代汉语典型的判断句"我是学生"都是"系词+表语"结构，表现出 VO 型语言的特征。

城东话的判断句有三种形式，一是"系词+表语"，即"N_1P+是+N_2P"，它和普通话的表达方式一致。如：

（39）今儿打下仗的是傢党家儿。（今天打了架的是他的本家。）

（40）尕萍儿女婿是个拉猴儿。（小萍的丈夫是个外地人。）

（41）我是旭娟阿姐。（我是旭娟的姐姐。）

二是"表语+系词"，此时系词往往为"就是"，而不是"是"，且句末一般有语气词，即"N_1P+N_2P+就是+啊"。如：

（42）红红阿妈青海人就是啊。（红红的妈妈是个青海人。）

（43）丢着崖底下跘死的羊羊尕芳儿家的就是啊。（掉到悬崖底下摔死的羊是小芳家的。）

（44）个手机我的就是啊。（这个手机是我的。）

三是不出现系词，直接由两个名词性短语构成，此时句末通常要有

---

① 刘丹青：《汉语给予类双及物结构的类型学考察》，《中国语文》2001 年第 5 期。

语气词，即"N_1P+N_2P+啊"。如：

(45) 像阿哥、阿嫂一挂银行里的啊。（他哥哥和嫂子都是银行的。）

(46) 我尕爸部队上的啊。（我小叔是军人。）

(47) 黑来歿下的伟蛋儿阿妈啊。（昨晚去世的人是伟蛋的妈妈。）

这三种句式就使用频率而言，第三式使用频率最高，最符合城东人的语感，上述所有句子都可转化为第三式且表达自然；第一式次之，其使用群体多为年轻人，老年人口语中较少出现；第二式出现频率最低，表语出现在系词前有话题化倾向，且多用来表示一种肯定语气。

城东话判断句的否定形式则相对简单，通常是表语在前，而系词的否定形式居尾，即"N_1P+N_2P+不是"。如：

(48) 那个人我们领导不是啊。（那个人不是我们的领导。）

(49) 我二爷庄庄上的书记不是啊。（我的二爷爷不是村子里的书记。）

(50) 傢乐都人不是。（他不是乐都人。）

近些年，年轻人中逐渐出现了"不是"位于表语前的情况，如"傢不是乐都人"，但总体而言，"N_1P+N_2P+不是"还是否定判断句的主要形式。

城东话判断句的否定形式是"N_1P+N_2P+不是"，由此可以推知其对应的肯定形式应该是"N_1P+N_2P+（就）是"，也就是第二式。但至于其中的系词"就是"是如何省略的，为什么省略后的第三式还成了城东话判断句的主要句式还需要我们进一步地调查研究。有趣的是，城东话不单单判断动词，即系词"是"常常省略，还有个存在义动词"带（在）"一般也省略不出现。存在句和判断句一样有三种不同的形式。如：

(51) a. 姨娘来呵我们带家里俩。（姨姨来的时候我们在家哪。）
　　　b. 姨娘来呵我们家里带俩。
　　　c. 姨娘来呵我们家里俩。

(52) a. 军军这会儿带单位上俩。（军军这会儿在单位。）
　　　b. 军军这会儿单位上带俩。
　　　c. 军军这会儿单位上俩。

(53) a. 你带阿扎俩？（你在哪儿？）

b. 你阿扎带俩？
c. 你阿扎俩？

三种句式中，c 句口语使用频率最高。作为日常交际中的高频词，"是"和"在"为什么都在城东话中消失？二者有没有内在的关联呢？大家知道现代汉语中"是"也可以表示存在，但这时它类似于"有"，且主语一般是处所词语，因此跟这里城东话的"带（在）"应该没有关系。我们发现土族语中的判断语气助词 ii 和 va，它们用在句末静词谓语或形动词谓语后表示判断，同时也可以表示"有、存在"的意义，请看下面句子：

(54) budaŋgula　aasəntɕə　ii.（我们是牧人。）①
　　　我们　　　牧人　　是

(55) mun-ə　ndəree　ii, te-nə　təree　va.（我的在这儿，他的在那儿。）
　　　我（主语）这儿　在　他（主语）那儿　在

(56) ne　tɕənə　va.（这是你的。）
　　　这个　你　是

土族语的 ii 和 va 既可以表判断，相当于汉语的"是"，又可以表存在，相当于"在"，同时都出现在句末，可能同城东话经常省略的"是"和"在"之间有着一定的联系。

城东话领有句的情况与判断句和存在句稍有不同，那就是动词"有"不会省略。如：

(57) a. 我家里拖拉机有俩，别人跟前再借的不要。（我家有拖拉机，不用再向别人借了。）
　　 b. 我家里有拖拉机俩，别人跟前再借的不要。

(58) a. 傢这两年钱儿有俩。（他这两年有钱。）
　　 b. 傢这两年有钱儿俩。

(59) a. 泮子山僻背是僻背，学校有俩。（泮子山偏僻是偏僻，有学校呢。）

---

① 以下三个例句分别出自照那斯图编著《土族语简志》，民族出版社 1981 年版，第 53、61、54 页。

b. 泮子山僻背是僻背，有学校俩。

综上，城东话系词和表语的位置有"表语+系词"和"系词+表语"两种，判断句和存在句中判断动词"是"和存在动词"在"省略的情况非常普遍。

通过上面的分析，我们发现城东话不管是小句基本成分的语序，还是系词和表语的语序，都有 VO 和 OV 两种。在短语层面，VO 语序较为稳定，而在具体语用层面，OV 语序占有相当的比例。城东话一般的 SOV 句式和给予类双及物结构同周围的少数民族语言在表述上有很强的一致性，应该是受到这些 SOV 语言影响的结果。

第二节 与名词性成分有关的语序

与名词有关的语序涵盖的内容很多，Dryer 的 16 对关联匹配中共有 5 条参项与名词性成分有关，分别是：名词与冠词的语序，名词与复数词的语序，名词与领属语的语序，名词与关系从句的语序和名词与附置词的语序。

Dryer（1989）指出，就功能而言，复数词和表复数的词缀是相同的，但区别在于复数词是独立的词，可以单独使用，它只存在于世界上的少数语言之中。在一个名词性短语中，复数词是核心成分，而不像复数词缀只是名词的修饰语。VO 语序语言复数词位于名词前，而 OV 语言则位于名词之后。城东话的复数标记"们"是后置于名词的，如"衣裳们""学生们""桌桌们"等，它显示出 OV 语言的特征。但要注意的是，城东话的"们"并非独立的词，它只是词缀，且必须附着在名词后才能使用。可见，"们"不是严格意义上的复数词，因此，名词与复数词的语序这一参项我们不予考虑。

类型学家发现，前置词语言的领属语几乎总在名词后，后置词语言的领属语则在名词前。城东话和普通话一样，在表达亲属、拥有、整体和部分、相关性及方位和处所等领属关系时，全部采用"领属语+名词"的结构形式，如"我外奶奶""电视高头""阿妈娘家""莫家街上头"。有时领属语和名词之间会出现领格标记"的"，如"傢的帽帽""书儿哥哥的厂长""缸缸的把把"等。这和城东周围藏语的"ɑ wi kon hdʑə"

（哥哥的衣服），土族语的"aaba-nə malɢa-nə"（爸爸的帽子），蒙古语的"bɛɛʃiŋ-g-ıı œrœœ"（房顶）等表达形式完全一致，显示出 OV 型语言的特征。

所谓关系小句，是指充当名词修饰语的小句，其中通常含有一个名词、代词或空位与所修饰名词为同指关系。Dryer（1992）指出，OV 语言中关系从句的位置应该在名词前，但具体语言中可能在名词前，也可能在名词后；VO 语言中关系从句则在名词之后，如英语的"the book that I bought"。城东话的关系从句和普通话一样，都是位于名词前，如"年时种下的树树""阿大买上的菜""发下芽芽的洋芋"等，表现出了 OV 语言的特征。

至于名词与冠词的语序和名词与附置词的语序情况比较复杂，我们详细分析如下：

一　名词与冠词的语序

冠词是标示名词短语有定、无定等属性的指称标记，一般有定冠词和不定冠词之分。冠词的有无是语言间重要的类型差异。总体而言，VO 语序语言中冠词较为常见，而在 OV 语言则较为少见。按照 Dryer（1992）的研究，VO 型语言冠词常在名词前，OV 型语言冠词一般位于名词后。

一种语言是否有冠词有时表现并不明显，因为"冠词不是天生的虚词，而是语法化的产物，它们不但可以找到源头，有的至今还与其源头同形并存。定冠词的主要来源是指示词，……不定冠词的主要来源是表示'一'的数词"[①]。关于现代汉语中冠词的情况，吕叔湘先生指出："（一）个是一个表数量兼表无定的冠词"[②]，王力先生（1989）也认为"一个""一种"虽是汉语早有的，但受有冠词的西方语言的影响，它们在汉语中的用途大大扩大。方梅先生（2002）考察了北京的口语材料后，认为脱落了量词"个"的"一"是语法化程度更深的不定冠词，有些名词前的"这"应该是定冠词。上述提到的普通话的"一个"、北京话的

[①] 刘丹青编著：《语法调查研究手册》，上海教育出版社 2008 年版，第 116 页。
[②] 吕叔湘：《汉语语法论文集》，商务印书馆 1984 年版，第 157 页。

"一"和"这"作为不定冠词和定冠词全部都出现在名词之前,显示出了VO语言的特征。

城东话对应北京话"这"用来表示有定性的指称标记是"个"。"个"在城东话中具有表定指的功能,它由量词"个"发展演变而来。定指标记"个"不再表示分类或是计量,而是用来表示说话双方都知道具体所指的某个事物,相当于定冠词。"个"最常出现的语法环境是在"个+名词"结构中。如:

(1)个花儿看呵好看哎,闻呵臭者。(这花看着好看,闻起来臭。)

(2)个天爷下给了五六天哪,再阿会儿晴里吵。(这天下了五六天,啥时候能晴啊。)

(3)你把个阿奶的话霎听咧,傢划说虚话俩。(你不要听这老奶奶的话,她净说瞎话。)

(4)个尕娃的字儿写着胡嘟好啊。(这男孩子的字写得特别好。)

(5)我个电影没看过啊。(我没看过这电影。)

(6)你俩把个月饼拿上。(你俩拿上这个月饼吧。)

(7)你个丫头是个瞎怂哪。(你这姑娘是个坏蛋。)

上述句子中的"个"全部出现在名词之前对其进行修饰限定,表近指,相当于普通话的"这个",且其所修饰的名词必须是单数。我们知道冠词一般是高度封闭、成员极少的一类词。城东话虽然有"个""条""片""件""棵""张"等多个量词,不过具有定指功能的只有一个"个"。就这点而言,城东话的"个"符合冠词的特征。但"个"还算不上典型的冠词,因为并非所有有定成分前都要使用"个",它不具备很强的句法强制性;同时句法功能也有限制,"个"主要出现在主语或是话题的位置。城东话有 SVO 和 SOV 两种语序,句中宾语相应地可以前置于动词,也可后置于动词。如果定指标记"个"用于宾语,那该宾语只能前置而不能后置。请比较下面句子:

(8)a. 傢个羊腿买上了。(他买了这个羊腿。)
    b. 傢买上了个羊腿。(他买了个羊腿。)

同样都是"个羊腿",a 句中"个"相当于定冠词,表示定指,指的是"这个羊腿";而 b 句中"个"只是前面省略了数词的名量词,指的是"一个羊腿"。这说明冠词性的"个"句法功能有限,即使可用于宾语,也只能位于动词之前。

城东话类似于定冠词的"个"只出现于名词之前,一定程度上显示出了 VO 型语言的语序特征。

二 名词与附置词的语序

根据 Greenberg（1963/1984）的语序共性,以 SOV 为优势语序的语言总是使用后置词,SVO 语序的语言则倾向于使用前置词。Dryer（1992）的研究也为该语序共性提供了更多的例证,他发现 114 种 OV 型语言有 107 种使用后置词,只有 7 种用前置词;82 种 VO 型语言有 70 种用前置词,只有 12 种用后置词。这表明作为动词的匹配者,附置词的位置与 V、O 的位置密切相关。VO 语序语言多用前置词,如英语的"in the glass";而 OV 语序语言常用后置词,如藏语名词后用类义格助词"na"表示方位和处所"nam mkhav na"（天空上）。现代汉语普通话主要使用前置词,如"从北京""用木板"等,但后置词也有一定的分布,如"书包里""屋顶上"等。杨永龙先生（2015）通过调查,指出青海民和甘沟话不用前置词,直接用后置词,具有较为典型的 OV 语言特征。城东话是一种前置词、后置词并存的语言。具体情况如下:

（一）前置词

和普通话一样,城东话也有为数不少的前置词,日常交际中出现频率较高。它们主要有"把""给""叫""往""顺着""比""按照""为了""带"等。用例如下:

（9）你把车车推着一边儿个,扎人过不去。（你把车子推到一边,这儿人过不去。）

（10）阿舅年时给才儿哥哥乐都看下了个媳妇。（舅舅去年给才儿哥哥在乐都找了个媳妇。）

（11）今儿叫老师美美价骂给了一顿哪。（今天被老师狠狠骂了一顿。）

（12）出去大门了往西走哎,那个药铺你就见俩。（出了门往西走,你就能看见那个药店。）

（13）廊檐水顺着坡坡着淌着沟沟里了。（屋檐上的水顺着坡流到了沟里。）

(14) 姨娘比孃孃亲者。（姨姨比姑姑亲。）

(15) 按照月份呵燕燕养得者呗，阿么还悄悄者？（按照时间燕燕该生了，怎么还没动静？）

(16) 这两年为了娃娃着啥啊没做下。（这两年为了孩子什么事都没干。）

作为汉语方言，城东话前置词的用法和普通话基本一致："把"和"给"引出动作涉及的对象，"叫"表被动，介引动作的发出者，"往"和"顺"引介处所，"比"引出比较对象，"按照"表示依据，"为了"表示目的。至于"把"和"给"的一些特殊之处在第三章的"把"字句和"给"字句中已有详细论述，此处不赘。比较特殊的是城东话的前置词"带"，它的用法较为复杂。举例如下：

(17) 娃娃带家里看电视者。（孩子在家看电视呢。）

(18) 我带那个树杈拉跘倒了。（我被那个树枝跘倒了。）

(19) 傢带房上价跳昂下来了。（他从房顶上跳了下来。）

(20) 阿妈们带六点上价跌办开了。（妈妈他们从六点开始操办了。）

这里的"带"有三种不同的用法，例（17）中引介处所，相当于"在"；例（18）中引出动作施加者，表被动，相当于"被"；例（19）和（20）中表示动作行为的起点，前者是处所的起点，后者是时间的起点，都相当于"从"。"带"的独特之处在于上述句子除了例（18）以外，其余例句中的"带"都可以省略，且不影响句意的表达。在前面系词和表语的语序部分，我们提到城东话的存在义动词"带"经常省略，其实引介处所、表示起点的前置词"带"就是由动词"带"虚化而来的，因此也能省略。但我们也注意到了一个现象，那就是例（17）（19）和（20）中的名词"家""房""六点"不仅有前置词"带"，同时它们还有后置词"里""上"和"价"。这些句子中的后置词是必不可少的，而前置词则没有强制性。

（二）后置词

除了前置词，城东话还有一些后置词，它们是"啊""跟前""里""上""价""吵"和"俩"①。城东话后置词的数量不多，使用频率却

---

① 这些后置词就是我们前面所说的格标记。按照格标记狭义的概念，只有黏着程度很高的词缀才是格标记，后置词并不能归入其中。但按照广义的概念，后置词附着程度较高，也算格标记。

很高。

1. 啊

"啊"一般位于宾语或差比句的比较标准后用来对它们加以标记，且它只能出现在 SOV 句式之中，如果句子为 SVO 语序，那么就不能使用"啊"。如：

(21) 你馍馍啊拿上了赶紧走，再没啊迟到下了。（你拿着馍馍赶紧走，要不就迟到了。）

(22) 再要要手机了，你娃娃啊看。（再不要玩手机了，你看孩子。）

(23) 外头来的个野猫儿㑇养下的雀儿啊吃掉了。（外面来的只野猫吃了他养的鸟。）

(24) 夜来我医院里㑇啊看给了个。（昨天我去医院看了看他。）

上述句中的"啊"都用来对前置的宾语进行标记，如果该宾语是无生命名词，"啊"通常可以省略；如果宾语生命度较高，"啊"就不能省略，否则主语和宾语会发生混淆。"啊"在城东话中还经常用于给予类双及物结构中标记间接宾语。如：

(25) 我㑇啊借给了两万钱儿。（我借给他两万块钱。）

(26) 阿嫂我啊鞋鞋做给了两双。（嫂子给我做了两双鞋。）

双宾句中间接宾语只能出现在动词之前，且要带有后置词"啊"。直接宾语不管前置于动词还是后置于动词，一般都是零标记。

(27) 我兄弟啊大着一岁。（我比弟弟大一岁。）

(28) 㑇学习我啊好的多俩。（他的学习比我好得多。）

上面两句的"啊"在差比句中用来标记比较标准。

2. 跟前

"跟前"主要标记动作行为所关涉的对象，相当于普通话的"对""向"。具体用例如：

(29) 你把个话阿妈跟前要学。（你不要对妈妈说这些话。）

(30) 大夫病人跟前啥啊不说。（医生对病人什么话也不说。）

(31) 尕军㑇大大跟前借上了个拖拉机。（小军向他伯伯借了一辆拖拉机。）

这里要提到的是后置词"跟前"是由方位词语法化而来的。

3. 里、上

后置词"里"和"上"常出现在方所名词、时间名词后面用来标记事件发生、存在的处所或时间，它们是由方位词"里"和"上"虚化而来。如：

(32) 蒋大地里挖洋芋者。（蒋大在地里挖土豆呢。）

(33) 放下假呵学校里没人哪，做儿个啥呵安静着很。（放假了学校没人，干事的话很安静。）

(34) 我们家的钱儿一挂带我阿妈手里俩。（我们家的钱都在我妈那里呢。）

(35) 个娃娃晚夕里睡觉呵一点儿不安静。（这个孩子晚上睡觉一点不安静。）

(36) 龙龙阿么啥时候单位上俩。（龙龙怎么什么时候都在单位？）

(37) 永智年时国庆上结下的婚哪。（永智去年国庆时结的婚。）

后置词"里"有时仍有"里面"之义，如例（32），不同于普通话的是城东话名词前面不需出现前置词，而普通话中则是前置词"在""往"和"里"搭配使用。更多时候的"里"已经虚化，如例（33）和（34）表示处所，例（35）表示时间。同"里"一样，后置词"上"也既可标记处所，又可标记时间。

4. 价、吵

"价"和"吵"主要出现在时间名词以及方位、处所名词后，用来指出开始该动作的时间和地点，类似于普通话的"从"。如：

(38) 尕花儿九月份上价上开小学了。（小花从九月开始上小学了。）

(39) 明明们初七价上班者。（明明他们从初七开始上班。）

(40) 那些北京价来的人哪。（那些是从北京来的人。）

(41) 银川吵到西宁得三个小时啊。（从银川到西宁需要三个小时。）

(42) 个事他阿里价知道的？（这事他从哪里知道的？）

(43) 把钥匙窗窗里吵我啊撂给个。（把钥匙从窗户给我扔一下。）

"价"和"吵"都可以表示起始的时间或地点，不过"价"的使用频率较高，而"吵"较为少用。这里要注意的是，城东话的后置词可以连用，如例（38）先在"九月份"后出现了标记时间名词的"上"，接着又在后面用了表起始的"价"，同样的情况还出现在例（43）中。

5. 俩

后置词"俩"在城东话中常出现在名词、代词后引出所凭借的工具、材料或偕同的对象等。如：

(44) 作业要钢笔俩写俩。（作业要拿钢笔写。）

(45) 赶紧笤帚俩把这些恶索扫掉。（赶快拿扫帚把这些垃圾扫了。）

(46) 今儿我们扫完房着，报纸俩打给了个仰尘。（今天我们扫完房子，用报纸糊了屋顶。）

(47) 你把凉菜清油俩拌上呵香啊。（你用清油拌凉菜比较香。）

(48) 傢尕强俩一处儿学里去了。（他和小强一起上学去了。）

(49) 你我的尕妹俩地边上坐，不知道羞，心底里得下病了。（你跟我小妹地边上坐，不知道羞，让我心里有病了。）

例（44）和（45）的"俩"表示凭借的工具，相当于普通话的"拿"；在例（46）和（47）中表依据的材料，相当于"用"；例（48）和（49）中表偕同的对象，相当于"和"。

城东话后置词数量有限，但使用频率很高，因此，一定程度上反映出了 OV 型语言的特征。城东周围的少数民族语言，如藏语、土族语、蒙古语、撒拉语中有丰富的后置格标记。如：

(50) 蒙古语：tər mɔgœ-g al!（把那条蛇打死！）
　　　　　　那　　蛇　　 杀

(51) 蒙古语：uxə̃r-iig ərguulə̃x xərə̃ ggue.（不必往回赶牛。）[①]
　　　　　　牛　　　 使转　　 不需要

(52) 撒拉语：u zɑnzi lɑ su iʃ-ʥi.（他用碗喝水。）
　　　　　　他 碗　　水 喝

(53) 撒拉语：men siɲnə-m lɑ bu oj-de ot-bər.（我和妹妹住在这间屋里。）[②]
　　　　　　我　 妹妹　　 这 屋　 住

(54) 土族语：bosnə meŋxuaa-la nəkən ii.（布是用棉花织的。）
　　　　　　布　 棉花　　　 织　　是

---

① 蒙古语两个例子出自道布编著《蒙古语简志》，民族出版社 1983 年版，第 25 页。
② 撒拉语两个例子出自林莲云编著《撒拉语简志》，民族出版社 1985 年版，第 85 页。

(55）土族语：bu diuu-la-naa naadəva.（我和自己的弟弟玩。）①
　　　　　　我　　弟弟　　　玩
(56）安多藏语：tɕho kaŋ　　ni　joŋ nə?（你从哪里来？）②
　　　　　　　你　哪里　从（后置词）来　的

安多藏语、土族语、撒拉语、蒙古语中存在大量的后置格标记，显示出典型的 OV 语序特征。其后置格标记系统如下表所示：

表 4-1　安多藏语、土族语、蒙古语、撒拉语后置格标记系统

	安多藏语（口语）	土族语	蒙古语	撒拉语
主格	gis、vis	Ø	Ø	Ø
宾格	Ø	nə	g、ɪɪg/iig	nə
领格	gi、vi		ɛɛ/ee、ĩĩ/ii	niɣi
与格	na、la	də	/	ʁɐ/ɣɐ、Gə/ge、e/ə、nə
位格			d	də/de、ndə/nde
离格	ni、ʁni	sa	aas/ɛɛs/ɔɔs	dən/den、ndən/nden
比格	wti na			/
工具格	gis、vis	la	aar/ɛɛr、oo/ɪɪr	/
伴随格	/hda		tɛɛ/tee	/

本节分名词与冠词的语序和名词与附置词的语序两部分展开讨论。城东话没有典型的冠词，只有一个类似于定冠词的"个"。就"个"和名词的语序而言，它总是前置于名词，反映出 SVO 语言的特征。城东话既有前置词，也有后置词。前置词数量较多，用法基本和普通话一致，口语中有一定的出现频率。后置词数量较少，有连用现象，多为城东话的高频词。就前置词和后置词的分布来看，"名词与附置词的语序"这条语序关联在城东话中并不能体现出太多的语序特征。

---

① 土族语两个例子出自照那斯图编著《土族语简志》，民族出版社 1981 年版，第 21 页。
② 出自周毛草《玛曲藏语研究》，民族出版社 2003 年版，第 232 页。

第三节　与谓词性成分有关的语序

与谓词性成分有关的参项在 Dryer（1992）的 16 对匹配语序关联中有 5 项。它们是动词和附置词短语的语序、动词和方式副词的语序、主要动词和助动词的语序等 3 项与动词相关的参项，以及形容词和比较标准的语序、比较标准和比较标记的语序等 2 项与形容词相关的参项。

一　与动词相关的语序

与动词相关的语序参项有动词和附置词短语的语序、动词和方式副词的语序、主要动词和助动词的语序三类，下面分别展开论述。

（一）动词和附置词短语的语序

就位置而言，附置词短语要么位于动词之前，要么位于动词之后，其与核心动词的语序同"VO‒OV"语序是一对相和谐的语序参项。一般情况下，VO 型语言的附置词短语后置于核心动词，如英语的"play on the playground"，古代汉语的"师陈于鞌"等；OV 型语言的附置词短语前置于核心动词，如现代汉语的"在天上飞"等。用"动词和附置词短语的语序"这条参项来考察现代汉语普通话，会发现普通话更多地表现出 OV 型语言的特征。因为普通话除个别表示动作发生的时间和处所的介词短语可位于动词之后，如"发生在 1988 年""跑向大海"外，大多数的介词短语都位于动词之前。

城东话和普通话一样，其附置词短语大多前置于核心动词，反映出较为典型的 OV 型语言特征。具体用例如：

（1）尕明儿打麻将着把家里的房房输掉了。（小明打麻将的时候把自己家的房子给输了。）

（2）拜年去着阿舅给我装给了一袋袋麻花。（去拜年的时候舅舅给我装了一袋子麻花。）

（3）夜来哥哥带阿大美美价骂给了一顿哪。（昨天哥哥被爸爸狠狠地骂了一顿。）

（4）你往边边里站，把电视耍堵住。（你往边上站，不要把电视堵住。）

（5）蝎虎儿顺着管管着爬昂过来了，把我吓死了。（壁虎顺着管子爬过来了，吓死我了。）

（6）这两天我们温室里铲油菜者。（这两天我们在温室里铲油菜呢。）

（7）阿妈巷道里拾上了个鞋鞋。（妈妈在巷道捡到了只鞋。）

（8）娃娃们操场上开运动会者。（孩子们在操场上开运动会呢。）

（9）像上海价寄着来了两本书啊。（他从上海寄来了两本书。）

（10）你认不得的人俩要说话。（你不要跟不认识的人说话。）

（11）家里出下了这么大的事儿，像们我跟前啥啊没说。（家里出了这么大的事情，他们对我什么话都没说。）

（12）我带他俩没说头。（我跟他没话可说。）

（13）前天个儿，我大姑儿们带西藏价来了。（前天，我大姑姐他们从西藏来了。）

以上句子中的附置词短语可以分为三类：第一类是由"把""给""带""往""顺着"前置词同名词或代词构成的附置词短语，如例（1）—（5）；第二类是由"里""上""价""俩""跟前"后置词同名词或代词构成的附置词短语，如例（6）—（11）；第三类是由前置词"带"和后置词"俩""价"共同搭配名词或代词构成附置词短语，如例（12）和（13）。这三类附置词短语全部位于动词之前。

同时我们也注意到，城东话中也存在附置词短语出现在核心动词后的情况。如：

（14）赶紧把娃娃放着炕上。（快点把孩子放到炕上。）

（15）手机要装着身上俩，不能放着家里。（手机要拿在身边，不能放在家里。）

（16）我们黑来课上着十点了。（昨晚我们课上到十点了。）

上述附置词短语的共同点是全部使用前置词"着"，引介动作行为发生的时间或地点。由此可以发现：城东话绝大多数附置词短语位于核心动词之前，也有极个别处于核心动词之后。如果附置词短语在动词之后，那么该附置词肯定为前置词。

下面再来看看城东话周围少数民族语言的情况。在藏语、土族语、蒙古语、撒拉语中，附置词短语全部位于核心动词之前。如：

（17）土族语：vaŋdʐa aade badzar-sa redʐ(ə) a.（王爷爷是

从城里来的。)

　　　　　　　王家　爷爷　城　　来　是
(18) 土族语：təŋgerə-də dʑə səmuda.（往天上射。）①
　　　　　　　天　　　向　射
(19) 撒拉语：gun dunbanɡə-dən tʃix gel-r.（太阳从东方升起。）
　　　　　　　太阳　东边　　　出　来
(20) 撒拉语：u nunda od-ɢan vɑrɑ.（他在这里住过。）②
　　　　　　　他　这里　住　　有
(21) 蒙古语：minii goog gərdə ɔ̃ sɷ-saar.（我哥哥仍然住在家里。)
　　　　　　　我　　哥哥　家　　　坐
(22) 蒙古语：narã dʒuu jabǎn.（向着太阳走去。）③
　　　　　　　太阳　向着　走
(23) 藏　语：kan ngə ŋə hwe tɕha mȵe ɣə wʂak taŋ zək.（他用火把我的书烧了。）
　　　　　　　他　我的　　　　书　火　烧　了
(24) 藏　语：khər hga rta thok ni thaŋ ŋa hdʐap taŋ tha.（他从马背上摔了下来。）④
　　　　　　　他　　马上　　从　地上　摔　下来了

　　通过上面的例子可以看出，土族语、撒拉语、蒙古语以及藏语中的附置词全部都是后置词，由这些后置词构成的短语均位于核心动词之前，呈现出典型的 OV 型语言的语序特征。

　　(二) 动词和方式副词的语序

　　我们知道副词的种类较多，有程度副词、范围副词、时间副词、方式副词、否定副词以及语气副词等。在这条语序参项中，特指的是方式副词和动词之间的位置关系。Dryer（2007）指出，OV 型语言的方式副

---

① 土族语两个例子出自照那斯图编著《土族语简志》，民族出版社1981年版，第21、51页。
② 撒拉语两个例子出自林莲云编著《撒拉语简志》，民族出版社1985年版，第65、69页。
③ 蒙古语两个例子出自道布编著《蒙古语简志》，民族出版社1983年版，第59、93页。
④ 藏语两个例子出自周毛草《玛曲藏语研究》，民族出版社2003年版，第226、233页。

词往往位于动词之前，而 VO 型语言则一般处于动词之后。如英语的"read quickly"，方式副词"quickly"置于动词后，呈现出 VO 语言的特征。汉语普通话的"悄悄回家"，方式副词"悄悄"前置于动词，呈现出 OV 语言的特征。

城东话和普通话一样，方式副词位于动词之前，具有 OV 型语言的特征。具体用例如：

（25）你给我带过儿把门关上个。（你给我顺便把门关上。）

（26）虎章姐夫刻卡二五地把羊羊宰下着皮皮扒掉了。（虎章姐夫利索地宰了羊把羊皮扒下来了。）

（27）阿妈拌下的糖饺馅儿散零八碎地捏不着一处儿。（妈妈拌好的糖包馅零零碎碎地捏不到一起。）

（28）傢把个帽帽歪巴浪戴上者。（他歪戴着个帽子。）

（29）今儿尕孃孃我家来着水汤八叽地说不罢。（今天小姑到我家来没完没了地说个不停。）

以上各句中的方式副词不管是单独使用，如例（25）和（28），还是跟结构助词"地"联合使用，如例（26）（27）和（29），无一例外全部出现在动词之前。藏语、土族语、撒拉语、蒙古语的情况和城东话一样。如：

（30）藏　语：jok　kwa　çi　ja　tʂhi.（好好地写。）[1]
　　　　　　好好　　地　写

（31）土族语：tɕə　maalii　guai!（你快跑!）[2]
　　　　　　你　麻利　　跑

（32）撒拉语：u　oʁrə-ndəə　jyr-dʒi.（他偷偷地走了。）[3]
　　　　　　他　偷偷地　　走

（33）蒙古语：tɯɯlɛɛ　tɷŋgǎs　tɷŋgǎs gyidʒ ɛɛn.（兔子一纵一跳地跑着。）[4]

---

[1] 出自周毛草《玛曲藏语研究》，民族出版社 2003 年版，第 204 页。
[2] 出自照那斯图编著《土族语简志》，民族出版社 1981 年版，第 47 页。
[3] 出自林莲云编著《撒拉语简志》，民族出版社 1985 年版，第 106 页。
[4] 出自道布编著《蒙古语简志》，民族出版社 1983 年版，第 82 页。

兔子 腰一弯一弯 腰一弯一弯　跑

上述少数民族语言中的方式副词全部位于动词之前，显示出 OV 型语言的语序特征。

（三）主要动词和助动词的语序

Dryer（1992）曾指出，OV 型语言的助动词一般后置于动词，而 VO 型语言的助动词则往往前置于动词。汉语的助动词又称为情态动词，是一种用来表示说话者对话题的主观态度的语法范畴。普通话有"应该""能够""愿意""可能""敢""可以""肯""得"等助动词，出现在主要动词之前，反映出 VO 型语言的特征。

城东话主要动词和助动词的语序有两种不同情况：其一是用一些后置成分来表示普通话相应助动词的情态意义。如：

（34）这么看呵，大后日凤儿们走一趟北京的要呗。（这样看来，大后天凤儿他们需要去一趟北京。）

（35）花花出月呵我们去儿个的要俩。（花花满月的时候我们需要去一下。）

（36）丫头大下呵赶紧出嫁掉的要俩。（姑娘大了应该赶紧出嫁了。）

（37）晚夕里我们吃拉面也成俩，吃寸寸也成俩。（晚上我们可以吃拉面，也可以吃寸寸面。）

（38）个媳妇脾气好着呵，家里的人一挂外头浪掉者，傢一个人地里做活呵也成者。（这个媳妇脾气很好，家里人全都在外面玩，她一个人也可以在地里干活。）

（39）我把你央及个呵成啵？（我可以麻烦你一下吗？）

城东话表情态的后置成分主要有"要"和"成"，它们常出现在动词之后表示说话者对前述命题的主观看法，相当于普通话的"需要""应该"或是"可以"。这里要注意以下问题：首先，"要"和"成"在句中意义虚化，已不再是实义动词。其前面的动词性短语充当"要"和"成"的宾语，表达了说话人对该动作行为的主观态度。"要""成"的匹配对象是句中的 V，而不是句中的 O，因此，它们是助动词而非动词。其次，"要"和"成"后面必须要有语气词，也就是这类句子必须是语气词煞尾，否则不能成立。最后，如果句尾用"要"表示情态，那前面的动词性短语必须加"的"来名词化，构成"VP + 的 + 要"句式。

前面曾提到,"下"在城东话中是一个高频词,它的一种用法就是出现在动词或动词性短语后面表示动作的可能性,相当于普通话的"能"。如:

(40) 傢考上的分儿大学上下俩。(他考的分能上大学。)

(41) 通达天麻呵这些麦子一挂割完下俩。(等到天黑这些麦子全部都能割完。)

(42) 这两天不受活着,我再浪不下去。(这两天不舒服,我不能去玩了。)

(43) 再几天儿呵就立冬俩,傢们果洛再去下哩啵?(再过几天就立冬了,他们还能不能去果洛啊?)

这里的"下"用于动词或动词性短语之后,相当于助动词,表示动作行为发生的一种可能性。

主要动词和助动词的第二种语序是,表示情态的助动词位于主要动词之前。这类助动词有"得[ti⁴⁴]"和"有心"等,它们相当于普通话的"需要""想""愿意"等。如:

(44) 阿舅病下着住院者,我们阿会呵得看儿个去呗。(舅舅生病住院了,我们什么时候需要去看看吧。)

(45) 亲戚们一挂呵家里来俩,你得跌办下几个菜啊。(亲戚们过一会儿就要来家里,你需要准备好几个菜。)

(46) 尕娃散紧慢呵娶媳妇俩,阿么哪得准备下十几万钱儿吧。(儿子快要娶媳妇了,怎么着都要准备十几万块钱吧。)

(47) 阿妈有心吃儿个杂糊面拌汤着,我再不会做呗。(妈妈想吃个杂面拌汤,我就是不会做啊。)

(48) 你杨沟湾有心浪儿个去啵?(你想不想去杨沟湾玩一下?)

(49) 个瞎怂,我有心不过了离婚哪,娃娃们呵再舍不得。(这个坏蛋,我想不过了离婚,又舍不得孩子们。)

上述的"得"和"有心"都是表达情态意义的助动词,它们一般都出现在主要动词之前。

综上,我们发现城东话中既有位于主要动词后的后置成分"要""成"和"下",也有处于主要动词前的助动词"得"和"有心"。就使用频率而言,二者基本相当。土族语、撒拉语、蒙古语以及藏语中表情态的助动词基本位于动词之后。具体情况如下：

（50）土族语：taɢauu xaiilagu pos（ə）-gu rgoom.（鸡叫就应该起床）①

　　　　　　鸡　　　叫　　　起来　　　需要

（51）撒拉语：men dienjin vaχ-Gusi（-Guŋ）gel-ər.（我想看电影。）②

　　　　　　我　电影　　看　　　　　来

（52）蒙古语：ən od ǒ r bɔrɔ c̃ ɔr-dʒ məd-（ě）n.（今天可能下雨。）③

　　　　　　这　天　雨　入

（53）安多藏语：mər hga rge rgan zək re ɣo.（她可能是个老师。）④

　　　　　　她　　老师（一）是

土族语中的辅助成分"rgoo"有时会带附加成分"-m"，它只出现于动词形式之后，表示"需要、应该"；撒拉语的助动词"gel"表示愿望位于动词之后；蒙古语的助动词"məd-"用于带并列式附加成分的动词之后，表示"可能"；安多藏语表测度的语气助词，如"ɣo"一般也是出现在判断动词后面。这些少数民族语言表现出较为典型的OV型语言的特征。

二　与形容词相关的语序

与形容词相关的语序参项主要有形容词和比较标准的语序、比较标准和比较标记的语序两类，具体讨论如下：

（一）形容词和比较标准的语序

比较句一般分为平比句、差比句和极比句三种，语序类型中所谓的比较句通常指的是差比句。差比句由四个基本要素构成，它们是：比较主体，比较标记（marker），比较标准（standard）和比较结果。普通话的比较标记一般为"比"，比较标准也就是比较的对象，而比较结果指的

---

① 出自照那斯图编著《土族语简志》，民族出版社1981年版，第44页。
② 出自林莲云编著《撒拉语简志》，民族出版社1985年版，第81页。
③ 出自道布编著《蒙古语简志》，民族出版社1983年版，第67页。
④ 出自周毛草《玛曲藏语研究》，民族出版社2003年版，第252页。

是比较的内容，往往由形容词充当。Greenberg（1963/1984）曾指出，OV 型语言的差比句倾向于使用"比较标准+比较标记+形容词"的语序，VO 型语言则倾向于运用"形容词+比较标记+比较标准"的语序。Dryer（1992）经过统计也发现，OV 型语言多为"比较标准+形容词"，VO 型语言绝大多数是"形容词+比较标准"。英语的差比句，如"smaller than basketball"，古代汉语的"媪之爱燕后贤于长安君"都表现出 VO 语言的特征。而现代汉语普通话中的差比句则基本为"比较标准+形容词"，如"比你大"，反映出 OV 型语言特点。

城东话差比句的类型主要有以下三类：第一类是"啊"字句。就是由比格标记"啊"构成的差比句，其句式为"比较主体+比较标准+比较标记'啊'+形容词"，这种差比句在城东话中使用频率较高。如：

（54）今年冬天年时啊冷者。（今年冬天比去年冷。）

（55）坐公共车骑自行车啊快的多俩。（坐公交车比骑自行车快得多。）

（56）民院扎的房房大什字里的房房啊便宜着四五千俩。（民院这里的房子比大什字那里的房子便宜四五千块钱呢。）

（57）我你啊大着八岁啊。（我比你大八岁。）

"啊"字差比句的比较标准都在形容词之前，表现出 OV 型语言的特征。

第二类是"把"字句。这类差比句由"把"来充当比较标记，构成"比较主体+比较标记'把'+比较标准+形容词"的句式。如：

（58）我把你那么能行的没有。（我没有你那么能干。）

（59）个丫头把前里的那个上啊差着远哪。（这个姑娘比起以前的那个差得远。）

（60）贵德把西宁热的个没有。（贵德没有西宁热。）

（61）买昂的饺子皮把各家擀昂的软和里赶不上。（买的饺子皮不如擀的软和。）

"把"字差比句的特点是它一般出现在否定句中，也就是比较主体往往不如比较标准。"把"字句虽然不同于"啊"字句，其比较标记位于比较标准之前，但就比较标准的位置而言，二者的比较标准都在形容词之前。

第三类是"比"字句。这是由前置词"比"构成的一类差比句，其句式为"比较主体＋比较标记'比'＋比较标准＋形容词"。"比"字差比句和普通话句型基本一致，该句式近年来在城东话中的使用频率有逐渐增多的趋势。如：

（62）康乐比曹家寨远者。（康乐比曹家寨远。）

（63）小文做买卖着赔给的比挣上的多。（小文做买卖的时候赔的钱比挣的钱多。）

（64）全林才十四，个子比傢阿大还大啊。（全林才14岁，个子比他爸爸还要高。）

（65）林家崖庄庄一挂占掉着，那扎的人比城里人富。（林家崖的村子全部被征了，那里的人比城里人富裕。）

通过上面的分析可以看出，城东话的三类差比句："啊"字句、"把"字句和"比"字句虽然比较标记各不相同，但比较标准全部位于形容词之前，表现出典型的 OV 型语言的语序特征。

（二）比较标准和比较标记的语序

一般情况下，VO 型语言的比较标记总是位于比较标准之前，OV 型语言的比较标记总是位于比较标准之后。英语"smaller than basketball"中的"than"，古代汉语"媪之爱燕后贤于长安君"中的"于"，现代汉语"比你大"中的"比"都前置于比较标准，具有 VO 语言的特征。

我们知道城东话的差比句有"啊"字句、"把"字句和"比"字句三种，下面各举两例来看看其中比较标准和比较标记的位置：

（66）青海湖西宁啊冷的多俩。（青海湖比西宁冷得多。）

（67）还说呵娟娟律序哎，她她阿妈上啊差着远哪。（还说娟娟爱干净，比起她妈妈她差得远。）

（68）外爷把外奶奶历练的个没有啊。（姥爷没有姥姥身体好。）

（69）今儿把夜来晴的个没有。（今天没有昨天晴）

（70）倒昂的奶子比奶粉好。（打的牛奶比奶粉好。）

（71）打泥炕比电褥褥睡昂呵舒坦得多啊。（火炕比电褥子睡着舒服得多。）

从上述例子可以看出，城东话差比句中比较标准和比较标记的语序有两种：一是比较标记后置于比较标准，如例（66）和（67）的"啊"字句；二是比较标记前置于比较标准，如例（68）—（71）的"把"字句和"比"字句。

下面来看看城东周围各民族语中差比句的形容词、比较标准、比较标记的分布情况：

（72）土族语：ndaanə ndəree ger-sa ndur ɕdʐoosə uluŋ xuɢuai va.（我们这儿比房子高的树多的是。）①

     我们 这里 房子 高 树 多 很 是

（73）土族语：tɕə aama-sa-nə ndur a.（你比他妈妈高。）

     你 妈妈 （他的） 高 是

（74）蒙古语：tər nad-aas ɷrd-aar irs ə̃.（他比我先来。）②

     他 我 前 来

（75）蒙古语：tomŏr-oos xuud.（比铁重。）

     铁 重

（76）撒拉语：bu otʃux uʃer-se ili utʃira-ʁanə-ʁə vaχ-sa jaχʃa.（这孩子看起来比以前遇见过的好。）③

     这男孩 看 以前 遇见 看 好

（77）撒拉语：u ana ama-si-nə oχʃe joχa.（那姑娘不像他母亲。）

     那姑娘 母亲 相同 没有

（78）藏 语：saŋ khe wti na ro ʁwoŋ ŋa rək kwa tɕhe ɤə.（兔子比狮子聪明。）④

     狮子 看的话 兔子 智慧（头脑）大

（79）藏 语：ptɕo rŋa ɤə rdza wti na ptɕə tʂək kə rdza ɤə kor kə.（十六的月亮比十五的月亮圆。）

     十 五 的 月亮 看的话 十六 的 月亮（比）圆

先考察形容词和比较标准的位置，我们发现在土族语、蒙古语、撒

---

① 土族语的两个例子出自照那斯图编著《土族语简志》，民族出版社1981年版，第20、22页。
② 蒙古语的两个例子出自道布编著《蒙古语简志》，民族出版社1983年版，第132、27页。
③ 撒拉语的两个例子出自林莲云编著《撒拉语简志》，民族出版社1985年版，第39页。
④ 出自周毛草《玛曲藏语研究》，民族出版社2003年版，第238、239页。

拉语和藏语中比较标准全部前置于形容词。再看比较标准和比较标记的语序，土族语的离比格标记"sa"总是位于比较标准之后；蒙古语的离比格标记不管是"aas"，还是"oos"，也都后置于比较标准；撒拉语的与格标记可表比较，如"ʁə"和"nə"，都用于比较标准之后；安多藏语表比较有"wti na"和"wti na + 领属格助词"两种形式，"wti na"必须出现在比较标准之后，而领属格助词，如"ɣə"多省略。由此可以得出，上述四种少数民族语言差比句中的比较标记全部位于比较标准后面。通过对与形容词相关参项的考察，发现土族语、撒拉语、蒙古语和安多藏语中比较标准总是前置于形容词，比较标记总是后置于比较标准，表现出 OV 型语言的语序特征。

这里我们对与动词相关的语序和与形容词相关的语序进行了讨论。与动词相关的语序涉及动词和附置词短语、动词和方式副词以及主要动词和助动词三种语序关联。与形容词相关的语序包括形容词和比较标准的语序，比较标准和比较标记的语序两种。通过考察，发现城东话附置词短语除个别位于核心动词之后外，其余绝大部分都在动词之前，方式副词总是前置于动词，比较标准都用于形容词之前。这三种语序关联和周围土族语、安多藏语、蒙古语、撒拉语等语言的语序关联完全一致，表现出典型的 OV 型语言的特征。城东话中表情态的助动词既有用于主要动词之后的，如"要""成"和"下"，也有用于动词之前的，如"得"和"有心"。同时既有比较标准前置于比较标记的"啊"字差比句，也有比较标准后置于比较标记的"把"字句和"比"字句。因此，"主要动词和助动词的语序"同"比较标准和比较标记的语序"这两个参项在城东话中并不能体现出太多的语序特征。

以上我们根据类型学家概括出来的若干语序参项，对城东话的语序类型进行了考察，同时将其与普通话、安多藏语、土族语、蒙古语、撒拉语等加以了比较，这里将六种语言的语序关联情况归纳如下表所示①：

---

① 符合 OV 语序的关联参项用 + 表示，符合 VO 语序的用 – 表示，不典型的加括号，不确定或不适用的用？号。

表 4 – 2   城东话的语序及其与安多藏语、土族语、蒙古语、撒拉语、普通话的比较

OV 语言的语序关联匹配		城东话	普通话	安多藏语	土族语	蒙古语	撒拉语
小句基本语序	宾语 + 动词	– +	–	+	+	+	+
	表语 + 系词	– +	–	+	+	+	+
与名词性成分有关的语序	名词 + 复数词	?	?	?	?	?	?
	领属语 + 名词	+	+	+	+	+	+
	关系从句 + 名词	+	+	+	+	+	+
	名词 + 冠词	(–)	(–)	?	?	?	?
	名词 + 后置词	– +	–	+	+	+	+
与谓词性成分有关的语序	附置词短语 + 动词	+	+	+	+	+	+
	方式副词 + 动词	+	+	+	+	+	+
	动词 + 助动词	– +	–	+	+	+	+
	比较标准 + 形容词	+	+	+	+	+	+
	比较标准 + 比较标记	– +	–	+	+	+	+

从上表可以得出以下结论：

1. 城东话并没有表现出典型的 OV 型语言的特征，也不具备典型的 VO 型语言特征。

2. 城东话与普通话相比，语序上存在很多相同之处，如：领属语前置于名词，关系从句位于名词之前，附置词短语用于动词前，方式副词用于动词前，比较标准前置于形容词等。这些城东话与普通话相同的语序关联全部表现出 OV 语言的特征。同时，二者也存在较大差异，如：宾语和动词的语序、表语和系词的语序、名词和附置词的语序、动词和助动词的语序以及比较标准和比较标记的语序等。上述五种语序关联普通话反映出了 VO 型语言的特征，而城东话则部分是 VO 语序，部分是 OV 语序，具有了 VO 与 OV 相融合的特征。

3. 城东话与安多藏语、土族语、蒙古语、撒拉语相比，后面四种少数民族语言体现出典型的 OV 型语序特征，城东话则反映了由普通话向上述 OV 型语言转变的倾向。城东话表现出的这些 OV 型语言的语序特征，应该是受到周围少数民族语言的影响所致。

结　　语

　　西宁城东是一个多民族聚居地区，这里居住有汉族、回族、藏族、蒙古族、撒拉族、土族等 31 个民族。长期以来各族人民同存共处，交流融合，语言自然也相互影响、交融渗透。语言接触不仅发生在汉语和藏语之间，也存在于汉语和阿尔泰系语言之间。同时，西宁历史上的多次移民也使城东话中混合、杂糅了不少其他方言的成分。可以说，西宁是历代移民南北方言的混合之地，是汉语和汉藏语系藏缅语族、阿尔泰语系诸语言接触的前沿地区，语言资源极为丰富。本人作为西宁城东话的母语使用者，选用城东话为研究对象，通过细致全面考察其特殊语法现象，得出了相关结论。

一　本书研究内容回顾

本书对城东话的特殊语法进行了如下工作：

（一）对城东话的特殊语法现象进行了深入而系统的分析

关注西宁话语法的学者不少，相关的研究成果也较多，但鲜有文章对西宁某个点的特殊语法现象加以全面细致的论述。本书讨论的内容有格标记系统、代词系统、"们"的用法和"个"的用法等名词性结构及相关标记，体貌系统、"着"和"者"的用法、"再"的演变等动词性结构及相关标记，"把"字句、"给"字句和选择问句等特殊句式以及语序类型特征等。通过系统的介绍和细致的描写，城东话的特殊语法现象得到了较为全面的展示。

（二）进一步探究了特殊语法现象的来源

本书在细致描写语言现象的基础上，从普（普通话）—方（方言）—古（古代汉语）—民（民族语言）的角度出发，纵向将城东话和古代汉语加以比较，横向将城东话和普通话、其他汉语方言、少数民族语言进行对比，对这种特殊性的成因进行了讨论。通过比较，认为近代汉语地域性的发展演变、周围少数民族语言的影响、历代移民方言的遗留造成了城东话大量迥异于现代汉语普通话的特殊语法现象。

（三）对现有的西宁话研究成果进行了补充、修正

近些年西宁丰富的语言资源引起了国内外学者的浓厚兴趣，陆续发表了不少高水平的研究成果，极大地促进了西宁乃至青海方言的调查研究。但很多学者母语并非西宁话，不是本土学者，对个别问题的描写论述就不够全面，甚至有失偏颇。作为土生土长的西宁人，笔者对这类问题进行了补充和修正，如"个"在西宁城东话中可作为定指标记；"着"和"者"两个词不仅读音不同，用法也是泾渭分明；表义丰富的"V给"结构是汉语自身发展的内因和周围民族语言影响的外因共同作用的结果等。

二　本书的结论

通过本书的研究，我们得出以下结论：

（一）城东话的性质是汉语方言

城东话的很多句式、高频词的用法都是由近代汉语发展演变而来，如代词系统，动词的体貌，助词"着"的不同功能，"再"的各类用法，"把"字句中特殊的"把＋O＋VP"句式和无动词句式，"给"的动词、介词和助词用法，静态层面的SVO语序特征等。

据史料记载，西宁自汉代开始正式纳入郡县体制之中，这意味着汉族进入西宁历史的正式开启。后来经过几次中原王朝的大规模移民，至明代，西宁汉族人口超过其他民族，成为了西宁的主体民族，而汉语方言也成为了西宁人的主要交际用语。

在汉语方言基础上形成的城东话是西宁城东人民共同使用的交际工具，《中国语言地图集》将其归为中原官话秦陇片。西宁城东的居民以邻近的甘肃、陕西、山西等地迁来的为多，这些地区在上古、中古时期是我国的政治、经济、文化中心，属于官话区。城东话的语音同《广韵》音系有着很强的对应规律，与中原官话保持着高度的一致性，如入声字

中的清声归阴平,浊声归阳平等;词汇则保留了不少普通话已经消失的古语词;语法虽有不少独特之处,但同周围的甘肃、宁夏、陕西等地方言以及普通话仍有很多相同的地方。

当然,也有不少是近代汉语在城东地域性演变的结果,如"阿"系疑问词,"你(们)把你(们)V"句式,"是"在选择问句中的高频出现等。

(二)城东话部分语法受到了周围少数民族语言的影响

通过长期的语言接触,城东话受到了周围少数民族语言较为深刻的影响,出现了不少特殊的语法现象,如系统而完备的格标记,名词后缀"们"的泛化用法,进行体和持续体助词"者",大量使用的"V给"结构,以语气词为标记的特殊选择问句式"X吗Y"和占有相当比重的SOV语序特征等。

西宁自古就是个多民族地区,其历史是多种民族移动迁徙、递嬗演变、交流融合的过程。夏商周时期,西宁主要居住的是氐、羌、匈奴等民族。魏晋南北朝时,中原战乱,西宁先后出现了吐谷浑、后凉、南凉、北凉、西秦、北魏等少数民族政权。隋唐之交,吐蕃兴起,势力渐强,灭吐谷浑,征服羌族,统治西宁,与当地原有民族融合,形成了青海的藏族。宋代,西宁主要活动着党项、女真、吐蕃等民族。元代,蒙古族进入西宁。元明以来,回、土、撒拉、保安等民族相继形成。自此,西宁多民族聚居、杂居相处的多元格局基本形成。

长期以来各族人民在西宁共同生活,频繁的交际沟通势必造成语言的接触。而"语言接触常常导致语言发生演变,语言学家通常把这种演变类型称为'接触引发的语言演变'"[①]。托马森将接触引发的演变分为"借用"和"转用引发的干扰"两种。

借用是指外来成分由某语言的使用者并入该语言社团的母语,从而使该母语因增加了外来成分而发生变化。借用是语言出现干扰特征最主要的途径,其中词汇的借用最为常见。

转用引发的干扰指的是"语言转用过程中语言使用者将母语特征带入其目标语之中。这种干扰源于转用目标语的语言社团对目标语的'不

---

① [美]Sarah G. Thomason:《语言接触导论》,世界图书出版公司2014年版,第14页。

完善学习'"①。城东话SOV型语言的语序特征和其他一些特殊的语法现象主要是通过母语为少数民族语言的使用者在习得、转用汉语时的底层干扰形成的。我们知道凡是地缘接触产生的语言影响，必定要通过双语人来实现。西宁的双语人主要是少数民族。长期以来，汉语都是西宁各族人民的通用语，属于强势语言。少数民族人民为了同其他民族进行沟通交流，必须要学习汉语，同时掌握母语和汉语两种语言。他们在习得、使用汉语的过程中，肯定会对目的语形成负迁移，从而使汉语带有自己母语的底层特点。西宁城东有相当数量的少数民族人口，其中转用汉语的人数非常可观，经过长期的底层干扰，具有少数民族语言特征的汉语方言就在西宁城东形成并沿用至今。

（三）城东话个别语法现象是移民方言的遗留

城东话有个别语法现象和古代汉语存在渊源关系，但周围的汉语北方方言却基本见不到类似情况，如"个"在城东话中除了作名量词、动量词、语气词外，还可用作定指标记。城东话"个"的用法具备南方量词所有的显赫特征，这在指代词显赫的北方方言中实为个例。

我们知道，明清时期西宁出现了规模空前的移民高潮，有大批安徽、江苏、河北等地居民迁至西宁。人口的迁徙往往会对方言形成重要影响。在移民大量迁入西宁的同时，他们各自所用的方言也随之进入，对本地方言产生影响，使城东话出现了个别江淮方言、吴方言中的成分。

综上所述，我们认为，城东话是汉语方言，很多句式、高频词的用法都是对近代汉语的继承和发展；而大量异于汉语的特殊语法现象表明，城东话受到了周围少数民族语言的深刻影响；至于其中个别的特殊语法当是江淮等移民方言在城东话中的遗留。

---

① ［美］Sarah G. Thomason：《语言接触导论》，世界图书出版公司2014年版，第23页。

参考文献

一　主要引用文献

（春秋）左丘明著，蒋冀骋点校：《左传》，岳麓书社 2006 年版。

（西汉）司马迁撰：《史记》，中华书局 1982 年版。

（汉）许慎撰：《说文解字》，中华书局 1963 年版。

（汉）班固撰，（唐）颜师古注：《汉书》，中华书局 1962 年版。

（晋）杜预集解：《春秋经传集解》，上海古籍出版社 1988 年版。

（晋）张华著，唐子恒点校：《博物志》，凤凰出版社 2017 年版。

（北周）庾信撰，（清）倪璠注，许逸民校点：《庾子山集注》，中华书局 1980 年版。

许嘉璐主编：《北齐书》，汉语大词典出版社 2004 年版。

（唐）王重民等编，周绍良批校：《敦煌变文集》，国家图书馆出版社 2017 年版。

（唐）张鷟撰，郝润华、莫琼辑校：《朝野佥载辑校》，山东人民出版社 2018 年版。

（南唐）静筠二禅师编撰，孙昌武、[日] 衣川贤次、[日] 西口芳男点校：《祖堂集》，中华书局 2007 年版。

（南唐）李璟、李煜撰，王仲闻校订：《南唐二主词校订》，中华书局 2007 年版。

（宋）周祖谟：《广韵校本》，中华书局 1960 年版。

（宋）程颢、程颐撰：《二程遗书》，上海古籍出版社 2000 年版。

（宋）《古本小说集成》编委会编：《五代史平话》，上海古籍出版社 1994

年版。

（宋）黄士毅编，徐时仪、杨艳汇校：《朱子语类汇校》，上海古籍出版社2014年版。

（宋）李昉等编：《太平广记》，上海古籍出版社1990年版。

（宋）黎靖德编，王星贤点校：《朱子语类》，中华书局1986年版。

（宋）普济著，苏渊雷点校：《五灯会元》，中华书局1984年版。

（宋）司马光编著，（元）胡三省注：《资治通鉴》，中华书局2011年版。

（宋）薛居正等撰：《旧五代史》，中华书局1976年版。

（宋）赜藏主编：《古尊宿语录》，上海古籍出版社1991年版。

（宋）袁褧、周煇撰，尚成、秦克校点：《枫窗小牍清波杂志》，上海古籍出版社2012年版。

（宋）周密撰，王根林校点：《癸辛杂识》，上海古籍出版社2012年版。

（宋）朱熹撰：《论语集注》，齐鲁书社1992年版。

（元）陈高华、张帆、刘晓、党宝海点校：《元典章》，中华书局、天津古籍出版社2011年版。

宁希元校点：《元刊杂剧三十种新校》（上），兰州大学出版社1988年版。

（元）方龄贵校注：《通制条格校注》，中华书局2001年版。

（元）脱脱等撰，顾颉刚等点校：《宋史》，中华书局1985年版。

佚名撰，鲍思陶点校：《元朝秘史》，齐鲁书社2005年版。

（明）冯梦龙编，严敦易校注：《警世通言》，人民文学出版社2018年版。

（明）冯梦龙编，许政扬校注：《喻世明言》，人民文学出版社2020年版。

（明）兰陵笑笑生著，陶慕宁校注：《金瓶梅词话》，人民文学出版社2000年版。

（明）明太祖敕录，王天有、张何清点校：《逆臣录》，北京大学出版社1991年版。

（明）施耐庵、罗贯中：《水浒传》，人民文学出版社1975年版。

（明）宋濂等撰：《元史》，中华书局1976年版。

（明）吴承恩著，黄永年、黄寿成点校：《西游记》，中华书局1993年版。

（清）曹雪芹著，周汝昌汇校：《红楼梦》，人民出版社2006年版。

（清）曹雪芹著，俞平伯校订：《红楼梦后部四十回》，人民文学出版社1993年版。

（清）李宝嘉：《官场现形记》，中华书局2013年版。
（清）蒲松龄著，张友鹤辑校：《聊斋志异会校会注会评本》，上海古籍出版社2011年版。
（清）钱谦益著，（清）钱曾笺注：《牧斋初学集》（下），上海古籍出版社2009年版。
（清）阮元校刻：《十三经注疏》（清嘉庆刊本），中华书局2009年版。
（清）魏秀仁著，杜维沫校点：《花月痕》，人民文学出版社1982年版。
（清）文康著，弥松颐校注：《儿女英雄传》，人民文学出版社2014年版。
（清）吴敬梓著，李汉秋辑校：《儒林外史汇校汇评》，上海世纪出版股份有限公司、上海古籍出版社2010年版。
（清）西周生辑著，袁世硕、邹宗良校注：《醒世姻缘传》，人民文学出版社2015年版。
（清）曾朴著，张明高校注：《孽海花》，人民文学出版社2006年版。
[日] 圆仁撰，顾承甫、何泉达点校：《入唐求法巡礼行记》，上海古籍出版社1986年版。
蔡美彪编著：《元代白话碑集录》（修订版），中国社会科学出版社2017年版。
唐圭璋编：《全宋词》，中华书局1965年版。
刘坚、蒋绍愚主编：《近代汉语语法资料汇编》（元代明代卷），商务印书馆1995年版。
（清）彭定求等编：《全唐诗》，中华书局1960年版。
王季思主编：《全元戏曲》，人民文学出版社1990年版。
王利器撰：《颜氏家训集解》（增补本），中华书局1993年版。
徐沁君校点：《新校元刊杂剧三十种》，中华书局1980年版。
（南朝宋）刘义庆著，张㧑之译注：《世说新语译注》，上海古籍出版社1996年版。
赵义山选注：《元曲选》，上海古籍出版社2008年版。
《中华大藏经》编辑局编：《中华大藏经》，中华书局1984年版。

二　专著类

曹广顺：《近代汉语助词》，商务印书馆2014年版。

陈保亚：《论语言接触与语言联盟：汉越（侗台）语源关系的解释》，语文出版社1996年版。

陈前瑞：《汉语体貌研究的类型学视野》，商务印书馆2008年版。

陈新义：《中国北方阿尔泰语言语序类型研究》，中国社会科学出版社2015年版。

崔永红、张得祖、杜常顺主编：《青海通史》，青海人民出版社1999年版。

戴耀晶：《现代汉语时体系统研究》，浙江教育出版社1997年版。

道布编著：《蒙古语简志》，民族出版社1983年版。

德力格尔玛、高莲花、其木格：《蒙古语与汉语句法结构对比研究》，民族出版社2013年版。

冯春田：《近代汉语语法研究》，山东教育出版社2000年版。

高小方编著：《中国语言文字学史料学》，南京大学出版社1998年版。

江蓝生、曹广顺编著：《唐五代语言词典》，上海教育出版社1997年版。

江蓝生：《近代汉语探源》，商务印书馆2000年版。

江蓝生：《魏晋南北朝小说词语汇释》，语文出版社1988年版。

蒋冀骋、吴福祥：《近代汉语纲要》，湖南教育出版社1997年版。

蒋绍愚、曹广顺主编：《近代汉语语法史研究综述》，商务印书馆2005年版。

蒋绍愚：《近代汉语研究概况》，北京大学出版社1994年版。

金鹏主编：《藏语简志》，民族出版社1983年版。

兰州大学中文系临夏方言调查研究组、甘肃省临夏州文联：《临夏方言》，兰州大学出版社1996年版。

黎锦熙：《新著国语文法》，商务印书馆1992年版。

李崇兴、祖生利、丁勇：《元代汉语语法研究》，上海教育出版社2009年版。

李荣编：《汉语方言调查手册》，科学出版社1957年版。

李荣主编：《西宁方言词典》，江苏教育出版社1994年版。

李如龙：《汉语方言的比较研究》，商务印书馆2001年版。

李炜：《李炜汉语语言学论集》，中山大学出版社2020年版。

李小凡：《苏州方言语法研究》，北京大学出版社1998年版。

林莲云编著：《撒拉语简志》，民族出版社1985年版。
刘丹青编著：《语法调查研究手册》，上海教育出版社2008年版。
刘丹青：《语序类型学与介词理论》，商务印书馆2003年版。
刘坚主编：《二十世纪的中国语言学》，北京大学出版社1998年版。
刘照雄编著：《东乡语简志》，民族出版社1981年版。
卢烈红：《〈古尊宿语要〉代词助词研究》，武汉大学出版社1998年版。
吕叔湘：《汉语语法论文集》，商务印书馆1984年版。
吕叔湘：《中国文法要略》，商务印书馆2017年版。
吕叔湘主编：《现代汉语八百词》，商务印书馆1980年版。
吕叔湘著，江蓝生补：《近代汉语指代词》，学林出版社1985年版。
钱曾怡、曹志耘、罗福腾：《诸城方言志》，吉林人民出版社2002年版。
[美] Sarah G. Thomason：《语言接触导论》，世界图书出版公司北京公司2014年版。
[日] 桥本万太郎：《语言地理类型学》，余志鸿译，北京大学出版社1985年版。
邵敬敏：《现代汉语疑问句研究》，商务印书馆2014年版。
孙锡信：《近代汉语语气词》（增订本），语文出版社1999年版。
[日] 太田辰夫：《汉语史通考》，江蓝生、白维国译，重庆出版社1991年版。
[日] 太田辰夫：《中国语历史文法》，蒋绍愚、徐昌华译，北京大学出版社1987年版。
王力：《汉语史稿》，中华书局1980年版。
王力：《汉语语法史》，中华书局2014年版。
王力：《中国现代语法》，商务印书馆1985年版。
王森、王毅、王晓煜：《中亚东干话调查研究》，商务印书馆2015年版。
吴福祥：《敦煌变文语法研究》，岳麓书社1996年版。
吴福祥主编：《近代汉语语法》，中国社会科学出版社2015年版。
邢向东、张永胜：《内蒙古西部方言语法研究》，内蒙古人民出版社1997年版。
邢向东：《神木方言研究》，中华书局2002年版。
徐丹：《唐汪话研究》，民族出版社2014年版。

（清）杨应琚：《西宁府新志》，青海人民出版社1988年版。

意西微萨·阿错：《倒话研究》，民族出版社2004年版。

遇笑容、曹广顺、祖生利主编：《汉语史中的语言接触问题》，语文出版社2010年版。

张安生：《同心方言研究》，中华书局2006年版。

张成材、朱世奎：《西宁方言志》，青海人民出版社1987年版。

张美兰：《〈祖堂集〉语法研究》，商务印书馆2003年版。

张双庆主编：《动词的体——中国东南部方言比较研究丛书》（第二辑），香港中文大学中国文化研究所吴多泰中国语文研究中心，1996年版。

赵元任：《汉语口语语法》，商务印书馆1979年版。

照那斯图编著：《土族语简志》，民族出版社1981年版。

［日］志村良治：《中国中世语法史研究》，江蓝生、白维国译，中华书局1984年版。

周毛草：《玛曲藏语研究》，民族出版社2003年版。

朱德熙：《语法讲义》，商务印书馆1982年版。

Comrie B., *Aspect*, Cambridge: Cambridge University Press, 1976.

imberlake A. Greville G. Corbett, *Number*（*Cambridge Textbooks in Linguistics*）, Cambridge: Cambridge University Press, 2000.

Daniel, Michael & Edith Moravcsik, "The Associative Plural" in Haspelmath ect. *The World Atlasof Language Structures*, Oxford University Press, 2005.

Dryer, Matthew S, "Word order" In Timothy Shopen（eds.）, *Language-Typology and Syntactic Description*, Cambridge University Press, 2007.

Slater, Keith W., *A Grammer of Mangghuer: a Mongolic Language of China'S Qinghai-Gansu Sprachbund*, London and New York: Routledge Curzon, 2003.

三　论文类

（一）期刊论文

A. 贝罗贝：《早期"把"字句的几个问题》，《语文研究》1989年第1期。

曹广顺：《试说近代汉语中的"～那？作摩？"》，载北京大学中文系《语言学论丛》编委会编《语言学论丛》（第二十辑），商务印书馆 1998 年版。

曹广顺、遇笑容：《中古译经中的处置式》，《中国语文》2000 年第 6 期。

曹炜、蒋晨彧：《北京话反身代词的历时嬗变（1750—1950）》，《苏州大学学报》（哲学社会科学版）2013 年第 5 期。

晁瑞：《汉语"给"的语义演变》，《方言》2013 年第 3 期。

陈初生：《早期处置式略论》，《中国语文》1983 年第 3 期。

陈立民、张燕密：《释"还、再、又"》，《语言研究》2008 年第 3 期。

陈中源：《"自己"在中古以后的发展》，《汉语史研究集刊》（第十四辑）2011 年第 00 期。

程祥徽：《青海口语语法散论》，《中国语文》1980 年第 2 期。

崔希亮：《"把"字句的若干句法语义问题》，《世界汉语教学》1995 年第 3 期。

丁勇：《方式标记"着"的用法及其来源》，《湖北社会科学》2012 年第 12 期。

董秀芳：《古汉语中的"自"和"己"——现代汉语"自己"的特殊性的来源》，《古汉语研究》2002 年第 1 期。

都兴宙：《西宁方言中的虚词"着"辨异》，《青海民族学院学报》1993 年第 2 期。

方梅：《指示词"这"和"那"在北京话中的语法化》，《中国语文》2002 年第 4 期。

傅惠钧：《〈儿女英雄传〉选择问句研究》，《北京大学学报》（哲学社会科学版）2000 年第 S1 期。

公望：《兰州方言里的"给给"》，《中国语文》1986 年第 3 期。

郭浩瑜：《近代汉语中的一种特殊"把"字句——遭受义"把"字句》，《语文研究》2010 年第 2 期。

郭燕妮：《致使义把字句的句法语义语用分析》，《汉语学报》2008 年第 1 期。

洪波、曹小云：《〈汉语语法化的历程〉商兑》，《语言研究》2004 年第 3 期。

胡德明、曾小兰：《"再也"的成词问题及其用法探析》，《浙江师范大学学报》（社会科学版）2017年第2期。

黄国营：《"吗"字句用法初探》，《语言研究》1986年第2期。

黄行：《语言接触与语言区域性特征》，《民族语文》2005年第3期。

贾晞儒：《青海汉话的"着"与青海蒙古语的-dʒ》，《西北民族研究》1993年第1期。

江蓝生：《后置词"行"考辨》，《语文研究》1998年第1期。

蒋琪、金立鑫：《"再"与"还"重复义的比较研究》，《中国语文》1997年第3期。

蒋绍愚：《把字句略论——兼论功能扩展》，《中国语文》1997年第4期。

蒋绍愚：《"给"字句、"教"字句表被动的来源——兼谈语法化、类推和功能扩展》，载北京大学汉语语言学研究中心《语言学论丛》编委会编《语言学论丛》（第二十六辑），商务印书馆2002年版。

蒋绍愚：《汉语"广义处置式"的来源》，载中国社会科学院语言研究所《历史语言学研究》编辑部编《历史语言学研究》（第一辑），商务印书馆2008年版。

蒋绍愚：《〈元曲选〉中的把字句——把字句再论》，《语言研究》1999年第1期。

金立鑫：《"把"字句的句法、语义、语境特征》，《中国语文》1997年第6期。

靳玉兰：《浅析青海方言"把"字句的几种特殊用法》，《青海民族学院学报》1995年第3期。

雷汉卿：《青海乐都方言的语气助词"哈"》，《方言》2017年第4期。

雷汉卿：《青海乐都话中"们"的用法探索》，《重庆大学学报》（社会科学版）2008年第2期。

李秉震：《从认知图式看"再"的语义演变》，《语言教学与研究》2009年第4期。

李计伟：《论反身代词"身"及复合形式反身代词》，《语文研究》2012年第4期。

李克郁：《青海汉语中的某些阿尔泰语言成分》，《民族语文》1987年第3期。

李蓝、曹茜蕾：《汉语方言中的处置式和"把"字句》（上），《方言》2013年第1期。

李蓝、曹茜蕾：《汉语方言中的处置式和"把"字句》（下），《方言》2013年第2期。

李倩：《宁夏中宁方言的虚词"着"》，《语文研究》1997年第4期。

李炜：《清中叶以来北京话的被动"给"及其相关问题——兼及"南方官话"的被动"给"》，《中山大学学报》（社会科学版）2004年第3期。

李小军、曹跃香：《语气词"着（著）"的形成及相关问题》，《江西师范大学学报》（哲学社会科学版）2011年第6期。

林素娥：《北京话"给"表处置的来源之我见》，《汉语学报》2007年第4期。

刘丹青：《汉语的若干显赫范畴：语言库藏类型学视角》，《世界汉语教学》2012年第3期。

刘丹青：《吴语的句法类型特点》，《方言》2001年第4期。

刘丹青：《吴语和西北方言受事前置语序的类型比较》，《方言》2015年第2期。

刘子瑜：《再谈唐宋处置式的来源》，载宋绍年、张猛、邵永海、刘子渝编《汉语史论文集》，武汉出版社2002年版。

吕叔湘：《释〈景德传灯录〉中"在""著"二助词》，载吕叔湘《汉语语法论文集》（修订本），商务印书馆1984年版。

罗骥：《论语气词"著"的来源及与动词形尾"著"的关系》，《云南师范大学学报》（哲学社会科学版）2004年第6期。

马敬芳：《青海汉语方言中三个代词的词义及语法分析》，《青海民族学院学报》2000年第2期。

马伟忠：《职业称谓"VP的"的特点及其使用动因分析》，《世界汉语教学》2015年第3期。

马希文：《跟副词"再"有关的几个句式》，《中国语文》1985年第2期。

马真：《关于表重复的副词"又""再""还"》，载中国语文杂志社编《语法研究和探索（十）》，商务印书馆2000年版。

梅祖麟：《汉语方言里虚词"著"字三种用法的来源》，《中国语言学报》1988年第1期。

梅祖麟：《唐宋处置式的来源》，《中国语文》1990年第3期。

敏春芳、杜冰心：《类型学视野下西北汉语方言"给"字句研究》，《陕西师范大学学报》（哲学社会科学版）2018年第3期。

莫超：《"动宾短语+开/起"西北方言补例》，《中国语文》2005年第2期。

莫超：《也谈兰州及周边方言的"们₃"》，《语言科学》2004年第6期。

蒲生华：《青海方言中"我"字诸音考辨》，《青海民族研究》2003年第1期。

钱学烈：《〈红楼梦〉把字句》，载胡竹安、杨耐思、蒋绍愚编《近代汉语研究》，商务印书馆1992年版。

乔全生：《从洪洞方言看唐宋以来助词"着"的性质》，《方言》1998年第2期。

乔全生：《洪洞方言"着"的共时研究》，《语言研究》1989年第1期。

［日］桥本万太郎：《北方汉语的结构发展》，《语言研究》1983年第1期。

任碧生：《西宁话"把"字句的多样性》，《青海民族学院学报》（社会科学版）2005年第2期。

邵敬敏、王鹏翔：《陕北方言的正反是非问句——一个类型学的过渡格式研究》，《方言》2003年第1期。

沈家煊：《如何处置"处置式"？——论把字句的主观性》，《中国语文》2002年第5期。

沈明：《太原话的"给"字句》，《方言》2002年第2期。

石毓智：《兼表被动和处置的"给"的语法化》，《世界汉语教学》2004年第3期。

宋金兰：《甘青汉语选择问句的特点》，《民族语文》1993年第1期。

宋金兰：《汉藏语选择问句的历史演变及类型分布》，《民族语文》1996年第1期。

宋金兰：《汉语方言持续貌助词语源新探——兼与梅祖麟先生商榷》，《玉溪师范学院学报》1994年第1期。

宋金兰：《青海汉语助动词"给"与阿尔泰语言的关系》，《民族语文》1990年第2期。

苏俊波：《鄂西北方言的句尾成分"再"》，《汉语学报》2017年第2期。

孙立新：《户县方言的"给"字句》，《南开语言学刊》2007年第1期。

孙占林：《〈金瓶梅〉"把"字句研究》，《广西师院学报》1991年第3期。

汪忠强：《青海方言中几个特殊的助词》，《青海师专学报》1983年第2期。

王海芬：《谈古代白话小说中的"把"、"打"、"相"、"地"》，《山西师大学报》（社会科学版）1992年第4期。

王健：《"给"字句表处置的来源》，《语文研究》2004年第4期。

王健：《睢宁话中"个"的读音和用法》，《方言》2007年第1期。

王景荣：《新疆汉语方言的"把"字句》，《新疆大学学报》（哲学社会科学版）2002年第2期。

王苗：《再论语气词"著（着）"的来源及相关问题》，《语言科学》2015年第5期。

王森：《东干话的语序》，《中国语文》2001年第3期。

王森、王毅：《兰州话的"V＋给"句——兼及甘宁青新方言的相关句式》，《中国语文》2003年第5期。

王绍新：《量词"个"在唐代前后的发展》，《语言教学与研究》1989年第2期。

王双成：《青海西宁方言的给予类双及物结构》，《方言》2011年第1期。

王双成：《西宁方言的介词类型》，《中国语文》2012年第5期。

王双成：《西宁方言与吴方言的一些语言现象之比较》，《语言科学》2009年第5期。

王毅、王晓煜、王森：《甘宁青方言"着"字新探》，载邢向东主编《西北方言与民俗研究论丛》，中国社会科学出版社2004年版。

王政红：《"把"字句的情状类型及其语法特征》，《南京师大学报》（社会科学版）1994年第4期。

吴福祥：《再论处置式的来源》，《语言研究》2003年第3期。

吴慧颖：《"VP$_1$也VP$_2$"和"VP$_1$也怎的"——关于近代汉语中的两种选择问句》，《古汉语研究》1990年第2期。

吴新华：《青海话里的助词"着"》，《青海师范大学学报》（哲学社会科学版）1984年第3期。

吴中伟：《论副词"再"的"推延"义——兼论加强对汉语副词的语用

研究》,《世界汉语教学》1997 年第 3 期。

项开喜:《安徽枞阳方言的"把"字句》,《方言》2016 年第 3 期。

萧国政:《武汉方言"着"字与"着"字句》,《方言》2000 年第 1 期。

谢晓安、张淑敏:《甘肃临夏方言的疑问句》,《兰州大学学报》(社会科学版) 1990 年第 3 期。

辛阳、张巍:《天水市麦积区方言中的代词》,《甘肃高师学报》2016 年第 1 期。

邢向东:《论现代汉语方言祈使语气词"着"的形成》,《方言》2004 年第 4 期。

徐丹:《北京话中的语法标记词"给"》,《方言》1992 年第 1 期。

徐丹:《甘肃唐汪话的语序》,《方言》2013 年第 3 期。

徐丹:《汉语河州话及周边地区非指人名词的复数标记"们"》,《民族语文》2011 年第 6 期。

徐丹:《唐汪话的格标记》,《中国语文》2011 年第 2 期。

徐丹、贝罗贝:《中国境内甘肃青海一带的语言区域》,《汉语学报》2018 年第 3 期。

杨静:《西宁方言把字句句法语义语用分析》,《青海师范大学学报》(哲学社会科学版) 2015 年第 6 期。

杨平:《〈朱子语类〉的"将"字句和"把"字句》,载宋绍年等编《汉语史论文集》,武汉出版社 2002 年版。

杨永龙:《不同的完成体构式与早期的"了"》,载中国社会科学院语言研究院《历史语言学研究》编辑部编《历史语言学研究》(第二辑),商务印书馆 2009 年版。

杨永龙:《汉语方言先时助词"着"的来源》,《语言研究》2002 年第 2 期。

杨永龙:《青海甘沟话复数标记"们[mu]"的类型特征及历史比较》,载中国社会科学院语言研究所《历史语言学研究》编辑部编《历史语言学研究》(第八辑),商务印书馆 2014 年版。

杨永龙:《青海民和甘沟话的多功能格标记"哈"》,《方言》2014 年第 3 期。

杨永龙:《青海民和甘沟话的语序类型》,《民族语文》2015 年第 6 期。

杨永龙、张竞婷：《青海民和甘沟话的格标记系统》，《民族语文》2016年第5期。

叶友文：《隋唐处置式内在渊源分析》，Journal of Chinese Linguistics，1988年第1期。

余志鸿：《元代汉语的后置词系统》，《民族语文》1992年第3期。

岳俊发：《"得"字句的产生和演变》，《语言研究》1984年第2期。

张安生：《甘青河湟方言名词的格范畴》，《中国语文》2013年第4期。

张安生：《宁夏同心话的选择性问句——兼论西北方言"X吗Y"句式的来历》，《方言》2003年第1期。

张成材：《试论青海汉语方言的形成》，《青海社会科学》1992年第1期。

张成材：《西宁方言的宾动式》，《青海师专学报》2001年第4期。

张成材：《西宁及周边方言介词初探》，《青海师范大学学报》（哲学社会科学版）2006年第3期。

张惠英：《说"给"和"乞"》，《中国语文》1989年第5期。

张美兰：《论近代汉语"我把你个+名词性成分"句式》，《语文研究》2000年第3期。

张美兰：《再论"我把你个/这+名词性成分"句》，《河北师范大学学报》（哲学社会科学版）2002年第1期。

张邱林：《陕县方言选择问句里的语气助词"曼"——兼论西北方言选择问句里的"曼"类助词》，《汉语学报》2009年第2期。

张洋：《哈密方言选择问句》，《新疆大学学报》（哲学·人文社会科学版）2011年第6期。

张谊生：《"N"+"们"的选择限制与"N们"的表义功用》，《中国语文》2001年第3期。

赵金铭：《敦煌变文中所见的"了"和"着"》，《中国语文》1979年第2期。

周磊：《乌鲁木齐话"给"字句研究》，《方言》2002年第1期。

宗守云、唐正大：《河北涿怀方言的两个反身代词"一个儿"和"个人儿"》，《语文研究》2016年第2期。

祖生利：《近代汉语"们"缀研究综述》，《古汉语研究》2005年第4期。

祖生利：《元代白话碑文中词尾"每"的特殊用法》，《语言研究》2002

年第 4 期。

祖生利:《元代白话碑文中方位词的格标记作用》,《语言研究》2001 年第 4 期。

Dryer, Matthew S., "The Greenberglan word order correlations", *Language*, Vol. 68, No. 1, 1992.

Joseph H. Greenberg、陆丙甫、陆致极:《某些主要跟语序有关的语法普遍现象》,《国外语言学》1984 年第 2 期。

(二) 硕博论文

丁勇:《元代汉语句法专题研究》, 博士学位论文, 华中科技大学, 2007 年。

李泰洙:《〈老乞大〉四种版本语言研究》, 博士学位论文, 中国社会科学院研究生院, 2002 年。

刘芳:《长治方言体貌助词及相关助词研究——兼与山西晋语各点比较》, 博士学位论文, 山西大学, 2014 年。

罗垫:《甘肃宁县方言起始体标记"开"的多角度研究》, 硕士学位论文, 华中师范大学, 2011 年。

马梦玲:《西宁方言 SOV 句式类型学特点初探》, 硕士学位论文, 南京师范大学, 2007 年。

王芳:《安阳方言语法研究》, 博士学位论文, 华中师范大学, 2015 年。

张赪:《汉语处所介词词组和工具介词词组的词序变化》, 博士学位论文, 北京大学, 1998 年。

张建军:《河州方言语音研究》, 博士学位论文, 陕西师范大学, 2009 年。

张竞婷:《语言接触视野下的青海甘沟话语法专题研究》, 博士学位论文, 中国社会科学院大学, 2017 年。

赵绿原:《甘沟方言的动词后附成分——兼论接触背景下的时体系统》, 博士学位论文, 中国社会科学院研究生院, 2015 年。

周晨磊:《青海周屯话参考语法》, 博士学位论文, 南开大学, 2016 年。

祖生利:《元代白话碑文研究》, 博士学位论文, 中国社会科学院研究生院, 2000 年。

Sandman, Erika. A Grammar of Wutun, Ph. D. dissertation, Helsinki: University of Helsinki, 2016.

后 记

本书是在我的博士学位论文基础上修改而成的。在兰州大学文学院攻读博士学位的五年，是一段迷茫而又焦虑，艰难又不乏欣喜的岁月。现在回首，体会最多的却是感恩。

首先要感谢我的导师敏春芳先生。先生擅长语言接触领域，读博之初便确定将我的母语——青海西宁话作为研究对象，从语言接触的角度进行论述。但在后来的调查分析中，错综复杂的口语实际却一度让我毫无头绪。关键时刻先生教导我：语言只是交流工具。其发展历程可能漫长，形成机制也许复杂，但最终为当地人唇吻齿间所使用时必定不会太过纷繁。受此启发，我明确了自己论文写作的原则，那就是尊重语言实际，不牵强附会，不生搬硬套，不人为复杂。对语言现象力求细致地描述，对语言规律尽己所能地探索，确不清楚之处也坦然阙如。先生不仅在学术研究方面给予我悉心指导，其乐观、积极、热情的生活态度也深深影响着我。生活中有太多的不如意，但先生那句"如果事与愿违，请相信这是生活最好的安排"安慰我，鼓励我，让我欣然面对现实，重整旗鼓开始下一次的征程。

感谢我的硕士导师张文轩先生。先生引领我走上语言学研究之路，他以丰富的学识拓展了我的专业视野，为后来的学术研究打下坚实的基础。先生宽厚的胸怀、正直的秉性更是教会了我很多做人做事的道理，让我深深懂得，求学问道与为人处事密切相关。感谢兰州大学文学院语言所的常萍老师、陈晓强老师、邓文靖老师、张万禾老师，感谢他们在学业和生活上给予我的关心和照顾。

感谢徐时仪先生、李蓝先生、杨永龙先生、黑维强先生、王双成先生参加我的论文开题，为我的论文写作提出了很多宝贵建议。感谢李旭平先生在论文后期修改中的关心，无论修改方法还是内容补充都给予我很大的帮助。

感谢同门的丁桃源、程瑶师姐，焦浩师兄以及康燕、雷雨、杜冰心、刘星、宋珊、王延花、马宇晨等同学，有他们与我"同甘共苦"，五年多的求学路虽然漫长艰辛，却也充实美好。感谢当年考博、读博的"同盟"密友李小红老师、丁沂璐老师，没有她们的督促和陪伴，闲散如我不知几时才能完成这个艰巨的任务。感谢西北民族大学中国语言文学学部语言学教研室的陈烁、赵辉两位姐姐，她们对我工作上的支持，生活上的关心让我感动又温暖。

感谢我的父母——安生禄先生和李培霞女士，他们在我最需要的时候总能第一时间赶来，永远是我最坚强的后盾。感谢我的兄长安富忠和弟弟安贵忠，他们在我分析方言用例时随叫随到，不厌其烦，为我拨开云雾；在我生活遇到困难时前后奔忙，倾尽所有，是他们让我深深体会到了手足情深。

最后要感谢的是我的爱人刘国龙，是他的鼓励，让我坚定了读博的决心。虽然他自己工作也是异常繁忙，但还是尽己所能地对我的学业给予支持。当然，更要感谢他在生活中对我的理解和包容，和我共同经营好这个四口之家，让我踏实而幸福。感谢我的儿子刘昊林、刘牧林小朋友，是他们让我的生活如此的完整、充实。

时间太瘦，指缝太宽。距博士毕业，已五年有余。这五年以来，虽工作、生活杂事日多，但关于青海方言研究却丝毫不敢懈怠。因为作为一个青海人，为青海尽自己的一点点微薄之力一直是我内心深处的执念。

安丽卿
2025 年 5 月于金城兰州